湖南省教育科学"十四五"规划课题《我国公立大学内部治理结构下校长法律地位研究》研究成果（XJK21AGD011）

|光明学术文库｜法律与社会书系｜

大学校长法律地位研究
——以内部治理结构为视角

周 亮 ｜著

光明日报出版社

图书在版编目（CIP）数据

大学校长法律地位研究：以内部治理结构为视角 / 周亮著 . -- 北京：光明日报出版社，2022.10
ISBN 978-7-5194-6859-0

Ⅰ.①大… Ⅱ.①周… Ⅲ.①高等学校—校长—学校管理—研究②高等教育法—研究—中国 Ⅳ.①G647.12②D922.164

中国版本图书馆 CIP 数据核字（2022）第 190897 号

大学校长法律地位研究：以内部治理结构为视角
DAXUE XIAOZHANG FALÜ DIWEI YANJIU：YI NEIBU ZHILI JIEGOU WEI SHIJIAO

著　　者：周　亮	
责任编辑：陆希宇	责任校对：阮书平
封面设计：中联华文	责任印制：曹　净

出版发行：光明日报出版社
地　　址：北京市西城区永安路 106 号，100050
电　　话：010-63169890（咨询），010-63131930（邮购）
传　　真：010-63131930
网　　址：http://book.gmw.cn
E - mail：gmrbcbs@gmw.cn
法律顾问：北京市兰台律师事务所龚柳方律师
印　　刷：三河市华东印刷有限公司
装　　订：三河市华东印刷有限公司
本书如有破损、缺页、装订错误，请与本社联系调换，电话：010-63131930

开　　本：170mm×240mm	
字　　数：227 千字	印　　张：16.5
版　　次：2023 年 3 月第 1 版	印　　次：2023 年 3 月第 1 次印刷
书　　号：ISBN 978-7-5194-6859-0	
定　　价：95.00 元	

版权所有　　翻印必究

前　言

　　《中国教育现代化2035》在"推进教育治理体系和治理能力现代化"的内容中提出："提高教育法治化水平，构建完备的教育法律法规体系，健全学校办学法律支持体系。健全教育法律实施和监管机制。"一方面，提高高等教育法治化水平是推进大学校长依法治校的前提和基础；另一方面，提高高等教育法治化水平的重要内容之一是规范大学校长权力运行，保障大学校长的法律地位。因此，加强对我国公立大学内部治理结构下校长法律地位的研究既是教育法学的重要理论问题，更是规范教育行政部门教育行政行为、落实和扩大大学办学自主权、实现大学依法治校的重大实践问题。坚持党委领导下的校长负责制是进行大学领导体制改革长期探索的历史选择，是符合我国国情的大学治理的根本制度，既有利于党的理论和路线方针政策在大学的贯彻落实，也有利于促进大学的改革发展稳定。近年来，随着党委领导下的校长负责制等现代大学制度的建立和逐步完善，党委领导和校长负责已成为加强大学内部管理和实行民主决策的主要特征，反映了政治权力与行政权力在大学内部治理结构中的相互关系，是现代大学制度运行的两大主导要素。

　　当今世界正经历百年未有之大变局，我国正处于实现中华民族伟大复兴的关键时期。大学作为中国共产党领导下由国家举办的"为社会主义现代化建设服务、为人民服务"的事业单位，既肩负着人才培养、科学研究、社会服务、文化传承创新和国际交流合作的重要职能，更承担着民族复兴、文化强国的重要历史使命。如何顺应世界多极化、经济全球化、社会信息化、文化多样化的发展趋势，已成为我国政府和大学都必须认真思考的重大课题。我国大学发展既面临着党委权力、行政权力、学术权力、监督权力等内部权力的平衡问题，也面临着政府权力、社会压力等外部权力的制衡问题。大学校长作为大学的行政首长，是行使大学治理权力的主要负责人。在内部治理过程中，校长的法律地位因为没有得到国家法律与党内法规的确认而显得模糊不清，也因此出现了校长与各利益主体法律关系混乱的问题；在外部治理过程中，校长面临着大学举办者——政府力量干预依然强大，法院对大学产生的纠纷适用法律依然存在纠结等问题。建立和完善中国特色的现代大学制度是实现我国高等教育发展的必然选择。但在现代大学制度建设过程中，如何实现政府、社会、大学和个人等法律主体的利益平衡，是大学校长作为大学法定代表人必须衡量和思考的问题。

与欧美、日本等发达国家通过国家法律法规保证大学校长的法律地位和权力充分行使，通过大学章程实现大学内部治理现代化不同的是，我国公立大学是具有中国特色的社会主义大学，必须始终坚持党对大学工作的全面领导、政治领导、核心领导，这既是中国特色，更是保证我国大学正确发展方向的本质要求。我国大学治理始终贯彻着党内法规与国家法律两条主线，它们都是大学依法治校的重要制度依据。党内法规和国家法律关于大学办学自主权界定、大学领导体制规定、党委权力与校长权力配置、党委书记与校长关系处理、校长任免权限等方面既有一致性，也存在制度上的矛盾与冲突。

完善大学内部治理体系，保障大学校长法律地位，关键是明晰大学内部治理结构中各利益主体的权利义务，以及在教育法规中合理配置各利益主体的权力与权利。大学依法治校的前提是坚持党的领导，重点是保障大学校长的法律地位，保证校长依法行使权力的合法性和科学性。校长对内领导学校行政工作，是大学行政系统的最高领导者，决定着大学科层管理的效率；对外代表学校，是大学法定代表人，是大学法律行为的主要承担者。完善中国特色现代大学内部治理的制度体系，核心是在中国特色社会主义法治体系中，通过党内法规和国家法律进一步贯彻党委领导下的校长负责制这一根本制度，关键是理顺大学内部治理结构，重点是落实校长法律地位，保障校长依法履行职责，合理承担法律责任。

　　大学法律关系复杂，既有公法意义上的法律关系，也有私法意义上的法律关系，还有公私法兼顾的法律关系。大学作为法律授权具有行使一定行政职权、履行行政职能的社会组织，其行政法律关系明显。校长是大学行政首长，代表大学处理各种法律关系，首先是行政法律关系。大学是法人组织，其社会活动和财产关系等无法脱离市场经济的影响，是典型的民事主体。校长作为大学法定代表人代表大学享有民事权利，履行民事义务。校长办公会作为大学法人机关，是校长落实和扩大大学办学自主权，履行民事义务和享有民事权利的主要载体。大学校长一般兼任学校党委副书记，是党委班子的重要成员，应当享有党内法规规定的权利和履行党员义务，应当受到党内法规的制约。

　　校长在大学内部治理结构中的法律地位决定着国家法律对大学的授权程度与学校内部权力系统的运行状况。校长依据法律规定获得权利、行使权力、履行法定代表人职责。校长在大学的身份是多重的，但最主要的是法定代表人。正是因为拥有这个身份，校长才能在民事法律、行政法律等国家法律和党内法规体系中突显其重要作用，也才具备资格代表大学处理各种法律关系。在大学内部治理过程中，必须充分发挥国家法律与党内法规双重作用，从分权制衡、民主监督、完善内部规则、实现权利救济等方面，优化大学内部治理结构和治理过程，构建与校长法律地位相配套的法律监督制约机制和权利保障机制。

目 录
CONTENTS

第一章 绪 论 ··· 1
   第一节 选题的目的与意义 ······································· 2
   第二节 文献综述 ··· 7
   第三节 研究方法、研究思路及创新点 ························ 17

第二章 我国大学内部治理结构及其问题 ····················· 22
   第一节 我国大学法人制度 ······································ 22
   第二节 我国大学内部治理结构运行 ························· 37
   第三节 我国大学内部治理结构存在的主要问题 ········· 54

第三章 大学内部治理结构下校长法律地位的域外比较 ··· 64
   第一节 大学校长及校长权力 ··································· 64
   第二节 国外大学内部治理结构下校长法律地位 ········· 67
   第三节 国内外大学内部治理结构下校长法律地位的比较 ····· 79

第四章 我国大学校长的行政法律地位 ························ 90
   第一节 我国大学具有行政主体资格 ························· 90
   第二节 我国大学校长依法享有行政权力 ················ 100
   第三节 我国大学校长行政法律责任 ······················· 124

1

第五章　我国大学校长的民事法律地位 …… **131**
第一节　我国大学的法人属性 …… **131**
第二节　我国大学校长的民事权利 …… **135**
第三节　我国大学校长的民事法律关系 …… **146**
第四节　我国大学校长的民事法律责任 …… **154**

第六章　我国大学校长的党内法规地位 …… **162**
第一节　党内法规是大学依法治校的重要依据 …… **162**
第二节　大学校长的党内法规权力 …… **166**
第三节　大学校长的党内法规责任 …… **184**

第七章　我国现代大学制度体系下校长法律地位的保障 …… **199**
第一节　以分权制衡保障大学校长治理责任 …… **199**
第二节　以民主监督保障大学校长治理效率 …… **208**
第三节　以规则之治保障大学校长治理权力 …… **219**
第四节　以权利救济保障大学校长治理正义 …… **230**

结论与展望 …… **235**
参考文献 …… **239**
后　记 …… **252**

第一章

绪　论

我国大学因举办人不同，主要分为由国家投资举办的普通高等学校、由社会力量投资举办的民办高等学校、由中方与外方共同投资举办的中外合作高等学校等三类形式。我所研究的对象"大学"指的是普通高等学校。普通高等学校即"公办高等学校"。我国教育法律法规和政策性文件中，已明确使用"公办高等学校""民办高等学校"的名称。如《国家中长期教育改革和发展纲要（2010—2020年）》第十三章第四十项规定，"公办高等学校要坚持和完善党委领导下的校长负责制"。《中华人民共和国民办教育促进法》（2002年制定，2013年、2016年、2018年分别修正，本书如无特别说明，均为2018年修正后的《中华人民共和国民办教育促进法》）第五条第一款规定："民办学校与公办学校具有同等的法律地位，国家保障民办学校的办学自主权。"为行文方便，除法律和政策文件规定之外，本书如没有特别说明的大学或高等学校，均指公办高等学校。

习近平同志在2014年与北京大学师生的座谈会上指出："办好中国的世界一流大学，必须有中国特色。没有特色，跟在他人后面亦步亦趋，依样画葫芦，是不可能办成功的。"[①]《国家中长期教育改革和发展规划纲要（2010—2020

---

① 习近平：青年要自觉践行社会主义核心价值观——在北京大学师生座谈会上的讲话［N］. 人民日报，2014-05-05（02）.

年)》第七章第二十二项"优化结构办出特色"规定:"促进高校办出特色。建立高校分类体系,实行分类管理。发挥政策指导和资源配置的作用,引导高校合理定位,克服同质化倾向,形成各自的办学理念和风格,在不同层次、不同领域办出特色,争创一流。"第十三章第四十项的标题就是"完善中国特色现代大学制度"。中国特色是完善我国现代大学制度的必然要求。新中国高等教育经历了70多年的发展,实现了从规模扩张到质量提升的历史性转型,并形成了具有中国特色的现代大学制度。中国特色现代大学制度是世界大学发展理论与中国大学治理实践相结合的产物。有学者认为,建立与完善中国特色现代大学制度的首要问题是"弄清楚什么是中国特色现代大学制度,以及现代大学制度的'中国特色'与普适性的关系"①。构建具有中国特色的现代大学制度是我国高等教育内涵式发展的目标与方向,更是实现中华民族伟大复兴的基础性工程。

第一节 选题的目的与意义

高等教育是体现一个国家核心竞争力和软实力的重要标志。习近平同志在2018年与北京大学师生座谈会上的讲话中指出:"高等教育是一个国家发展水平和发展潜力的重要标志。"② 高等教育是社会发展的重要依靠和动力之源,对我国建设现代化强国具有重要意义,是强国之基。我国高等教育发展历史悠久。但到了近现代,其发展却经历了一个漫长而曲折的过程,直到

---

① 张应强,蒋华林.关于中国特色现代大学制度的理论认识[J].教育研究,2013(11):35—43.
② 习近平.在北京大学师生座谈会上的讲话[N].人民日报,2018-05-03(02).

1977年高考恢复。"高考的恢复是中国高等教育发展的重要转折点,标志着教育领域拨乱反正的开端,也标志着高等教育发展的一个小高潮的到来。"[①] 随着我国社会政治、经济、文化的进一步发展,社会公众对接受大学教育的需求越来越大,要求越来越高,这不仅导致了我国高等教育的发展与管理水平面临严峻的挑战,更直接推动了我国高等教育快速进入到急速发展的时代,招生人数与规模呈直线增长趋势。1978年至1998年的20年间,我国普通高校本专科招生人数平均年递增率为5.1%,1999年至2002年间激增至42.4%。招生人数从1998年的108万人上升到2008年的600万人,再到2019年的915万人,这种扩招速度和规模在全世界都是罕见的。大学扩招对中国高等教育资源投入、课程设置、生源质量、学生就业、师资队伍等提出了严峻的挑战,特别是对大学传统教育和管理模式、内部治理结构带来了根本性冲击和革命性影响。中国共产党十八届三中全会通过《中共中央关于全面深化改革若干重大问题的决定》,提出了深化教育领域综合改革的任务,要求完善学校内部治理结构。高等教育要适应国家强国战略的需要,必须通过完善现代大学制度解决好面临的风险与挑战。

一、选题背景

北京大学中文系教授陈平原曾在其所著《大学何为》一书中提出了"一流学者为什么不该当校长"的大学之问及其反思。陈平原认为,大学校长最好是"通才"而非"专家"。一流学者当校长,既有可能因为忙于事务性工作而造成专业型人才的知识浪费,也有可能因为缺乏管理素养、管理知识而导致其管理不好一所大学而误人、误事。当然,我们无法就此得出一流学者当校长就能当好或当不好的绝对结论。但大学校长在大学内部治理结构中的法律地位却是亟须在国家法律与党内法规中明确的一个基本问题。

[①] 毕宪顺,张峰. 改革开放以来中国高等教育的跨越式发展及其战略意义 [J]. 教育研究,2014 (11): 62—71.

《国家中长期教育改革和发展规划纲要（2010—2020年）》第二十章专门规定了"推进依法治教"，强调要"完善教育法律法规。加快教育法治建设进程，完善中国特色社会主义教育法律法规"；"全面推进依法行政。各级政府要按照建设法治政府的要求，依法履行教育职责。探索教育行政执法体制机制改革，落实教育行政执法责任制，及时查处违反教育法律法规、侵害受教育者权益、扰乱教育秩序等行为，依法维护学校、学生、教师、校长和举办者的权益"；"大力推进依法治校。学校要建立完善符合法律规定、体现自身特色的学校章程和制度，依法办学，从严治校，认真履行教育教学和管理职责。"中国共产党十八届四中全会公报指出，"全面推进依法治国，总目标是建设中国特色社会主义法治体系，建设社会主义法治国家"。在依法治国的时代大背景下，大学作为实现国家人才强国战略、文化传承的重要场所，在党和国家培养德智体美劳全面发展的社会主义建设者和接班人的现实需要中，其活动应当受到国家法律和党内法规的规范与调整。《中华人民共和国教育法》（1995年制定，2009年、2015年、2021年分别修正，本书如无特别说明，均为2021年修正后的《中华人民共和国教育法》，以下简称《教育法》）第三十条规定学校和其他教育机构应当履行"遵守法律、法规""依法接受监督"的义务，这也充分说明了教育行为必须接受法律法规制约。坚持党委领导下的校长负责制，既是保证大学教育教学工作正常运行的基本制度，也是构建现代大学治理体系和落实校长法律地位的基本要求。大学内部治理过程中，坚持党委领导是政治问题，是核心问题；坚持校长负责是法治问题，是关键问题，必须将两者有机统一起来，实现相互促进的治理效果。

推进大学依法治校是提高大学治理体系与治理能力现代化水平的必然要求和应有之义。《中共中央关于全面深化改革若干重大问题的决定》第一次以正式文件的形式提出"社会治理"和"国家治理体系和治理能力现代化"的概念，强调"全面深化改革的总目标是完善和发展中国特色社会主义制度、推进国家治理体系和治理能力现代化。""推进国家治理体系和治理能力现代化,创新社会治理"对于我国的政治发展与社会主义现代化事业具有重大而深远的理论意义和现实意义。2019 年,中国共产党十九届四中全会审议通过的《中共中央关于坚持和完善中国特色社会主义制度 推进国家治理体系和治理能力现代化若干重大问题的决定》强调,必须在坚持和完善中国特色社会主义制度、推进国家治理体系和治理能力现代化上下更大功夫,全面回答了在我国国家制度和国家治理体系上应该坚持和巩固什么、完善和发展什么这个重大政治问题。

国家治理体系和治理能力是一个国家的基本制度和制度执行能力的集中体现,两者相辅相成。从管理走向治理,标志着执政党执政理念和执政方式的根本转变,标志着社会治理体制机制的逐步完善,这有利于大学依法治校,有利于进一步落实和扩大大学办学自主权。落实和扩大大学办学自主权的核心是构建符合我国国情的、具有中国特色的现代大学制度体系和运行机制,完善大学法人内部治理结构,实现以法治思维和法治方式治理大学的目标。

二、研究价值

"人类教育进步与发展的每一次质的飞跃,无不是以教育制度结构的革命性突破为前提。现代教育的滥觞及其在全球范围的迅速扩张,其最直接的社会动力正在于教育制度的结构性变迁。"[①] 大学发展的核心在于制度。以制度体系保障现代大学运行机制的思维方式带来了一种后果,即人们把大学治理的成功与否归结于制度是否完善,认为"制度优则大学卓越,制度劣则大学平庸,将大学成功归结为制度的成功,将大学的平庸归结为制度的平庸"[②]。然而,制度只是完善现代大学治理的基本前提之一,并非全部内容。在大学法人治理制度日渐深入人心的前提下,作为大学内部治理结构中最重要环节

[①] 田正平,李江源. 教育制度变迁与中国教育现代化进程[J]. 华东师范大学学报:教育科学版,2002(01):39—51.
[②] 别敦荣. 论现代大学制度之现代性[J]. 教育研究,2014(08):60—66.

的校长权力的地位与作用，必须在大学法人内部治理结构中得到进一步的明确，以期切实推动我国大学建设与发展，特别是推动大学双一流建设，完成文化强国的历史使命。

（一）理论价值

建立现代大学制度除了受大学"追求自身发展、满足社会需求"的影响外，还受党的教育方针政策、党内法规和国家法律的制度性影响。对大学内部治理结构下校长法律地位的分析更是如此。我国目前针对大学教育教学行为的法律规范较多，但没有形成全面、系统、规范的大学内部治理结构下确定校长法律地位的法律。校长作为大学法定代表人，是大学治理的关键主体，其拥有的权力大小事关大学治理成效与成败。因此，确定校长在大学内部治理结构中的法律地位，明晰校长权力的责任边界，有利于拓宽研究大学治理结构的理论视野，更能丰富和深化高等教育改革与发展的法治实践。

（二）方法论价值

对大学的法律属性和大学校长法律地位的研究主要基于《教育法》《中华人民共和国高等教育法》（1998年制定，2015年、2018年修正，本书如无特别说明，均为2018年修正后的《中华人民共和国高等教育法》，以下简称《高等教育法》）的规定。对大学内部治理结构下校长法律地位的研究是一个复杂、系统的过程，其中包括校长在大学法人制度设计，组织层次，机构运行中的作用、地位等，涉及法学、教育学、管理学、政治学等多门学科，涉及国家法律与党内法规的制度衔接等问题，需要在借鉴世界经验与立足本国实际、寻找历史脉络与追寻现实发展中开展理论研究与实践探讨，需要运用文献法、调查法、个案法、比较法等多种方法。因此，本书期待通过多种方法的研究，为完善大学治理制度下的校长法律地位奠定基础。

（三）实践价值

一流大学需要一流校长。2015年8月18日，国务院通过的《统筹推进世界一流大学和一流学科建设总体方案》指出："建设世界一流大学和一流学科，是党中央、国务院做出的重大战略决策，对于提升我国教育发展水平、增强国家核心竞争力、奠定长远发展基础，具有十分重要的意义。"在推进建设世界一流大学和一流学科的重大战略部署中，校长在大学内部治理结构中的作用将更加明显。特别是在国家法律和党内法规正式确定大学根本领导体制之后，坚持和完善党委领导下的校长负责制，既是重大的理论问题，也是重大的实践问题。

《教育法》《高等教育法》等以法律形式规定了大学法人地位和校长的权利和义务，在制度层面有力地推动了大学依法自治与校长依法治校。然而，在司法实践中，也出现了一些基于法律空白或模糊而产生的操作难题，如大学是否具有独立法人身份、大学是民事主体还是行政主体抑或兼而有之、校长是否具有民事诉讼或行政诉讼主体资格、校长履职失误追责与问责如何在国家法律或党内法规中体现等问题。这些问题不解决，不在国家法律中明确，司法机关就无法对大学自治行为中出现的一些涉法活动进行司法审查，在某种意义上也无法正常保障大学法人和其他利益相关者的合法利益。因此，通过对大学内部治理结构下校长法律地位的研究，可以为校长治理大学提供制度和法律依据，为完善现代大学制度与大学治理制度提供路径指引。

第二节　文献综述

"一个现代化的国家治理体系，本质上是一个法治体系，是一个政府、社会、个体都按照宪法及法律行为的'规则体系'。"[①] 目前，我国基本上形成了以《中华人民共和国宪法》、《教育法》、《高等教育法》等国家法律为基础和以《中国共产党章程》（以下简称党章，党章历经多次修正，本书如无特别

---

① 王江燕. 治理现代化核心是法治化［N］. 学习时报，2014—12—22（10）.

说明，均为2017年修正后的党章）、《中国共产党普通高等学校基层组织工作条例》（1996年制定，2010年、2021年修正，本书如无特别说明，均为2021年修正后的《中国共产党普通高等学校基层组织工作条例》，以下简称《普通高等学校基层组织工作条例》）、《关于坚持和完善普通高等学校党委领导下的校长负责制的实施意见》等党内法规为基础的高等教育法治体系。宪法是治国理政的根本法，党章是管党治党的总规矩，两者在"党是领导一切的""中国共产党领导是中国特色社会主义最本质的特征"的制度规定中确保了中国共产党的领导地位和国家的长治久安。构建现代大学制度，完善我国大学内部治理结构，明确大学校长法律地位，必须将国家法律与党内法规有机结合起来，形成两者优势互补的制度体系。可以说，在教育法治体系中，国家法律与党内法规都是推动大学依法治理的有力武器，两者共同巩固了大学党委领导制度基础，共同推动了大学治理结构下校长负责制的落实。

一、相关概念界定

受传统思想影响，我国社会治理过程中普遍存在着重"人治"轻"法治"的现象，这种现象一度对我国大学管理与治理形成了根本冲击，导致党的领导弱化，校长权力虚化。大学是一个小社会，是社会治理的重要组成部分。大学治理不仅仅局限在高校这个小范围内，更关系到千家万户，成为影响整个社会治理效果的重要部分。大学治理理念的选择、法人治理的成效不仅直接影响到大学治理的好坏，更成为检验整个社会治理成效的"晴雨表"。

（一）"大学法律地位"与"校长法律地位"

法律地位是权利主体在法律上的地位，包括因权利主体在法律上所居的地位而产生的权利、义务关系。法律地位与权利主体享有的权利与承担的义务有着密切联系。大学法律地位是大学在法律上享有的权利能力、行为能力及责任能力。探讨大学法律地位主要是为了明确大学在不同法律关系中与大学利益相关者之间的法律关系，即大学和相关利益者在法律关系中各自的权利义务，或者说是权、责、利的合理配置问题。而大学法人地位是"法律根据高等学校的条件和特点而赋予高等学校的一种享有民事权利的主体资格"①。大学法律地位和大学法人地位是相辅相成的，在大学治理结构中占有重要地位。校长法律地位是大学校长在教育法律关系中具有的主体资格及享有的权利和应该履行的义务。

校长是大学能够持续保持核心竞争力的重要因素，对大学的生存与发展具有关键作用。优化现代大学内部治理结构的核心要素是保障校长的法律地位和依法履行职责的权力。我国目前影响大学校长社会地位的因素并不完全取决于他个人的能力水平，而在于他所领导的大学在整个中国大学体系中的地位。在同类型大学中，如具有副部级行政级别的大学，其校长的行政级别就是副部级。不同类型的大学里，校长的社会地位是不同的。如地方直属大学校长具有正厅级的行政级别，高职高专院校校长具有副厅级的行政级别等。在每所大学中，校长的社会地位又取决于校长个人的能力、实力，其权力行使更在于大学自身的文化或权力结构系统。但校长法律地位却是相同的。换句话说，大学校长的权力是国家法律规定的，每一所大学校长的权力在法律规定范围内是同样的，但其能否按照法律规定行使好权力却取决于大学的内部治理结构和校园文化。因为不管是哪个人，只要他被任命为大学校长，那么他就获得了法律规定的校长应该享有的权利与权力，这种权利与权力无关乎大学本身实力的强弱，而在于国家法律和党内法规等授予大学校长权力内容的制度性规定。

(二)"大学利益主体"与"大学法律关系"

大学利益主体是大学法律关系中要重点研究的问题。大学利益主体是指在高校权利请求或利益需求上具有一致性的行为主体，既包括大学内部的管理人员、教师、学生等，也包括政府、社会、企业等与大学有关联的行为主

---

① 劳凯声. 教育体制改革中的高等学校法律地位变迁［J］. 北京师范大学学报（社会科学版），2007（02）：5—16.

体。在大学各类主体的各种法律关系中，往往会因为教育权与受教育权而处于法律纠纷中。这种法律纠纷又往往因为相关主体的法律身份和适用法律的模糊问题而难以走上维权之路。

有学者认为，大学"是以行政主体的身份行使行政职权，还是以民事主体的身份行使民事权利？""在将纠纷诉诸法律后，高等学校是作为特殊的行政主体受行政法调整？还是作为民事主体，受民事法律调整？"① 面对这些问题，各地人民法院也会因为不确定的法律关系而在司法审查中面临法律适用出现的含糊性、不确定性或多样性。因此，要保证大学治理的顺利进行，保证大学治理目标的实现，就必须建构起完整的大学内部治理体系，明确内部治理体系中的各种法律关系。在大学治理过程中，大学和校长面对着各种法律关系，既有平等主体之间的民事法律关系，也有以国家为代表的所有权人、以教育行政管理为代表的行政管理者等外部行政法律关系，以及与教师、学生等为主体的内部行政法律关系，还有因校长授权而执行公务活动构成的违法犯罪的刑事法律关系。除依据国家法律所形成的法律关系之外，还有党内法规对大学法治与校长法律地位的影响。

（三）"依法治校"与"大学内部治理结构"

依法治校是大学在坚持党的领导的前提下，根据宪法及法律，以各种途径管理学校事务的过程。依法治校的制度依据既有国家法律、行政法规、地方性法规、单行条例和政府规章等规范性文件，也有党内法规、党的方针政策等，而总的源头是国家宪法。大学治理是指"大学内外利益相关者参与大学重大事务决策的结构与过程"②。这些利益相关者对大学重大事务的决策既会影响到校长在大学的社会地位，又会成为影响校长决策的重要力量。大学治理与依法治校关系密切，没有大学治理就没有依法治校的逻辑，没有依法治校的逻辑就不会有大学法人治理的基础。实现大学法人治理必须坚持依法

---

① 高崇慧. 高等学校行政主体地位初探 [J]. 思想战线，2002（05）：133—136.
② 刘献君. 论大学内部权力的制约机制 [J]. 高等教育研究，2012（03）：1—10.

治校，坚持依法治校必须体现大学治理的精神。大学治理必须坚持以国家法律和党内法规为依据，国家法律和党内法规是推进大学内部治理和依法治校的重要保障。大学内部治理结构是指"大学内部利益相关者之间各种权力的分配、制约和利益实现的制度规定、体制安排和机制设计，集中体现大学管理的结构、运行及其规制的主要特征和基本要求"①。换句话说，大学内部治理结构是大学内部各利益主体通过权力的配置和运行机制来保障大学的有效运行并实现教书育人的根本目的。在决定校长法律地位的现代大学的制度架构中，大学内部治理结构是基本要素。

二、国内外研究现状

借鉴、移植外来经验是我国大学治理的重要路径。"面向社会依法自主办学"和"高等学校办学自主权"等理念的提出与内容实施，既体现了我国大学治理对国外大学办学经验的时空借鉴，也成为我国大学治理的基本要求。

（一）国外大学校长地位研究

Thwing Charles Franklin 所著《大学校长》（1926）对大学校长应该处理的各种内外关系，面临的岗位风险等进行了分析，提出了加强校长领导力的有效对策。Schmidt G. P.《旧时的大学校长》（1930）一书考察了1760年至1860年间美国学院院长们扮演的多重角色。Harold W. Stoke 所著《美国大学校长》（1959）、密歇根大学迈克尔·科恩和斯坦福大学詹姆斯·马奇所著的《领导与模糊：美国大学校长》（1974）等对美国大学校长角色进行了深入的研究。詹姆士·费舍在《校长的权力》中对大学校长权力、大学校长与高校行政、大学治理中的利益相关者关系进行了论述。克拉克·科尔与他人合著《大学校长的多重生活：时间、地点与性格》（1986）和《有效的大学校长》（1988）对美国不同大学校长及其职位、大学校长发展策略与抉择以及大学校

---

① 顾海良. 完善内部治理结构 建设现代大学制度 [J]. 中国高等教育，2010（15—16）：18-20.

长的权力影响进行了研究。约翰·迈克尔·斯林克的《大学校长在大学发展中的作用》（1988）通过深入调查，对校长如何发挥作用进行了分析；哈罗德·夏皮罗《大学校长的过去和现在》（1996）对"过去"和"现在"大学校长的不同进行了分析。

另外，迈克尔·科恩和詹姆斯·马奇所《大学校长及其领导艺术：美国大学校长研究》（2006）、维斯特《一流大学卓越校长：麻省理工学院与研究型大学的作用》（2008）、古多尔《世界一流大学：校长必须是科学家吗?》（2011），托尼·布什《好校长是这样炼成的》（2011）等著作以大学校长为研究对象，重点关注大学校长的职业发展问题。

（二）国内关于大学治理结构和校长角色研究

现代大学制度建设是一项综合性、全局性的系统工程，是事关党的教育事业、民族振兴的历史伟业。一直以来，党和政府通过现代大学制度改革，出台了一系列教育类法律法规与党内法规，推动了大学法人化改革，也为学界完成一批卓有成效的研究成果提供了制度分析框架与改革样本。

1. 对大学治理结构的整体研究

目前，关于大学内部治理结构和大学法人治理的研究成果比较多。如马怀德《公务法人问题研究》（2000）对大学性质及法律地位等做了精辟分析；其《学校法律制度研究》（2007）对大学治理结构做了精心的制度设计。王敬波《高等教育领域里的行政法问题研究》（2007）对大学法律地位、内部治理模式和内部治理规则等内容做了阐述。劳凯声《教育体制改革中的高等学校法律地位变迁》（2007）对教育体制改革中大学法律地位变迁进行了梳理。湛中乐等人《公立高等学校法律问题研究》（2009）对大学法律地位、章程、外部权力和内部权力结构做了阐述，其《通过章程的大学治理》（2011）对大学章程的法律性质、法律地位和法律价值等做了论述。韩春虎《大学治理——一种科学发展视域下的制度安排》（2009）界定了大学治理基本范畴和概念，从全球性大学治理视野概括了大学治理的基本模式，并对我国大学治理利益主体等相关问题做了深入分析，提出了具体的制度安排。覃壮才《中国公立高等学校法人治理结构研究》（2010）从大学法律地位出发，研究大学治理结构的基本模型和大学法人权利机制，提出了我国大学治理结构两种可供选择的模式。申素平《高等学校的公法人地位研究》（2010）对大学法律地位及内外部关系做了阐述。吕继臣《中国公立高等学校法人制度研究》（2011）从大学法人制度方面构建了高校管理体制和运行机制。李旭炎《现代大学内部治理结构研究》（2016）围绕建设现代大学制度的目标，从权力角度入手，对现代大学内部治理结构进行了系统分析，论述了学校治理各主体与治理权力之间的辩证统一关系，提出了现代大学内部治理结构模型。孟倩《大学内部治理的分权与制衡——博弈论的视角》（2016）从博弈论视角，对研究大学内部治理体系提供了全新思路。

2. 对大学校长地位的国际比较研究

这种比较研究主要基于对美国大学校长行使职责情况的经验介绍。赵曙明《美国大学校长》（1989），王英杰《大学校长与大学的改革和发展：哈佛大学的经验》（1993）、《大学校长与大学办学方向——麻省理工学院的经验》（1994）、《大学校长要有大智慧——美国芝加哥大学的建立与发展经验》（2005），李延成《美国大学校长的角色变迁》（2001），牛维麟《世界一流大学校长的特征及其启示》（2003），王福友、段君莉《美国高等教育发展历程中的校长研究》（2005），栾兆云《中美大学校长队伍建设比较及其启示》（2008），姜朝晖《美国大学校长职业变迁：一种历史的视角》（2010），欧阳光华《美国大学治理结构中的校长角色分析》（2011），冯倬琳《中美研究型大学校长公众形象的特征分析》（2014）等文章，从历史与现实视角，探讨了校长在美国高等教育发展过程中的角色。郭俊、马万华《美国大学校长群体特征的实证研究——基于履历背景的视角》（2013）一文通过构建各种指标体系，对美国大学校长的群体特征进行了实证研究。阎凤桥《对英美大学校长管理体制的比较》（1994），席酉民等《中外知名大学校长的比较研究》

（2002），魏士强《美国大学校长的选拔及主要特点》（2003），韩骏《美国著名大学校长的任命》（2004），王占军、陈娜《谁在遴选大学校长？——以美国州立大学为例》（2014）等文章，对英美大学校长的选拔任用体制进行了探讨。陈龙根等《中美大学校长权责结构比较研究》（2014）通过借鉴美国大学校长的权责结构，对中国大学校长权责结构提出了调整建议。浦琳琳《"过渡校长"：美国大学领导过渡时期的理性选择》（2016），毛建青、邢丽娜《美国大学校长的角色定位》（2018）等文章介绍了美国大学校长在学校各个发展阶段中的作用，探讨了校长复杂、多元的角色扮演和工作职责。

3. 对大学校长角色及角色变迁研究

程斯辉博士论文《中国近代大学校长研究》（2007）选取中国近代大学校长群体作为研究对象，全面分析和总结了校长们治校办学的经验与教训。王飞博士论文《试论大学校长的主体性发展》（2013）以主体性哲学理论、主体教育管理理论为理论工具，揭示了大学校长卓越发展的内在性生成机制。肖卫兵的专著《中国近代国立大学校长角色分析》（2013）依据大量的文献资料，系统描述了43所近代国立大学142位校长在办学理念、办学行为方面的整体特征，揭示了近代国立大学因时代、制度及个人等因素而在身份上出现的种种冲突，专著中特别有一章节论述了中国近代国立大学校长的法律地位，但也仅仅只是罗列了国家法律、大学章程对大学校长的规定，而没有进行深入探讨。此外，陈运超《改革开放30年来我国大学校长角色与制度的变迁与反思》（2009），宣勇《现代大学制度建设中的"中国特色"与大学校长的角色选择》（2013），毛建青《当前我国大学校长多元角色及其冲突的实证分析——基于"211工程"大学的调查》（2014）、《高等教育治理体系中大学校长的角色定位研究》（2016）等对大学校长的角色定位进行了研究。

4. 对大学治理结构下校长权力研究

刘献君《大学之治与大学之思》（2000）一书对校长治校的权力诉求进行了分析，提出多维度实施大学治理，构建内部权力运行的合理机制。别敦荣在《论我国高等学校领导权力分治与统整》（2003）中指出我国大学实行的是一种集权双轨领导体制，提出了改革大学管理体制的有效建议。王飞《大学校长的身份：承认、危机与选择》（2014）认为大学校长成为职业教育家的逻辑前提是赋予大学校长合适的身份。王彦霞、石晓丽《中美大学校长的群体特征及其权力对比》（2015）比较了中美大学校长角色定位、政治身份、年龄特征与任期年限、学历学位与学科背景等差别，认为大学校长行政权力范围、权力来源、职责都有较大差异。

还有一些学者从大学治理结构中的行政权力视角阐述了大学校长法律地位问题。如徐少华等《中国特色现代高等学校制度的内涵与要素》（2012），许杰《规范行政权力：我国现代高等学校制度建设的基本逻辑》（2013），《建设中国特色现代高等学校制度：成效、问题与对策——基于试点院校的探索实践》（2014）从宏观和微观分析了中国特色现代高等学校制度的内涵和要素，行政权力运行机制。崔益虎、刘运玺《多维视角下的高校党委领导下的校长负责制及实现路径》（2015）认为，党委重在决策，校长重在执行，党委领导与校长负责的关系实质就是决策与执行的关系；等等。这些研究散见于大学法人地位研究中，对大学治理结构下校长法律地位研究有着重要意义。

也有一些学者从大学治理结构方面对大学的学术权力与行政权力进行了研究。泰惠民《高校学术管理应以学术权力为主导》（2000）提出了在学术管理活动中建立以学术权力为主导的权力运行机制。张德祥《高等学校的学术权力与行政权力》（2002）阐述了学术权力与行政权力的合理性与局限性，分析了两者冲突的原因、表现及平衡，提出了改善两者关系的具体对策。另外，还有一些学者对大学校长和党委书记的职能、权力进行了分析。罗云、孙志强（2013），毛建青（2017）通过对党委书记和校长活动的分析，认为党委书记和校长在大学治理实践中存在职责不清、权力重合现象，在一定程度上反映了大学"双头制"管理存在的突出问题。

5. 对大学校长选拔制度及治校理念研究

许晓东《大学校长的任职条件和选拔程式的比较研究》（1995）、周群英、胥青山《大学校长遴选程式的比较研究》（2003）对大学校长的任职条件和选拔程式进行了研究。谢清、周光礼《我国大学校长选任机制的建构初探——从突破行政化藩篱角度切入》（2014）认为校长"行政化"倾向严重，在一定程度上导致了官僚主义、选调风险、任期较短、年龄瓶颈等等问题。眭依凡博士论文《大学校长的教育理念与治校》（2001）探讨了大学校长的教育理念与治校的相互关系。胡国铭《大学校长与大学发展研究》建构了大学校长与大学发展的相关性理论。陈运超博士论文《大学校长的治校之道：一个个案的分析》（2002）对大学校长如何治校理政进行个案分析，探讨了校长与大学发展之间的相互关系。

需要重点关注的是，对大学校长依法治校及责权利行使的相关问题研究，中国最具影响力的教育纸质媒体——《中国教育报》以其专题性、系统性和权威性做出了积极贡献。从2003年开始，《中国教育报》每周三设立专版"校长周刊"栏目，从校长权力合法性、权力大小、权力本质、权力基础、权力获取、权力制衡、权力伦理等角度系统地探讨"校长权力"问题，引起了社会的广泛关切。

总体而言，学者对大学治理结构下校长法律地位的研究主要基于国内和国际两个视角：前者集中于个案分析，主要对国内一流大学校长治校特点进行理论研究。后者集中于对比分析，主要对中外大学校长职权职位的特点进行比较研究，从而提供经验借鉴。建立我国现代大学制度的核心问题是明确大学内部治理结构，特别是明确党委领导下的校长法律地位。校长是推进现代大学治理体系和提升大学治理能力的关键因素和重要主体。上述专著和论文基本上反映了我国大学法律地位、法人治理结构和大学校长权力研究的整体状况，有着重要的借鉴价值。但对现代大学内部治理结构下的校长法律地位研究的深度广度和系统性还有待进一步加强。

第三节 研究方法、研究思路及创新点

"构建公正、统一、普遍、规范的高校法治原则,不仅是高等教育治理现代化的关键问题,也是构建中国特色现代大学制度的重要基础。"[①] 依法治校是大学适应我国推进全面依法治国大背景的必然要求,也是构建中国特色社会主义现代大学制度的必然要求。要实现依法治校的目标,前提是要研究、分析清楚大学依法治校过程中存在的问题,提出解决问题的具体方案。本书正是基于逻辑的推导和现实的研究,按照"提出问题——分析问题——解决问题"总体思路来完成的。

一、研究方法

对大学治理结构下校长法律地位的研究视角,既有历史的,也有现实的;既有中国的,也有世界的;既有理论的,也有实践的;既有感性的,也有理性的;既有定性的,也有定量的,是综合研究方法和跨学科研究方法的有机结合。

(一) 历史研究法

历史研究法是运用历史资料,从过去的制度、思想、文化等对过去的事件进行系统研究的一种方法。法国的孟德斯鸠、德国的沙维格尼、英国的S.H.梅因等是注重历史研究的典型代表。大学的兴起与发展是一个历史过程,有关大学治理的法律与政策随着时代的发展而不断变迁,因此对校长法律地位进行历史研究和分析,既是对过去历史的总结和回顾,也是对未来发展趋

[①] 黄彬. 论公立高校外部行政权力法治化 [J]. 教育发展研究,2015 (011): 49-54.

势的分析与预判。对大学校长法律地位进行研究，既要考虑当时的社会历史背景，也要考虑整个社会发展的历史条件。要过历史的观察与研究，客观、准确的评价大学校长法律地位的历史事实与法律问题，以真实体现事物的本来面貌还原当时立法立规的状态。

（二）文献研究法

文献研究法是通过搜集、鉴别、整理文献和对文献的研究形成对事实的科学认识的方法，包括提出假设、研究设计、搜集文献、整理文献和开展文献综述，从而实现对一定时期内研究成果的系统、全面的叙述和评论。本书通过利用中国知网、万方数据库等，高等学校纸质图书馆、数字图书和其他相关网站等信息资源，广泛搜集国内外有关大学治理结构、大学校长法律地位的研究成果，并对相关资料进行梳理、分析和加工，为研究大学治理结构下校长法律地位提供框架设计、整体思路和理论准备。

（三）个案研究法

个案研究法是通过对某一个体、某一群体或某一组织行为发展变化全过程的研究，从而发现规律的方法。对大学内部治理结构下校长法律地位的研究，需要通过研究国内大学内部治理结构中存在的问题，分析部分大学校长行使权力的实际情况，获得真实案例，为比较研究提供基本的事实依据和研究范本。为此，本书一是选择国外部分大学内部治理结构的情况进行分析；二是选择部分大学章程进行理论研究，从而解剖章程在大学内部治理结构中存在的突出问题，提出发挥大学章程在大学治理结构中作用的对策，为确立大学校长法律地位提供更加合法的制度依据。

（四）比较研究法

比较研究法是通过对相关联的事物之间存在的相似性或相异程度进行研究考察，以寻找其异同，探求普遍规律与特殊规律的方法。比较研究法是研究大学内部治理结构下校长法律地位的基本方法。本书从两个方面对大学内部治理结构下的校长法律地位开展比较研究：一是通过分析中外大学内部治理结构下校长法律地位进行比较研究，以获得国际视野和国际经验；二是选择部分大学章程关于大学校长地位的规定，获取不同大学内部治理结构下校长法律地位的具体案例，从而得出我国大学内部治理结构下校长法律地位的不同特点。通过对比分析，以构建适合我国现代大学制度的大学内部治理结构，明确校长法律地位和权力行使的依据和路径。

二、研究思路

国家法律、党内法规关于高等教育管理体制改革的规定深刻影响到大学治理结构和治理结构下的校长法律地位。《国家中长期教育改革和发展规划纲要（2010—2020年）》是我国高等教育改革的标志性文件，明确提出要建设中国特色的现代高等学校制度，并将此作为高等教育体制改革的重要内容，这意味着建设中国特色现代高等学校制度已经从理论研究上升为实践操作，并上升为国家意志。2010年12月，国务院办公厅印发了《国务院办公厅关于开展国家教育体制改革试点的通知》，要求立足基本国情，遵循教育规律，解放思想，勇于实践，大胆突破，从专项改革、重点领域综合改革和省级政府教育统筹综合改革三个层面，努力形成有利于教育事业科学发展的体制机制，这标志着现代大学制度从理论研究阶段进入了由国家主导的试点推进阶段。

理论指导实践。本书从分析大学法人制度入手，通过探讨大学内部治理结构，解构我国大学内部治理结构存在的突出问题；通过比较中外大学校长权力配置的异同，汲取世界经验；通过分析大学内部治理结构中校长与相关利益主体存在的行政法律关系、民事法律关系、党内法规关系等，提出了分权、民主监督、权利救济等制约与保障校长法律地位的策略与措施。

三、创新点

一是关于大学内部治理结构下校长法律地位研究体现了研究视角的创新性，有利于从不同角度考察大学内部治理结构下的大学校长法律地位。我国大学教育法治体系与中国特色社会主义法治体系还存在着较大的差距，没有构建科学、统一、权威的高等教育法治体系。特别是在我国明确提出文化强国、教育强国战略和依法治国战略的大前提下，对于大学校长法律地位的研究总体上是比较匮乏的。

完善中国特色社会主义教育法律制度体系是实现依法治校、依法治教和依法治学的制度基础。2018年全国教育法治工作会议上，教育部原部长陈宝生强调："牢牢抓住科学立法这一龙头，全面完善中国特色教育法律制度体系。"在我国现代大学制度下，党委领导下的校长负责制始终是加强和完善大学内部治理的根本制度。研究我国现代大学制度下的校长法律地位，必须始终着眼于党委领导这一核心要义，必须始终坚持校长负责这一关键要点，必须始终在现代法治理念下将两者有机结合起来。因此，本书将我国大学内部治理结构下校长法律地位作为研究对象，对于完善大学内部治理结构，明确大学校长法律地位，推进大学依法治理、依法治校，建立具有中国特色的社会主义现代大学制度有着重要意义和现代价值。

二是关于大学内部治理结构下校长法律地位的研究内容具有创新性，有利于弥补研究大学内部治理结构关于大学校长法律地位的不足与空白。目前，研究大学校长法律地位的专著还处于空白。

与一般性研究不同的是，本书以我国大学内部治理结构下校长法律地位作为研究基点，一是试图从国家法律和党内法规两个层面厘清大学治理关系，特别是内部治理结构中各权力主体之间的权责关系，明确党委领导下校长负责的权力边界，从而构建以党委领导为核心、校长决策为中心的权力格局；二是通过分析校长在行政、民事等法律关系和党内法规中的主体责任，为大学内部治理结构下校长依法治校提供合理性、合法性依据，保障大学校长充分行使法定权力。大学校长权力是法定的，但如何行使，行使正当与否，却与大学校园权利与权力文化、大学内部治理结构的传统、校长自身素质等都有着密切联系；三是试图通过从党内法规或地方性立法方面，来厘清大学党委领导权力、校长行政权力、教授学术权力、群众民主监督权力等关系，特别是厘清一直以来处于模糊状态的两个一把手——党委书记与校长之间的权责利关系。党委根据法律法规行使大学领导权，党委书记作为党委班子的班长，负有确保学校改革发展稳定的主体责任、政治责任，与校长在大学事务的处理上，不仅仅有日常工作中的相互配合关系，更有党内同志之间的亲密关系和党委班子成员之间的上下级关系，而非严格意义上的法律关系，因此不能简单地套用法律法规进行调整和规制。这也就意味着两者之间所出现的矛盾、产生的冲突更多地要依靠组织协调、个人处理，而不是法律裁判或惩罚。

三是研究方法具有创新性，有利于弥补大学内部治理结构下校长法律地位研究方法之不足。本书充分利用法学、管理学、文献学等研究方法，加强理论与实际、历史与现实等结合研究，全面分析大学内部治理结构下校长法律地位，从而为规制或保障校长行使权力提供方法指引。

第二章

我国大学内部治理结构及其问题

教育是国之大计、党之大计。优先发展教育事业，建设教育强国是实现中华民族伟大复兴中国梦的基础性工程。大学是教育培养高层次人才的主阵地，是提升我国教育综合实力和国际竞争力、实现"在中国共产党成立一百年时全面建成小康社会，在新中国成立一百年时建成富强民主文明和谐的社会主义现代化国家"的"两个一百年"奋斗目标的有力保障。作为国家主办的社会主义大学，公办大学一直处于大学争取办学自主权与政府不放松对大学管理权力控制的制度博弈中。尽管目前政府依法行政、大学依法治校的改革目标非常明确，但存在大学内部管理和政府对大学控制存在的权利与权力边界不清楚、职责职能不清晰等问题，已经严重影响到大学法人化治理效果与校长法律地位。

第一节 我国大学法人制度

大学内部治理结构的核心问题是在落实与扩大大学办学自主权过程中提升大学治理能力与治理水平的问题，是按照国家法律和党内法规规定解决大学自我发展、自我管理与自我服务的职能定位问题。要做好这些事情，首先要明确大学的法律属性，明确大学管理中相关主体的法律身份与法律责任。明确大学法律属性是完善大学内部治理结构与确立校长法律地位的前提与基础。在大学治理过程中，大学和大学校长面临着各种各样的法律关系，这种法律关系体现在大学治理结构中也就是大学各相关主体之间的权利义务关系。

一、依法治校是我国大学治理的基本准则

法治是推进现代社会治理的基本方式，是实现自由平等、公平正义的制度保障。2021年中共中央印发的《法治中国建设规划（2020-2035年）》指出："法治是人类文明进步的重要标志，是治国理政的基本方式，是中国共产党和中国人民的不懈追求。"法治兴则国兴，法治强则国强。在2018年全国教育大会上，习近平同志指出：要依法治教、依法办学和依法治校。全面推进依法治教，是长期以来教育事业改革发展的经验总结，是加快教育现代化、建设教育强国的迫切要求，是新时期贯彻落实习近平同志全面依法治国新理念、新思想、新战略的重大政治任务。近年来，我国通过制定与大学有关的法律对大学行为进行调控和规范，既体现了党和政府办好人民满意教育的根本目的，也实现了大学在制度规定范围内科学有序运行的根本目标。

大学法人治理的核心是依靠法治思维和法治手段全面治理学校，推进依法治校。依法治校是大学根据国家法律、党内法规和学校内部规章等制度体系治理大学。大学依法治校是实现我国全面依法治国的重要内容，是保障现代大学有序运行的基本要求，是办好中国特色社会主义大学的根本途径。教育领域是依法治国的重要领域，全面推进依法治教是教育系统应尽职责和使命担当。依法治校是贯彻依法执政、依宪治国的重要体现。依法治教、依法治校是落实教育法治的根本原则，是贯穿所有教育法律制度的核心理念。

增强教育系统法治观念，增强依法治校能力是构建现代大学制度的必由之路。1993年，国务院印发《中国教育改革和发展纲要》，这是20世纪90年

代中国教育改革发展蓝图,是建设有中国特色社会主义教育体系的纲领性文件。《中国教育改革和发展纲要》明确要求:"加快教育法治建设,建立和完善执法监督系统,逐步走上依法治教的轨道。"这标志着依法治教已成为教育改革与发展的基本要求。2003年,教育部出台《关于加强依法治校工作的若干意见》。该意见分析了推进依法治校工作的重要性和必要性,明确提出了"教育行政部门法治意识增强,形成依法行政的工作格局;学校建立依法决策、民主参与、自我管理、自主办学的工作机制和现代学校制度;各级各类学校校长、教师和受教育者的法律素质有明显提高;建立完善的权益救济渠道,教师和受教育者的合法权益依法得到保障,形成良好的学校育人环境;保证国家教育方针的贯彻落实,实现教育的公平,保证学校正确的办学方向,为教育改革与发展创建良好的法制环境"的依法治校指导思想和工作目标,成为新时期加强大学依法治校工作的指导性文件。

为全面落实依法治国要求,大力推进依法治校,建设现代学校制度的要求,2012年,教育部出台《全面推进依法治校实施纲要》(教政法〔2012〕9号),明确了各级各类学校推进依法治校的目标要求和主要任务,对学校按照法治精神与原则,转变管理理念和手段、方式提出了系统要求,对师生在参与学校管理、行使监督权力、实现自我发展等方面的权益给予制度保障。《中国教育现代化2035》在"推进教育治理体系和治理能力现代化"中明确提出,"提高教育法治化水平,构建完备的教育法律法规体系,健全学校办学法律支持体系。"这些文件规定为大学依法治校提供了制度基础。

2020年,教育部下发《关于进一步加强高等学校法治工作的意见》,提出了"深化对高等学校法治工作重要性的认识""明确党政主要负责人推进法治工作第一责任人的职责""构建系统完备的学校规章制度体系""完善学校法人治理结构""健全师生权益保护救济机制""完善学校法律风险防控体系"等10个方面的意见。这个文件是新时期坚持和完善中国特色社会主义教育制度体系,推进高等学校治理体系和治理能力现代化,进一步加强高等学校法治工作，全面推进依法治教、依法办学、依法治校的重要制度依据。

"社会主义教育法治体系的逐步健全与完善，教育制度规范的不断健全，为教育现代化事业的发展提供了规范化、法律化的制度支撑。"[1] 但从过去大学法治的实施情况来看，从大学校级领导到一般专任教师，普遍缺乏法治精神与法治意识。有学者调查显示，有 50.86% 的人认为大学依法治校存在的主要问题是"校领导依法治校意识不强"，有 44.86% 的人认为原因在于"重人治轻法制"，有 24.57% 的人认为是"因人设'法'"，有 36.86% 的人认为是只"把'法'讲在嘴上，没有体现在行动上"。另有 44.33% 的人认为"大学教师缺乏法律意识"[2]。抽样调查虽然不能反映问题的全部，但却侧面反映出大学相关主体依法治校的意识还有待加强，构建大学依法治校的校园文化还任重道远的现实。

坚持依法治校是全社会的共同事业，是学校师生员工需要共同遵守的基本准则。坚持依法治校是坚持全面从严治党、全面从严治校和推进依法治国基本方略的必然要求，是教育事业深化改革、加快发展和推进教育法治建设的重要内容，是落实国家教育强国重大战略部署的重要举措，有利于推动教育行政部门进一步转变职能，严格依法办事；有利于保障各相关主体的合法权益；有利于运用法律手段调整、规范和解决教育改革与发展中出现的新情况和新问题，化解矛盾，维护稳定。到目前为止，我国已经建构了以《教育法》《高等教育法》《教师法》等为主体，涵盖国家法律、行政法规、地方性法规和规章的教育法制体系和以《党章》《普通高等学校基层组织工作条例》《关于坚持和完善普通高等学校党委领导下的校长负责制的实施意见》等为基础的党内法规体系。

大学的存在与发展，繁荣与衰败，与一个国家的历史传承、文化传统和

---

[1] 田正平，李江源. 教育制度变迁与中国教育现代化进程［J］. 华东师范大学学报（教育科学版），2002（01）：39—51.

[2] 徐德刚. 高校依法治校中存在的问题及其对策［J］. 湖南社会科学，2005（03）：61—63.

经济社会发展水平息息相关,体现的是历史逻辑、理论逻辑和实践逻辑相互作用下事物发展的基本规律。我国大学发展的历史过程与我国社会发展过程有着一致性。特别是新中国成立以后,不仅国家实施的政治体制深受苏联的影响,高等教育管理体制也同样如此。与其他国家大学法人制度不同的是,我国大学治理制度变迁中,处处渗透着国家法律与党内法规的双重约束,一直遵循着党委领导的根本政治要求和校长负责的基本管理模式。

二、我国大学法人制度的确立

张德祥指出:"大学发展史无疑也是一部大学治理变迁史,而中国大学发展史则是一部国家政策主导下的大学治理变迁史。"① 制度是影响中国大学管理体制变迁的最大因素,也决定了大学内部主体拥有的各种权力在大学内部治理中的运行状况。大学治理首先是法人治理。大学法人治理必须依赖科学合理有效的大学法人制度。大学法人制度是"通过赋予高等学校以独立的法律人格,使其能够自主地培养专门人才、开展学术研究和为社会提供教育公共服务,并最终实现教育公共利益的法律主体制度。"② 大学法人制度是构建现代大学制度的核心要素,其主要由法人地位、法定代表人制度和法人章程制度三个要素构成。③ 法人地位是大学法人治理的基础,是大学依法治校制度规范中最根本的内容;法定代表人制度是大学治理的关键,是校长负责制的基本制度;法人章程制度是大学治理的内在保障,是大学依法治校的内部规则。世界上绝大多数国家和地区都将大学列为法人范畴。

---

① 张德祥. 1949年以来中国大学治理的历史变迁——基于政策变革的思考[J]. 中国高教研究,2016(02):29-36.
② 罗爽. 我国公立高等学校法人制度的问题及其改革[J]. 复旦教育论坛,2014(05):58-63.
③ 王绽蕊,郭丰琪. 高校法人制度三个维度的国际比较、启示与建议—基于法人地位、法定代表人和法人章程的视角[J]. 黑龙江高教研究,2012(05):4—7.

(一) 宪法与大学法人制度

宪法是国家的根本大法，是治国安邦的总章程，是制定其他法律的基本依据，拥有最高的法律效力。1919年德国《魏玛宪法》首次明确受教育权。自此以后，受教育权作为公民的一项宪法基本权利，陆续为世界各国宪法所承认和保障。我国1954年宪法第九十四条规定："中华人民共和国公民有受教育的权利。国家设立并且逐步扩大各种学校和其他文化教育机关，以保证公民享受这种权利。国家特别关怀青年的体力和智力的发展"，明确了公民有受教育的权利。第九十五条规定："中华人民共和国保障公民进行科学研究、文学艺术创作和其他文化活动的自由。国家对于从事科学、教育、文学、艺术和其他文化事业的公民的创造性工作，给以鼓励和帮助。"宪法明确了国家保障公民享有受教育的权利。此后制定和修正的宪法对此都进行了继承和发展。

现行宪法为1982年宪法（以下简称82宪法，1988年、1993年、1999年、2004年、2018年分别修正，本文如无特别说明，均为2018年修正后的宪法）。现行宪法有关公民教育和公民受教育权的规定，主要体现在第十九条、二十三条、四十六条和四十七条。第十九条规定："国家发展社会主义的教育事业，提高全国人民的科学文化水平。国家举办各种学校，普及初等义务教育，发展中等教育、职业教育和高等教育，并且发展学前教育。国家发展各种教育设施，扫除文盲，对工人、农民、国家工作人员和其他劳动者进行政治、文化、科学、技术、业务的教育，鼓励自学成才。国家鼓励集体经济组织、国家企业事业组织和其他社会力量依照法律规定举办各种教育事业。国家推广全国通用的普通话。"第二十三条规定："国家培养为社会主义服务的各种专业人才，扩大知识分子的队伍，创造条件，充分发挥他们在社会主义现代化建设中的作用。"第四十六条规定："中华人民共和国公民有受教育的权利和义务。国家培养青年、少年、儿童在品德、智力、体质等方面全面发展。"第四十七条规定："中华人民共和国公民有进行科学研究、文学艺术创作和其他文化活动的自由。国家对于从事教育、科学、技术、文学、艺术和其他文化事业的公民的有益于人民的创造性工作,给以鼓励和帮助。"这些法律条文明确了高等教育由国家举办,国家为人才培养服务、公民有科学研究的自由权利等内容。

我国宪法是国家根本法,既从法律上保证了公民的受教育权,更以国家根本法形式确认了中国共产党的领导地位,实现了宪法与党章关于党的领导地位的有机统一,从而有力保障了党对大学的集中统一领导。宪法第一章第一条明确规定:"中华人民共和国是工人阶级领导的、以工农联盟为基础的人民民主专政的社会主义国家。社会主义制度是中华人民共和国的根本制度。中国共产党领导是中国特色社会主义最本质的特征。禁止任何组织或者个人破坏社会主义制度。"党章作为"党内宪法",在党内具有最高的法规效力,是全党必须遵循的总规矩,是国家宪法制定实施的力量来源和政治保障。党章关于"中国共产党的领导是中国特色社会主义最本质的特征,是中国特色社会主义制度的最大优势"的规定与宪法关于"社会主义制度是中华人民共和国的根本制度。中国共产党领导是中国特色社会主义最本质的特征"的规定,是对坚持"党是领导一切的"本质概括,体现了党内法规与国家宪法的有机统一。正因为如此,坚持党对大学一切工作的领导就有了宪法和党章依据。在大学党委权力与校长行政权力的关系处理中,主要是双方工作的协调问题,或者说是党委领导实施分工后谁负责落实的问题,而不是干预与干涉问题,校长工作必须接受党委领导,对党委负责,受党委监督。

宪法实现了国家法律与党内法规在公民受教育权方面的双重统一。党委领导下的校长负责制是党内法规和国家法律关于大学领导体制的重要规定,是保证大学正常运转的根本制度。党委领导地位体现了宪法关于坚持党的领导的根本要义和《高等教育法》坚持党的教育方针的具体要求,是依法办学、依法治校的根本体现。宪法作为国家的根本大法,具有最高的法律效力,一切法律、行政法规和地方性法规都不得同宪法相抵触,一切违反宪法的行为都要受到法律追究。无论是宪法,国家法律和行政法规、部门规章,还是党内法规,都确定了党的核心地位和对大学工作的全面领导。

(二) 法律法规与大学法人制度

高等教育的发展高度依赖制度变迁。我国直到1949年,"新中国的成立,标志着中国第一次在建设性意义上实现了教育制度变革的结构性突破,建构形成了容纳和支撑教育现代化变革的强有力的权威体系以及实施大规模教育现代化建设的体制与组织架构。"[①] 这种体制与组织架构所体现的法人治理模式充分体现在《教育法》和《高等教育法》等有关教育法制中。特别是《高等教育法》的颁布,标志着我国大学正式进入法人化治理阶段,这为一直以来大学主张的自主办学、学术自治提供了制度支撑。

《高等教育法》的颁布为大学办学与管理提供了明确的法律依据。《高等教育法》提出,"高等学校自批准设立之日起具有法人资格",从而在国家法律层面首次正式明确了大学具有法人资格,而且这种法人资格自大学批准成立时就具备。具备法人资格是大学依法开展治理活动和推动大学自主办学的基本要素,也是大学校长作为法定代表人依法创造性使用权力的法律保障。《教育法》《高等教育法》是规范并调整高等教育领域行为关系的基本法律,其出台意味着国家从法律层面明确了大学的法律属性,确认了大学法人地位,为大学依法独立自主办学奠定了法律基础。

《教育法》和《高等教育法》都明确了学校具有法人资格,享有法人权利,能够独立承担法律责任。《教育法》是我国教育领域的基本法,明确了我国各级各类学校的法律地位、权利与义务,这当然包括大学。《教育法》第三十二条规定:"学校及其他教育机构具备法人条件的,自批准设立或者登记注册之日起取得法人资格。学校及其他教育机构在民事活动中依法享有民事权利,承担民事责任。学校及其他教育机构中的国有资产属于国家所有。学校

---

① 田正平,李江源.教育制度变迁与中国教育现代化进程[J].华东师范大学学报(教育科学版),2002(01):39—51.

及其他教育机构兴办的校办产业独立承担民事责任。"《高等教育法》第三十条规定："高等学校自批准设立之日起取得法人资格。高等学校的校长为高等学校的法定代表人。高等学校在民事活动中依法享有民事权利，承担民事责任。"

《高等教育法》与《教育法》一脉相承，其规定标志着大学真正拥有了法律意义上的法人地位。但《教育法》与《高等教育法》不同的是，《教育法》并没有明确校长是学校的法定代表人。虽然《高等教育法》赋予了大学法人资格，但未对大学法人与政府和其他组织机构存在的法律关系以及大学法人内部治理存在的法律关系做出清晰界定，这造成了我国大学法人概念长期模糊，法人行政化倾向明显，大学法人制度执行效果不佳等诸多问题。与日本出台的《国立大学法人法》相比，我国法律对大学法人制度的规定存在着一定的滞后性。即便如此，《教育法》《高等教育法》以法律形式确定大学法人地位，开辟了我国大学法人治理的新局面。

《教育法》规定学校要取得法人资格必须具备法人条件，必须经过批准或注册登记。这与《民法典》关于法人成立条件的精神具有一致性。《教育法》第二十七条规定："设立学校及其他教育机构，必须具备下列基本条件：（一）有组织机构和章程；（二）有合格的教师；（三）有符合规定标准的教学场所及设施、设备等；（四）有必备的办学资金和稳定的经费来源。"第二十八条规定："学校及其他教育机构的设立、变更和终止，应当按照国家有关规定办理审核、批准、注册或者备案手续。"《高等教育法》第二十五条规定："设立高等学校，应当具备教育法规定的基本条件。"《中华人民共和国民法通则》第三十七条规定："法人应当具备下列条件：（一）依法成立；（二）有必要的财产或者经费；（三）有自己的名称、组织机构和场所；（四）能够独立承担民事责任。"《民法典》第五十八条规定："法人应当依法成立。法人应当有自己的名称、组织机构、住所、财产或者经费。法人成立的具体条件和程序，依照法律、行政法规的规定。设立法人，法律、行政法规规定须经有关机关批准的，依照其规定。"

在大学开始法人化治理过程中，政府作为大学法人制度改革的主导者、高等教育工作的主管部门，根据《高等教育法》第十三条"国务院统一领导和管理全国高等教育事业。省、自治区、直辖市人民政府统筹协调本行政区域内的高等教育事业，管理主要为地方培养人才和国务院授权管理的高等学校"，第十四条"国务院教育行政部门主管全国高等教育工作，管理由国务院确定的主要为全国培养人才的高等学校。国务院其他有关部门在国务院规定的职责范围内，负责有关的高等教育工作"，第二十五条"设立其他高等教育机构的具体标准，由国务院授权的有关部门或者省、自治区、直辖市人民政府根据国务院规定的原则制定"，第二十九条"设立实施本科及以上教育的高等学校，由国务院教育行政部门审批；设立实施专科教育的高等学校，由省、自治区、直辖市人民政府审批，报国务院教育行政部门备案；设立其他高等教育机构，由省、自治区、直辖市人民政府教育行政部门审批。审批设立高等学校和其他高等教育机构应当遵守国家有关规定。审批设立高等学校，应当委托由专家组成的评议机构评议。高等学校和其他高等教育机构分立、合并、终止，变更名称、类别和其他重要事项，由本条第一款规定的审批机关审批；修改章程，应当根据管理权限，报国务院教育行政部门或者省、自治区、直辖市人民政府教育行政部门核准"等制度规定，依法具有审批大学设立、加强大学管理的权力。国家通过法律形式将管理大学的权力授权给了政府，而政府又将办学的具体权力委托给了大学。

根据委托——代理理论，大学必然要建立与政府管理体制相适应的法人治理结构与权力运行体系。虽然《高等教育法》第三十七条规定："高等学校根据实际需要和精简、效能的原则，自主确定教学、科学研究、行政职能部门等内部组织机构的设置和人员配置"，但从当前大学内部机构设置来看，基本上大学每一个行政部门都会对应教育行政部门的管理机构。这样做的好处自然是方便了学校内部机构找到相联系的业务部门，但问题是，以政府机构对应来设置校内机构，更加确定和强化了政府与大学的上下级关系，使大学内部治理结构呈现出的科层管理模式特征更加明显。

尽管我国宪法、国家法律、行政法规、地方性法规、党内法规等都对大学的管理体制、领导体制进行了规范，对大学法律地位、组织机构与运行管理、党委与校长职责等做了相应规定，但大学内部治理权利与权力、职能与职责界定不清、分配失衡、监督缺位、运行无序的问题依然存在，各类法律与规定之间缺乏规范性、科学性和统一性的冲突依然存在，从而影响了大学法律地位，因此，完善中国特色现代大学制度依然任重道远。

（三）行政规章与大学法人制度

我国大学法人制度源于大学对落实和扩大办学自主权的强烈呼吁，这种呼吁又主要基于政府对高等教育发展的严格管控。在落实和扩大大学办学自主权的实践中，如何保障大学法人地位的问题也随之而来。

最开始，国家通过制定行政规章，强调落实和扩大大学办学自主权。1986年，国务院发布《普通高等学校设置暂行条例》，对大学治理的各个方面进行了详细规定，是我国大学设置、管理制度化、规范化的重要文件。1992年，国家教委《关于国家教委直属高等学校内部管理体制改革的若干意见》首次提出，"国家教委直属高校是由国家教委直接管理的教育实体，具有法人地位。"该意见明确国家教委直属高校具有法人地位，但将地方性大学排除在外，也没有规定地方性大学参照执行。这意味着从一开始，教育行政部门就有意识地将各个层次大学的法律属性进行了区分。该意见作为深化大学法人制度改革的关键制度，有力地推动了我国大学法人制度改革的实施。

随后，国家开始将转变政府职能、理顺政府与大学关系、落实和扩大大学办学自主权、赋予大学法人地位等作为发展高等教育的重要举措。从1992年到2002年这一段时间，国家教委先后颁布了数量众多的关于深化学校改革、扩大办学自主权的意见，如《关于国家教委直属高等学校深化改革，扩大办学自主权的若干意见》（1992年）、《关于加快教育改革和发展的若干意见》（1992年）、《关于加快改革和积极发展普通高等教育的意见》（1993年）、《面向21世纪教育振兴行动计划》（1999年）、《关于当前深化高等学校人事分配制度改革的若干意见》（1999年）、《全国教育事业第十个五年计划》（2002年）等，强调大学深化改革要"逐步确立高等学校的法人地位"，"使高等学校真正成为自主办学的法人实体"。特别是1994年7月国务院颁布了《关于〈中国教育改革和发展纲要〉的实施意见》，要求"通过立法，明确高等学校的权利和义务，扩大学校的办学自主权，使学校真正成为面向社会自主办学的法人单位。"这些行政规章一次次明确要求理顺政府、大学与企业的关系，扩大大学办学自主权，赋予大学法人地位，推进大学依法办学、民主治校、科学决策，健全学校领导管理体制和民主监督体制，从而不仅明确了高等教育改革的重点，更为我国大学法人化改革指明了方向。

《国家中长期教育改革和发展规划纲要（2010-2020年）》作为推进我国教育体制改革的基础性文件，其第十三章"建设现代学校制度"第三十九项就"落实和扩大学校办学自主权"进行了专门论述，强调"落实和扩大学校办学自主权。政府及其部门要树立服务意识，改进管理方式，完善监管机制，减少和规范对学校的行政审批事项，依法保障学校充分行使办学自主权和承担相应责任。高等学校按照国家法律法规和宏观政策，自主开展教学活动、科学研究、技术开发和社会服务，自主设置和调整学科、专业，自主制定学校规划并组织实施，自主设置教学、科研、行政管理机构，自主确定内部收入分配，自主管理和使用人才，自主管理和使用学校财产和经费。扩大普通高中及中等职业学校在办学模式、育人方式、资源配置、人事管理、合作办学、社区服务等方面的自主权。"文件依法保障学校充分行使办学自主权和明确要求承担相应责任。

这一时期，依法治校主要体现在政府行政规章上。虽然行政规章强调落实和扩大大学办学自主权，但政府对大学的管控与大学对政府的依赖关系并没有得到根本性改变。

三、我国大学法人的组织特性

组织特性是一个组织区别于其他组织的根本性质，而大学的组织特性更加明显和复杂。我国"公立大学由于肩负着多元化的组织使命而具有天然的复杂性，而我国公立大学必须坚守的政治底线又赋予其特殊的组织职能，这种叠加效应使公立大学的法人类型、法人性质变得模糊"[①]。大学内部治理结构首先体现的是法人的组织特性。大学组织的法人特性，是大学处理对内对外民事法律关系、行政法律关系等各种法律关系的基础。我国《民法典》适应国际标准化，遵循国际惯例，将法人划分为营利法人、非营利法人和特别法人。这种分类方法比原来的《中华人民共和国民法通则》更能明确、清晰地界定出我国大学的社会性质与法律属性。

（一）我国大学是公益性事业单位法人

大学是公益性社会服务组织，属于事业单位性质。事业单位的属性和设立依据主要来源于国家行政法规和规章。根据国务院印发的《事业单位登记管理暂行条例》（1998年制定，2004年修订）和国家事业单位登记管理局印发的《事业单位登记管理暂行条例实施细则》（2006年制定、2014年修订）等行政规章规定，事业单位"是指国家为了社会公益目的，由国家机关举办或者其他组织利用国有资产举办的，从事教育、科技、文化、卫生等活动的社会服务组织"，明确"事业单位应当具备法人条件"。从以上国家行政法规和规章可以看出，大学是从事教育、文化的社会服务组织，是具有公益性的事业单位，而且是具备法人条件的社会公益型服务组织。

我国大学是典型的公益型事业单位法人。大学教育以满足全社会的需要为目的，本质上是以实施高等教育活动为特征的社会组织，所培养的是人才这种特殊产品，所提供的是智力这种劳动资源，并以这些内容服务于社会的

---

① 解德渤. 公立大学法人制度70年（1949-2019）：历史考察、现实审视与改革走向[J]. 清华大学教育研究，2019（04）：46-54.

发展，由此体现出公益特性，完全符合我国有关政策规定的公益型事业单位法人的性质。事业单位法人是指从事社会各项事业、拥有独立经费或财产的依法设立的服务性社会组织。行政法规规定事业单位"应当"具备法人条件，并没有强制性规定"必须"具备法人条件，但又规定事业单位经依法登记后取得法人资格，这充分体现出我国事业单位性质的多样性。《民法典》在第八十八条对事业单位法人进行了规定，认为"具备法人条件，为适应经济社会发展需要，提供公益服务设立的事业单位，经依法登记成立，取得事业单位法人资格；依法不需要办理法人登记的，从成立之日起，具有事业单位法人资格。"

大学作为根据《教育法》《高等教育法》成立的、从事高等教育的公益型、社会性服务组织，具有法人地位，属于公益型的事业单位法人。同时，我国按照举办人身份不同，将大学类型划分为公办大学与民办大学。公办大学属于事业单位法人，民办大学只能注册为民办非企业单位法人。这种将大学全部归为非营利法人，但以是否由政府举办或大学财产来源区分大学法人性质的做法不利于大学法人制度的完善，不能体现大学为公众提供高等教育服务的公益特性，不能全面、清晰、准确地反映大学的法律地位。

(二) 我国大学是非营利法人

国家法律明确了大学的非营利性。《民法典》明确规定了我国事业单位非营利性法人性质和法律地位。《民法典》第八十七条规定："为公益目的或者其他非营利目的成立，不向出资人、设立人或者会员分配所取得利润的法人，为非营利法人。非营利法人包括事业单位、社会团体、基金会、社会服务机构等。"

大学是一种社会组织，这种组织通过科层管理方式实现了大学的有序运行，构建了大学合理的运行机制。大学组织以其非营利性，体现出与其他组织机构不一样的特点。1995 年《教育法》第二十五条规定："任何组织和个人不得以营利为目的举办学校及其他教育机构"。修正后的《教育法》第八条规定："教育活动必须符合国家和社会公共利益。"第二十六条规定："以财政性经费、捐赠资产举办或者参与举办的学校及其他教育机构不得设立为营利性组织。"这些国家法律规定充分体现了大学教育的非营利性和提供公共物品的社会属性，是指导教育机构成立的根本价值取向，也是教育组织与教育机构从事教育活动不可突破的法律原则与底线。但两者不同的是，1995年《教育法》强调"任何组织和个人都不得以营利为目的举办学校及其他教育机构"；修正后的《教育法》明确的是"以财政性经费、捐赠资产举办或参与举办的学校及其他教育机构不得设立为营利性组织"，这种区分更具有针对性，规定也更加明确。

2015年和2018年修正后的《高等教育法》第二十四条均规定："设立高等学校，应当符合国家高等教育发展规划，符合国家利益和社会公共利益。"与1998年版《高等教育法》相比，修订后的《高等教育法》删除了"不得以营利为目的"的规定，保留了"符合国家利益和社会公共利益"的规定，这更加明确了大学的社会属性、国家属性和人民属性，是办好人民满意教育的根本体现。大学可以盈利，但不能以营利为目的，这是大学之所以为公益型法人单位的基本组织特性。我国大学曾经在一段时间内也出现过学商不分的情况，即大学争先恐后的办自己的经济实体，以市场化为导向开设各种新专业，不顾教学规律盲目扩招以获取高额学费，利用特权把文凭以商品的形式廉价贩卖给他人等等，完全忽视和削弱了大学的学术性和应该坚守的教书育人使命。这样做的后果，不仅严重损害了高等教育的公平性、公正性，而且严重扭曲了大学的办学理念，偏离了社会主义大学的办学方向。

公益性是大学区别于其他非营利性组织的根本特性。对大学公益属性的制度规定主要来源于党内法规。中共中央、国务院2011年颁布的《关于分类推进事业单位改革的指导意见》，强调了事业单位的"公益属性"与"市场原则"，并明确将教育划分为公益二类。这个文件指明了大学改革的基本方向。大学是典型的教育事业，属于公益二类性质的事业单位，这就要求大学必然要承担起公益服务的社会属性。大学作为承担高等教育的主体，提供的是公益服务。大学面对的对象具有不特定性，但其教书育人、科学研究、服务社会、传承文化和国际交流合作的五大功能充分体现出大学行为的公共性和公益性特点。可以明确的是，大学作为公益二类性质单位，是国家为了社会公益目的而利用国有资产举办的、专门从事高等教育的社会服务组织，具有社会公益性和个人权利性的双重属性，是一种特殊的社会公益组织。

第二节 我国大学内部治理结构运行

教育是国之大计，党之大计，必须紧紧围绕培养什么人、怎样培养人、为谁培养人这一根本目标，全面加强党对教育工作的领导。党的第十六次全国代表大会提出教育优先发展战略，明确指出："教育是发展科学技术和培养人才的基础，在现代化建设中具有先导性、全局性作用，必须摆在优先发展的战略地位。"将教育摆在优先发展的战略地位，既是教育强国需要，更是实现"两个一百年"奋斗目标的必然要求。要实现教育的高质量发展，打造世界高等教育强国，必须进一步完善大学内部治理结构。完善大学内部治理结构源于大学所在国家的政治结构和法律传统。大学内部治理实质是大学根据国家政治体制和法律传统，遵循权力运行规律，在分权制衡的基础上，实现权力对权力的制约以及权利对权力的制约。要实现大学内部治理的有效运行，优化大学内部治理结构是必须重视的问题。大学内部治理结构体现的是大学内部多元化权力的合理配置与有效运行。

一、我国大学内部治理结构的制度基础

大学治理路径离不开对现代公司管理模式的借鉴。与大学治理一样，公

司管理体现的是公司生存与发展之道,其内外关系的处理是公司首先要面临的重大问题。与大学不同的是,公司更关注其发展的经济效益,大学治理则更注重社会效益,体现在为党、国家和人民培养德智体美劳全面发展的社会主义建设者和接班人的价值取向。公司治理是在法律、文化、制度安排之下所有者、董事会和高级管理人员形成制衡的组织架构,体现的是公司和股东之间的利益往来。大学内部治理体现的是大学相关利益者之间权利义务形成的相互平衡的组织架构,代表的是大学、教职员工、学生的根本利益。

《国家中长期教育改革和发展规划纲要(2010—2020年)》在"第十三章 建设现代学校制度""(四十)完善中国特色现代大学制度"中首次提出了"治理结构"的概念,为教育领域法治化治理奠定了基础。随后,教育部确定北京大学等26所大学为"推动建立健全大学章程,完善高等学校内部治理结构"的试点单位。治理结构是相关治理主体通过内部机构形成权责明确、相互制约、协调运转和科学决策的体系。大学治理结构包括外部和内部治理结构。外部治理结构主要体现在大学与教育行政部门之间的权力分配与制度安排,关键是在法律规定范围内明确教育行政部门的职责和落实与扩大大学自主权;内部治理结构主要体现在大学内部主体之间的责权利关系,关键是处理好党委政治权、校长行政权、教师学术权及各方民主参与权和监督权的问题。在有关大学治理的各种法律关系中,既有政府与企业、社会、公民与大学之间的法律关系,也有大学内部各相关主体之间的法律关系。在这些法律关系中,校长权利义务的确定与行使是最重要、最基本的问题。大学治理的关键是完善大学内部治理结构,大学内部治理结构是完善现代大学制度的基石,是大学法人化改革的关键环节。大学内部治理就是在国家法律规定范围内,明确大学内部主体的权责利关系,以切实规范内部权力运行机制,防止权力滥用。

"在分析任何一个社会问题时,马克思主义理论的绝对要求,就是要把问题提到一定的历史范围之内。"① 列宁为我们指出了分析社会问题的基本方法，也是我们研究大学内部治理结构下校长法律地位的基本原则。这种历史分析方法要求我们把问题放在历史的范围内去考察，不能脱离当时的历史环境和历史背景。新中国成立后，大学内部治理体制历经70年变迁，其间实行过校长负责制、党委领导下的校务委员会负责制、党委领导下的以校长为首的校务委员会负责制、党委领导下的校长分工负责制等等，再到现今的党委领导下的校长负责制，校长地位也随着内部治理体系的不断变化而经历了多次变迁，但不管如何变迁，总离不开特定的社会历史背景，总与特定的历史条件有着千丝万缕的联系。

  1950年，国家教委发布《高等学校暂行规程》、政务院发布《关于高等学校领导关系问题的决定》，基本上构建了新中国成立初期大学的内外部治理结构，显示出典型的计划经济特点和国家集中统一管理的特征。在这些规定中，内部治理结构兼顾了大学内部各方利益，强调校长作为大学行政负责人，主要是落实校务委员会所决策的重要事项。真正使大学从管理转变为治理的标志源于国家授予大学发展的自主权利和大学自主意识的觉醒。有人说，"我国大学改革的目标与核心一直围绕着落实高校办学自主权，纠结于分权与放权之间。随着高等教育管理体制改革目标的确立，更为现实的问题是如何健全大学法人内部治理结构，以承接相应的权责，这无疑是实现大学自主权的关键。"② 大学内部治理结构不仅意味着分权与放权是大学治理中的两大现实难题，更决定着党委与行政、党委书记与校长等的责权利问题，是需要在国家法律、党内法规或大学内部治理规则中明确的基本问题。

  《教育法》《高等教育法》的颁布实施，标志着我国高等教育正式进入了法治化治理阶段。《高等教育法》基本明确了我国大学内部治理结构：党委领

---

① 列宁. 列宁全集第二十五卷[M]. 北京：人民出版社，1988：229.
② 李昕. 论公立大学法人治理目标与功能的变迁[J]. 中国教育法制评论（第9期）：88—100.

导、校长负责、教授治学、民主监督。《统筹推进世界一流大学和一流学科建设总体方案》确定了党中央、国务院将中国高等教育打造成教育强国和面向世界大学教育的远景目标。为实现目标，破除体制机制障碍、完善大学治理显得尤为关键。

2012年，教育部出台《关于全面提高高等教育质量的若干意见》，提出"完善中国特色现代大学制度。落实和扩大大学办学自主权，明确高校办学责任，完善治理结构。发布高校章程制定办法，加强章程建设。配合有关部门制定并落实坚持和完善普通高校党委领导下的校长负责制实施办法，健全党政议事规则和决策程序，依法落实党委职责和校长职权。"同时，该意见还明确提出了"坚持院系党政联席会议制度""加强学术组织建设""推进教授治学""加强教职工代表大会、学生代表大会建设，发挥群众团体的作用"等。同年，教育部发布《全面推进依法治校实施纲要》，从健全依法办学自主管理的制度体系、完善学校内部治理结构、规范学校依法办学行为、健全校内权利救济和纠纷解决机制、营造学校法治文化氛围、健全依法治校评价考核机制和转变政府职能等几个方面，明确了大学依法办学、依法治校的工作要求和目标任务，成为推进和促进大学依法治校的重要制度。这两个文件的出台，既全面提高了我国高等教育质量的重要制度，更成为了完善大学治理结构、提高大学治理体系与治理能力现代化水平的纲领性文件。2020年，教育部出台《关于进一步加强高等学校法治工作的意见》，从而成为新时期全面加强大学法治工作，推进大学依法治教、依法办学、依法治校的重要指南。

二、我国大学内部治理结构运行的实践架构

大学内部治理结构与外部治理结构有着很大的不同。内部治理结构主要探讨的是大学内部决策权、执行权和监督权等的配置问题。根据我国《高等教育法》规定，大学内部治理结构主要体现为四个层次，即：党委会是最高权力机构，行使学校的全面领导权；校长及校长办公会在党委领导下负责行

政管理事务；学术委员会在校长领导下行使学术事务审议权；教职工代表大会等行使对学校的民主管理和监督权。根据以上四个层次，形成了《高等教育法》所描述的大学内部治理结构的层次是"党委领导、校长负责、教授治学、民主管理"。

有学者认为，大学内部治理存在着治理权力的博弈，这种博弈是"在大学这个特定的场域中，各权力主体针对特定的利益或目标，按照一定的游戏规则进行的博弈。"[1] 从博弈论角度而言，这种理解也许是正确的，但从我国大学的社会主义性质而言，大学内部治理的实质都是为了实现党和国家的教育方针、教育目标，其权力的博弈应该是为了满足办好人民满意教育的需要。因此，大学内部治理结构的实质主要是在国家法律、党内法规和规章制度内构建决策权、执行权和监督权的有效区分，实现决策权、执行权和监督权的有效共存与健康运行，确保大学内部权力为办好社会主义教育和人民满意教育服务。

（一）党委领导权：党的各级组织

坚持党对教育工作的全面领导，是办好教育的根本保证。坚持党的领导，必须牢牢掌握党对大学工作的领导权，不断完善党委领导下的校长负责制。大学党委作为党的基层党组织，是大学的政治核心、领导核心，把握办学方向，总揽发展全局。党委领导权主要体现为政治权力，这种权力由宪法、国家法律和党内法规所规定，授权党的各级组织行使。《宪法》第一条规定了"中国共产党领导是中国特色社会主义最本质的特征"，党章在"总纲"中也明确规定了"中国共产党的领导是中国特色社会主义最本质的特征，是中国特色社会主义制度的最大优势。党政军民学，东西南北中，党是领导一切的。"这两个制度意味着中国共产党的领导是社会主义国家的本质特征，行使对国家的全面领导权。党章明确规定"党必须按照总揽全局、协调各方的原

---

[1] 孟倩. 大学内部治理的分权与制衡—博弈论的视角［M］. 北京：中央编译出版社，2016：5.

则，在同级各种组织中发挥领导核心作用。"党章规定的这种同级各种组织当然也包括大学这种具有独立法人身份的事业单位组织。《高等教育法》第三十九条规定："中国共产党高等学校基层委员会按照中国共产党章程和有关规定，统一领导学校工作，支持校长独立负责地行使职权。"国家法律和党内法规通过在大学设立党的基层委员会，全面领导学校工作。

从大学权力系统来看，党委对大学全部事务享有最终决策权，大学教学、科研、管理工作中的重大问题，要经过党委会讨论，做出决定后由校长负责组织执行。大学党委是大学内部治理结构中最关键的环节，这在很多大学章程中得到了充分体现。大学党委通过党委会议对大学"三重一大"等事关大学生存与发展的重大事项进行决策，并通过校长负责来贯彻党的教育方针、落实国家教育政策，实现为人民、为社会主义办学的大学教育目标。我国对大学长期以来实行的举国管理体制，即大学都是由国家举办，政府管理，大学内部管理模式随着国家政策变化而不断调整。

《普通高等学校基层组织工作条例》第三条规定："高校实行党委领导下的校长负责制。高校党的委员会（以下简称高校党委）全面领导学校工作，支持校长按照《中华人民共和国高等教育法》的规定积极主动、独立负责地开展工作，保证教学、科研、行政管理等各项任务的完成。"《关于坚持和完善普通高等学校党委领导下的校长负责制的实施意见》明确规定："党委领导下的校长负责制是中国共产党对国家举办的普通高等学校（以下简称"高等学校"）领导的根本制度，是高等学校坚持社会主义办学方向的重要保证，必须毫不动摇、长期坚持并不断完善"；"高等学校党的委员会是学校的领导核心，履行党章等规定的各项职责，把握学校发展方向，决定学校重大问题，监督重大决议执行，支持校长依法独立负责地行使职权，保证以人才培养为中心的各项任务完成。"党委领导下的校长负责制，党委领导是核心，校长负责是关键。党委统一领导学校工作，支持校长独立负责地行使职责。这两者是辩证统一、不可分割的。

42

面对高等教育发展大局，大学必须始终坚持和完善党委领导下的校长负责制，始终保证党委在大学的领导地位、核心作用，牢牢把握党委对大学工作的领导权和话语权。要通过建立健全党委统一领导、党政分工合作、协调运行的工作机制，深化大学内部治理结构中政治权力、行政权力、学术权力、民主权力的配置与制衡改革，完善党委、行政的决策议事规则和监督机制，不断提高大学治理体系和治理能力现代化水平，推进全面从严治党，为全面建成小康社会提供坚强有力的人才支撑和智力支持，为推动我国从教育大国向教育强国转变提供重要的政治保障。

在党委领导下，学校根据党章、《监察法》《普通高等学校基层组织工作条例》等党内法规和国家法律规定，成立党的纪检监察机构，行使对党员领导干部的监督权、处分权，维护党的纪律的严肃性，确保学校形成风清气正的育人氛围。

（二）行政管理权：行政科层组织

校长作为一种职位，通过法人机关来行使岗位职责。法人机关是法人的重要组成部分，法人机关以法人名义进行的民事法律行为，就是法人行为。法人通过法人机关来行使权力，承担责任。有学者认为，"法人机关为法人意思的创制者和代表者，也是法人的执行机关和监察机关，其行为成为法人的自身行为。"[1] 可以看出，法人是一个有着严密组织机构的单位，其通过内部完整的组织结构体系来维持法人的基本运行，指挥法人活动。法人的概念与法定代表人分属两个不同范畴。法人意思表示需要法人机关通过法律或章程规定的程序，将机关成员的意思上升为法人意思来实现。法人机关是法人的内部机构；法人单位的法定代表人是法人对外活动的法定代表，按照法人机关的意志行事。

近现代以来，我国大学校长行使行政权力均来自国家法律规定。1929 年

---

[1] 马骏驹. 法人制度的基本理论和立法问题之探讨（中）[J]. 法学评论，2004（05）：28-39.

国民政府公布的《大学组织法》和1948年公布的《大学法》都明确"大学设校长一人，综理校务"，并明确国立、省立、市立大学校长"除担任本校教课外，不得兼任他职。"这些法令赋予了大学校长总辖校内一切事务，但校长权力受评议会、校务会、教授会等影响和制约。《高等教育法》第三十条规定："高等学校自批准之日起取得法人资格。高等学校的校长为高等学校的法定代表人。"校长是学校教学、科研和其他行政管理工作的最高负责人，通过校、院、系等多层次行政组织和权力链条实现对大学的有效管理。

一个有效率的大学管理必定是科层性的。在这个科层系统中，校长通过校长办公会落实党委决策、贯彻党委意图。校长办公会是法人行使决策、执行和监督的领导机关，是校长行使行政职权、落实党委意图的组织机构。目前，明确授权校长行使大学最高行政职权的法律法规除了《高等教育法》之外，主要是《普通高等学校基层组织工作条例》和《关于坚持和完善普通高等学校党委领导下的校长负责制的实施意见》这两个党内法规。这两者以中国共产党党内法规的形式来明确校长负责学校行政管理工作，行使最高行政管理权。两个党内法规明确了校长办公会是学校行政议事决策机构，规定了校长办公会的研究事项、校长办公会的组成人员、校长办公会的议题程序。

从《关于坚持和完善普通高等学校党委领导下的校长负责制的实施意见》可以看出，党委会与校长办公会应该是由党委书记和校长分别主持召开的两种会议形式，是学校党委委员和校长、副校长们进行集体讨论决策的议事机构。但在校长办公参加人员方面，实施意见又规定了"党委书记、副书记、纪委书记等可视议题情况参加会议"。以"参加会议"来规定党委书记、副书记、纪委书记参加校长办公会，但没有明确他们是作为校长办公会成员参加还是作为列席人员出席会议。同时，又以"视议题情况"来说明党委书记、副书记、纪委书记并不需要参加校长办公会的全部议题，即党委书记、副书记和纪委书记可以不作为成员参加校长办公会。在这方面，实施意见体现了校长办公会参加成员的灵活性，但也给大学操作留下了无限空间，即党委书记和校长根据各自需要来确定党委书记、副书记、纪委书记是否作为成员参加校长办公会议。如果党委书记、副书记、纪委书记作为校长办公会成员参加所有议题会议，就应该行使会议的讨论权、表决权，那校长办公会自然就演变成了党政联席会议；如果不是作为成员参加，那就是列席会议。作为列席会议的党委书记、副书记和纪委书记在会上自然就没有表决权，那他们列席会议的意义又何在？仅仅只是提前了解会议议题情况，或者对校长办公会的决策进行监督？显然都不是。因为校长办公会讨论的重大事项、重大决策最终还需要经过党委会的讨论决定。所以，实施意见规定党委书记、副书记和纪委书记有时参加、有时又不参加校长办公会的情况，势必引起管理上的混乱。特别是在党委书记与校长两个"一把手"的复杂关系处理中，到底谁来决定哪些议题需要党委书记、副书记和纪委书记参加，是党委书记说了算，还是校长说了算？如果两个人会前沟通，能达成一致意见，固然没有问题，但一旦两个人在会前达不成一致意见，或者在会前根本不沟通，那么，这条规定就形同虚设，毫无意义。制度因规定过于灵活而变得不严肃，没有可操作性。当然，从目前一些大学校级领导的分工来看，也会增加校长办公会议参加人员的不确定性。如为了保证纪检监察工作的独立性，大学纪委书记按规定只能分管纪检监察工作，不得分管其他业务工作。但从一些大学的实际情况来看，有些纪委书记却分管了审计工作。审计工作是典型的行政工作，其监督职能也特别明显。因此，校长办公会讨论、决定审计方面的工作，纪委书记作为分管领导，自然应该参加，并发表意见和行使表决权。这显然会让纪委书记在应不应该参加校长办公会时陷入矛盾之中。

  以党内法规形式明确校长办公会议的议题与决策事项，是具有中国特色社会主义大学的管理制度。与此相关的是，湖南省《高等学校实行党委领导下的校长负责制实施办法》第二十条明确出席校长办公会议的人员是正、副校长，党委正、副书记、纪委书记及有关人员。既然是作为成员出席校长办公会，那也就明确了党委书记、副书记和纪委书记具有最终的表决权。虽然党委会和校长办公会讨论、研究、决定的事项各有不同，但这种模式如果不是党政联席会议模式，即同样的议题，在所有党委成员都参加了校长办公会决策的前提下，再一次在党委会上进行决策，是不是会造成大学人力资源的浪费，或者党委会研究决策就流于形式，值得深入探讨。

（三）学术自主权：学术学位组织

学术权力是基于专业学识和专业权力所拥有的权力，这是大学特有的权力类型，是与大学政治权力、行政权力等并行的一种权力。学术权力主要体现为"教授治学"。"教授治学"作为现代大学制度的重要组成部分，是大学中以教授为代表的教师群体从事学术业务和学术治理，其核心在于教授群体参与学术决策和管理活动，其本质源于学科知识优势的教授学术权力的行使。在我国，以学术委员会为核心的学术机构既是大学内部自治的重要载体，也是完善法人内部治理结构、实现大学有效治理的重要手段。

教授治学在我国有着悠久传统。清政府在高等教育方面颁布了《壬寅学制》《癸卯学制》《钦定京师大学堂章程》《大学堂章程》等一些规章法令，虽然这些大学堂尚不具备现代大学的典型特征，然而却开启了教员治校的萌芽。《京师大学堂章程》第六章规定了学术上的监督和考核等事务基本由管学大臣授予总教习监管，明确了堂内设"会议所"，分科内设"教员监学会议所"，从而赋予了教员们参与学校学术事务管理的部分权力，虽然这些权力范围较窄且被严格限制，但却是教授权力在大学内部管理中的萌芽。

1912年，中华民国政府颁布了由蔡元培起草的《大学令》。《大学令》共二十二条，主要内容涉及大学宗旨、大学类别、大学内部管理体制、大学系科设置等，呈现出现代意义大学制度的典型特征，明确了教授参与治学制度。《大学令》第十六条规定："大学设评议会，以各科学长及各科教授互选若干人为会员，大学校长可随时齐集评议会，自为议长。"第十八条规定："大学各科各设教授会，以教授为会员；学长可随时召集教授会，自为议长。"《大学令》提出在大学内部设评议会和教授会，并明确规定了其职能和权限，这是我国高等教育史上首次以国家法律形式明确教授具有参与大学内部管理的权力,是"教授治校"制度在我国近代大学的起始之源。但直到1917年蔡元培出任北京大学校长后,才真正将《大学令》付诸实践。蔡元培通过设置大学评议会和教授会的形式,给予教授参与大学管理的权力。1929年,国民政府颁布《大学组织法》,明确规定校长由政府任命,大学中的人事任命完全由政府授权的校长掌权,教授没有影响力。同时该法令取消教授会的设置,设立院务会议和教务会议,教授权力从院系和学科基层就开始被限制,教授在学校一级的话语权被极大缩小。

新中国成立后,关于教授治学思想在很长一段时期内被极大忽视。新中国成立初期,我国一度借鉴效仿苏联经验对大学进行高度集中统一管理和领导,在内部管理上实行"校长负责制",由教育部门明确且具体规定了各个大学的院系设置、资源分配、教师招聘、教学活动等方面。在学校事务的决策机制上,基本排除了教授参与。1961年,教育部颁布《教育部直属高等学校暂行工作条例(草案)》(简称"高校六十条"),首次明确高等学校的领导体制是实行党委领导下的以校长为首的校务委员会负责制,要求充分发挥校长、校务委员会和各级行政组织的作用。1978年,教育部颁布"新高校六十条",取消原来的校务委员会,设立学术委员会,这是1949年后第一次在正式文件中提到设立校级"学术委员会"。

真正将教授治学落实到法律层面的是《高等教育法》。《高等教育法》规定成立学术委员会。学术委员会是教授治学的集中体现,其第四十二条规定:"高等学校设立学术委员会,履行下列职责:(一)审议学科建设、专业设置,教学、科学研究计划方案;(二)评定教学、科学研究成果;(三)调查、处理学术纠纷;(四)调查、认定学术不端行为;(五)按照章程审议、决定有关学术发展、学术评价、学术规范的其他事项",明确了学术委员会的法律定位和主要职责。

1980年,《中华人民共和国学位条例》(1980年制定,2004年修正,本书如无特别说明,均为2004年修正后的《中华人民共和国学位条例》,以下简称《学位条例》,)由全国人大常委会颁布。这是国家出台的第一个有关学位的申请、授予与管理事项的法律制度。修正后《学位条例》第九条规定:"学位授予单位,应当设立学位评定委员会,并组织有关学科的学位论文答辩委员会。学位论文答辩委员会必须有外单位的有关专家参加,其组成人员由学位授予单位遴选决定。学位评定委员会组成人员名单由学位授予单位确定,报国务院有关部门和国务院学位委员会备案。"而根据1980年《学位条例》制定的《学位条例暂行实施办法》于1981年由国务院颁布。第十八条规定:"学位授予单位的学位评定委员会根据国务院批准的授予学位的权限,分别履行以下职责:(一)审查通过接受申请硕士学位和博士学位的人员名单;(二)确定硕士学位的考试科目、门数和博士学位基础理论课和专业课的考试范围;审批主考人和论文答辩委员会成员名单;(三)通过学士学位获得者的名单;(四)作出授予硕士学位的决定;(五)审批申请博士学位人员免除部分或全部课程考试的名单;(六)作出授予博士学位的决定;(七)通过授予名誉博士学位的人员名单;(八)作出撤销违反规定而授予学位的决定;(九)研究和处理授予学位的争议和其他事项。"第十九条规定:"学位授予单位的学位评定委员会由九至二十五人组成,任期二至三年。成员应当包括学位授予单位主要负责人和教学、研究人员。授予学士学位的高等学校,参加学位评定委员会的教学人员应当从本校讲师以上教师中遴选。授予学士学位、硕士学位和博士学位的单位,参加学位评定委员会的教学、研究人员主要应当从本单位副教授、教授或相当职称的专家中遴选。授予博士学位的单位,学位评定委员会中至少应当有半数以上的教授或相当职称的专家。学位评定委员会主席由学位授予单位具有教授、副教授或相当职称的主要负责人(高等学校校长,主管教学、科学研究和研究生工作的副校长,或科学研究机构相当职称的人员)担任。学位评定委员会可以按学位的学科门类,设置若干分委员会。各由七至十五人组成,任期二至三年。分委员会主席必须由学位评定委员会委员担任。分委员会协助学位评定委员会工作。学位评定委员会成员名单，应当由各学位授予单位报主管部门批准，主管部门转报国务院学位委员会备案。学位评定委员会可根据需要，配备必要的专职或兼职的工作人员，处理日常工作"等，对学位评定委员会的职责、组成等进行了专门的规定。《国家中长期教育改革和发展规划纲要（2010—2020年）》明确要求发挥教授在学术委员会中的作用。

与1998年制定的《高等教育法》不同的是，2015年修正的《高等教育法》第四十二条规定在原来关于学术委员会的职能基础上增加了学术委员会调查、处理学术纠纷；调查、认定学术不端行为；按照章程审议、决定有关学术发展、学术评价、学术规范的其他事项等三项决定，从而拓宽了学术委员会的职责范围。但《高等教育法》并没有明确学术委员会的组成方式、人员遴选等内容，这样没有形成行政权力和学术权力的有效分离，没有构建行政权力与学术权力相互监督和制约机制，导致很多大学对于学术委员会的组成人员与工作职能、工作方式存在较大差异。对于设立学术委员会来说，最重要的制度是2014年颁布的《高等学校学术委员会规程》。这是一部全面、系统、统一规范大学学术委员会性质、地位、组成规划、职责权限、运行制度等方面的规范性文件，是我国大学建立健全学术委员会的重要依据，为促进高等学校规范和加强学术委员会建设，完善内部治理结构，保障学术委员会在教学、科研等学术事务发挥了积极作用。《高等学校学术委员会规程》第二条规定："高等学校应当依法设立学术委员会，健全以学术委员会为核心的学术管理体系与组织架构；并以学术委员会作为校内最高学术机构，统筹行使学术事务的决策、审议、评定和咨询等职权。实施本科以上教育的普通高等学校学术委员会的组成、职责与运行等，适用本规程"，明确了学术委员会作为校内最高学术机构，应该行使学术方面的最高决策权。

2012年，为完善中国特色现代大学制度，指导和规范高等学校章程建设，促进高等学校依法治校、科学发展，教育部依据教育法、高等教育法及其他有关规定，开始实行《高等学校章程制定暂行办法》，从制度上着力规范学术权力与行政权力的关系，积极探索教授治学的有效途径，为"教授治学"提供制度保障。《高等学校章程制定暂行办法》第十一条规定："章程应当明确规定学校学术委员会、学位评定委员会以及其他学术组织的组成原则、负责人产生机制、运行规则与监督机制，保障学术组织在学校的学科建设、专业设置、学术评价、学术发展、教学科研计划方案制定、教师队伍建设等方面充分发挥咨询、审议、决策作用，维护学术活动的独立性。章程应当明确学校学术评价和学位授予的基本规则和办法；明确尊重和保障教师、学生在教学、研究和学习方面依法享有的学术自由、探索自由，营造宽松的学术环境"，明确了学术委员会和学位委员会的组成原则、负责人产生机制等，增强了学术机构的决策作用。《高等学校学术委员会规程》明确了学术委员会在"学科建设""学术评价""学术发展""学风建设"四个方面具有"决策""审议""评定""咨询"四种权力，这是我国现代大学关于"教授治学"的重要规定。

学术机构与行政机构一起，共同构成了我国大学内部治理结构中的重要力量。美国大学评议会是美国高等学校的最高学术机构，一般通过董事会章程和评议会自身的章程，对人员组成、职责、权利、特权以及下设各学术单位及其职能等做出规定。美国大学评议会的主要功能在于保证学术权力与行政权力之间的关系平衡，防止以行政官员为代表的行政权力对学术权力的过分干预、渗透，确保美国宪法修正案一直强调的学术自由精神。学术事务的最高决策权直接决定着学术委员会在大学内部治理结构中的地位。然而，我国《高等教育法》虽然从法律上明确了学术委员会的法律地位和职责，但没有明确规定大学不设立学术委员会或不注重发挥学术委员会作用时应该承担什么样的责任，学术委员会发挥作用不当时应由谁来负责等问题，这无疑会削弱学术委员会的地位，无法保证学术委员会公正行使职权，无法维护学术委员会的权威与形象。

大学教师的学术自由权与大学学术自治的理念在国家法律和行政规章中得到了确认。然而，由于法律规定过于笼统，特别是对学术事务的决策主体和责任主体缺乏明确规定，仅规定学术委员会行使学术审议权，而没有规定学术委员会行使决策权，或者规定了最高决策权，却没有规定具体决策事项，再加上学术委员会组成人员随时有可能根据学校主要领导的个人偏好或组织机构人员的变化而调整，使委员发挥作用的有效性受到限制，从而为行政权力干预学术权力埋下了伏笔。再加上我国以往学术委员会组成人员多为党政领导干部，这些人同样具有高学历、高职称，是某一领域的专家或学科带头人，从而增加了学术委员会的行政色彩。

（四）民主监督权：群团民主党派组织

开展民主监督是确保大学有序运行，切实维护大学内部各主体利益的重要方式。在我国，大学师生行使民主监督权力的主要机构是教职工代表大会和学生代表大会。这两个代表大会主要由学校工会和学生会、共青团等群团性组织来实现的。通过教职工代表大会行使民主监督权是我国大学开展内部民主监督的主要形式，这既是《宪法》赋予公民的基本权利，也是《工会法》《教育法》《教师法》《高等教育法》等国家法律法规赋予教职工的民主监督权利。教职工代表大会通过每年度召开的会议行使教师对大学事务的民主管理权和监督权。

1985年出台的《中共中央关于教育体制改革的决定》强调通过教职工代表大会制度，加强对学校具体事务的民主管理和民主监督。同年出台的《高等学校教职工代表大会暂行条例》规定，教职工代表大会除了有权在本校范围内听取校长工作报告外，还有权对学校领导干部进行监督。第二条强调"教职工代表大会是教职工群众行使民主权利，民主管理学校的重要形式。"第五条规定："教代会在本校权限范围内行使下列职权：（一）听取校长的工作报告，讨论学校的年度工作计划、发展规划、改革方案、教职工队伍建设等重大问题，并提出意见和建议。（二）讨论通过岗位责任制方案、教职工奖惩办法，以及其他与教职工有关的基本规章制度，由校长颁布施行。（三）讨论决定教职工的住房分配、福利费管理使用的原则和办法，以及其他有关教职工的集体福利事项。（四）监督学校各级领导干部，可以进行表扬、批评、评议、推荐，必要时可以建议上级机关予以嘉奖、晋升，或予以处分、免职。"第六条规定："校长要定期向教代会报告工作，听取意见，认真对待教代会的有关决议和提案，尊重和支持教代会行使民主管理的职权。"校长通过教职工代表大会行使权利，教职工通过教职工代表大会监督校长行使权力利。但有职责并不一定有权利，如教职工代表大会必要时可以向上级机关建议对学校各级领导干部的处分、免职等权利，在某种程度上就难以落实，因为从对党政领导干部的处分程序上，没有法律法规规定要征求教职工代表大会的建议和意见。很多大学的教职工代表大会虽然每年都在召开，也采取了法律认可的形式，但发挥的作用依然有限。很多大学的教职工代表大会的会期短，真正能够讨论的问题、决策的事项有限，难以对学校的重大事项起到决定性作用。

共青团作为大学党委领导下的先进青年的群团组织，通过学生代表大会、团员代表大会等形式参与并监督学校管理，表达学生的利益诉求。同时，在一些组织机构中，大学通过吸收个别学生或少部分学生参与，体现了民主管理的意愿。然而，由于学生本身缺乏专业的民主管理知识，缺少民主管理的政治氛围，在这些组织机构中很难真正发挥民主监督的作用，表明了学生这一群体参与了大学的治理和大学尊重了学生的治理权利。

民主党派组织是大学内部治理体系结构中的重要组成部分，是大学内部治理中行使民主管理监督权的重要力量。发挥大学民主党派的民主监督职能，是贯彻落实中国共产党与民主党派之间"长期共存、互相监督、肝胆相照、荣辱与共"十六字方针的具体体现。中国共产党领导的多党合作和政治协商制度是我国的一项基本政治制度，是具有中国特色的社会主义政党制度。2005年中共中央颁发了《关于进一步加强中国共产党领导的多党合作和政治协商制度建设的意见》，这是指导新世纪新阶段我国多党合作事业的纲领性文件。《关于进一步加强中国共产党领导的多党合作和政治协商制度建设的意见》明确规定了民主党派民主监督的内容主要是"国家宪法和法律法规的实施情况；中国共产党和政府重要方针政策的制定和贯彻执行情况；党委依法执政及党员领导干部履行职责、为政清廉等方面的情况"；民主监督的形式主要是"在政治协商中提出意见；在深入调查研究的基础上，向党委及其职能部门提出书面意见；人大及其常委会和各专门委员会在组织有关问题的调查研究时，可邀请民主党派成员和无党派人士参加；通过在政协大会发言和提出提案、在视察调研中提出意见或其他形式提出批评和建议；参加有关方面组织的重大问题调查和专项考察等活动；应邀担任司法机关和政府部门的特约人员等。"

2005年，中共中央出台了深入开展党风廉政建设和反腐败工作的一个指导性文件——《建立健全教育、制度、监督并重的惩治和预防腐败体系实施纲》。该实施纲要第十五条规定："支持和保证政协的民主监督。切实发挥人民政协通过提出建议和批评，对国家宪法、法律和法规的实施，重大方针政策的贯彻执行，国家机关及其工作人员工作的监督作用。充分发挥政协特邀监督员在反腐倡廉中的作用。各级党委和政府要认真倾听政协、民主党派和无党派人士的批评和建议，自觉接受监督。认真办理政协提案。"同年，中共中央为了加强党内监督，发展党内民主，维护党的团结统一，提高党的领导水平和执政水平，增强拒腐防变和抵御风险能力，出台了《中国共产党党内监督条例（试行）》（2005年制定，2016年修订为《中国共产党党内监督条例》，本书如无特别说明，均为2016年修订后的《中国共产党党内监督条例》），第五条规定："党内监督要与党外监督相结合。党的各级组织和党员领导干部，应当自觉接受并正确对待党和人民群众的监督"，明确了党内监督与党外监督并行的监督体制，是党外人士对中国共产党和中国共产党党员干部开展监督的重要制度。《中国共产党党内监督条例》第三十八条规定："中国共产党同各民主党派长期共存、互相监督、肝胆相照、荣辱与共。各级党组织应当支持民主党派履行监督职能,重视民主党派和无党派人士提出的意见、批评、建议,完善知情、沟通、反馈、落实等机制",从而明确了民主党派与中国共产党的相互关系,民主党派监督中国共产党的方式方法和完善民主党派监督方式的制度机制。这几个文件是民主党派参与大学事务、行使民主监督权的基本遵循。大学教师队伍是大学民主党派成员的重要组成部分,他们多拥有高学历、高职称,从事大学教学、科学研究和管理服务,具有发现问题和提出建议的能力,是保障大学依法治校的重要力量。发挥民主党派成员在大学管理中的民主监督作用,有利于监督大学领导干部依规办事,依法决策。

第三节 我国大学内部治理结构存在的主要问题

大学内部治理结构是一个多组织的集合体,既包括行使政治权力的党委,也包括行使行政权力的校长和校长办公会性质的行政组织,还包括在党委领导下行使监督执纪问责权力的纪检监察机构、行使学术权力的学术委员会、行使民主监督权利的教职工代表大会,等等。这种内部治理结构既包括了校级组织系统,也包括二级机构,如学院、职能部门,还包括教研室、党支部等基层组织。如何厘清大学中党委领导权力、校长行政权力、教授学术权力和其他主体的民主监督权利各自的责权关系是现代大学制度的核心。在此,我们主要以国家法律和党内法规将党委领导下的校长负责制作为重点,对大学法人内部治理结构中的责权关系和存在的问题进行梳理和分析。

一、对落实大学办学自主权规定的制度矛盾

高等教育发展是国家制度逻辑下的历史性产物。国家法律是大学依法行动的制度框架，是大学正常运行与依法治理的根本保障。大学作为社会组织和法人实体，依法治校是落实党和国家依宪执政、依法治国战略的重要体现，是推进建设中国特色现代大学制度的前提。改革开放以来，国家先后出台了一系列法律法规和党内法规，进一步加强规范教育制度。

科层管理是保障大学内部管理有序运行的基本模式。这种科层管理的效果取决于党委领导和校长负责两套权力系统在大学内部治理结构中能否协调运行、和谐共生。从《高等教育法》确定的大学内部治理结构来看，我国大学权力系统在学校一级主要包括"校党委、以校长办首的行政机构、学术委员会和教职工代表大会。这四个机构之间的权力、责任关系在校党委和校行政方面，学术委员会和教职工代表大会处于决策辅助地位。"[①] 四大校级治理机构通过各自代理人或代理机构在大学内部治理中发挥着重要作用。

有关四大治理机构的职责权利在党内法规中也有类似表述。《中共中央关于全面深化改革若干重大问题的决定》对教育领域综合改革做出了全面部署，提出"深入推进管办评分离，扩大省级政府教育统筹权和学校办学自主权，完善学校内部治理结构。"以中共中央名义出台文件，对完善学校内部治理结构进行制度性规定，从而奠定了构建大学内部治理新型关系的党内法规基础。2014年和2015年，教育部先后出台《关于进一步落实和扩大大学办学自主权完善大学内部治理结构的意见》和《关于深入推进教育管办评分离 促进政府职能转变的若干意见》，要求"积极简政放权，进一步落实和扩大高校办学自主权"、"坚持权责统一，完善高校内部治理结构"、"放权监管同步，健全高校用好办学自主权监管体系"、"推进依法行政，形成政事分开、权责明确、统筹协调、规范有序的教育管理体制"、"推进依法评价，建立科学、规范、公正的教育评价制度"等。这既表明了政府试图转变大学管理模式，还权利给大学的决心，也实现了大学办学自主权的进一步扩大。

虽然政府出台了不少落实和扩大大学办学自主权的法律法规和方针政策，

---

① 刘献君. 院校研究 [M]. 北京：高等教育出版社，2008：302.

但这些权利更多地停留在了制度层面，并没有完全落实到实践中，大学主要管理职能依然需要经过政府相关部门的审核批准。如大学人事权和财政权并不完全掌握在大学手中。政府人事部门、财政部门给学校制定人员编制总量，严格控制机构数和教学、管理等职称职务职数，并据此核定工资标准，对学校财政性工资、校内绩效工资、福利工资等进行总额限制。没有完全的财政权和人事权，大学无法按照自我发展的要求建立有效的激励机制来促进大学的发展。

招生权是大学行使自治权的重要体现，是大学的主要权利之一。没有学生，一所大学就成为不了一所大学。但教育行政部门对大学招生实行严格的指标控制，按层级下拨、按大学分配，招生自主权并没有在大学内部治理权力中得到充分体现。更为重要的是，大学无法顺应学校发展趋势，按照学科发展要求随时调整招生计划与指标，造成了很多大学和专业处于想多招人却没招生指标，想少招人却又必须按照教育行政部门的要求完成招生指标的尴尬处境。特别是随着新高考改革的实施，这种按专业大类招生所出现的生源供需矛盾会更加突出，将成为大学内部自治中经常要面对的难题。更为重要的是，在这种矛盾中，法律并没有体现出应有作用，没有明确解决矛盾的方式。大学存在自身权利，但在教育行政部门获得法律授权的强制性要求下，缺乏与教育行政部门商讨的空间。

《教育法》除明确学校八种具体性权利之外，还规定学校有"法律、法规规定的其他权利"。也就是说，学校享有的权利除了《教育法》规定的八个方面外，还包括其他法律法规赋予的学校其他方面的权利。然而，这些权利既没有在其他法律法规中得到体现，也还处在教育行政部门的严格控制之下，这些问题极大地削弱了学校的办学自主权。在政府对学校办学自主权进行严格控制的前提下，大学法人治理的实质性权力没有得到充分的保护，校长作为法定代表人治理大学在国家法律中也没有得到充分的体现。

二、对党委领导下校长负责制的执行弱化

党内法规是中国共产党管党治党的党内制度依据。中国共产党把党内制定的制度规定和纪律约束称之为党内法规。党内法规是党内规章制度的高级形态,是党的有权主体依照职权与授权按照规定程序制定的规则体系。在中国共产党百年发展进程中,逐步形成了"党内法规与国家法律'各行其道、并行不悖、相辅相成、共襄法治'二元法治格局"[①]。同样,在我国大学内部治理结构中,有关大学校长法律地位的规定始终围绕着党内法规和国家法律两条主线,形成了党内法规与国家法律对大学治理的双重规范。党内法规明确了大学的根本领导体制是党委领导下的校长负责制,党委领导下的校长负责制是我国现代大学制度的最大特点,也是最本质特征。

现代大学内部治理结构的核心是在国家法律和党内法规中落实和扩大大学办学自主权,以实现政府权力控制下大学治理权力的回归。《全面推进依法治校实施纲要》构建了大学内部治理的多层次管理机构,完善了大学内部治理的权力约束机制。该实施纲要除了强调全面推进依法治校的重要性与紧迫性以外,也提出了全面推进依法治校的指导思想和总体要求。在"依法健全科学民主决策机制"方面,提出"要依法明确、合理界定学校内部不同事务的决策权,健全决策机构的职权和议事规则,完善校内重大事项集体决策规则,大力推进学校决策的科学化、民主化、法治化";在"完善决策执行与监督机制"方面,提出"要在学校内形成决策权、执行权与监督权既相互制约又相互协调的内部治理结构,保证管理与决策执行的规范、廉洁、高效。按照精简、高效的原则和为教师、学生提供便利服务的要求,自主设置职能部门,明确职能部门的职责、权限与分工,健全重要部门、岗位的权力监督与制约机制,完善预防职务犯罪和商业贿赂的制度措施";在"完善民主管理和

[①] 欧爱民. 党内法规与国家法律关系论 [M]. 北京:社会科学文献出版社,2018:1.

监督机制"方面，提出"要落实《学校教职工代表大会规定》，充分发挥教职工代表大会作为教职工参与学校民主管理和监督主渠道的作用。"这些规定对于在大学内部形成决策权、执行权与监督权既相互制约又相互协调的内部治理结构，大力推进学校决策的科学化、民主化、法治化具有重要的指导意义。

大学内部治理的"关键是要落实好民主集中制，要处理好'领导'与'负责'的关系、'决策'与'执行'的关系、'管人'与'管事'的关系，明晰'重大事项'的界限，等等"①。《关于坚持和完善普通高等学校党委领导下的校长负责制的实施意见》明确了党委统一领导学校工作、校长主持学校行政工作、健全党委与行政议事决策制度、完善协调运行机制、加强组织领导五方面内容，并特别规定："1.高等学校党的委员会是学校的领导核心，履行党章等规定的各项职责，把握学校发展方向，决定学校重大问题，监督重大决议执行，支持校长依法独立负责地行使职权，保证以人才培养为中心的各项任务完成。（1）全面贯彻执行党的路线方针政策，贯彻执行党的教育方针，坚持社会主义办学方向，坚持立德树人，依法治校，依靠全校师生员工推动学校科学发展，培养德智体美全面发展的中国特色社会主义事业合格建设者和可靠接班人。（2）讨论决定事关学校改革发展稳定及教学、科研、行政管理中的重大事项和基本管理制度。（3）坚持党管干部原则，按照干部管理权限负责干部的选拔、教育、培养、考核和监督，讨论决定学校内部组织机构的设置及其负责人的人选，依照有关程序推荐校级领导干部和后备干部人选。做好老干部工作。（4）坚持党管人才原则，讨论决定学校人才工作规划和重大人才政策，创新人才工作体制机制，优化人才成长环境，统筹推进学校各类人才队伍建设。（5）领导学校思想政治工作和德育工作，坚持用中国特色社会主义理论体系武装师生员工头脑，培育和践行社会主义核心价

---

① 张德祥.1949年以来中国大学治理的历史变迁——基于政策变革的思考［J］.中国高教研究，2016（02）：29-36.

值观,牢牢掌握学校意识形态工作的领导权、管理权、话语权。维护学校安全稳定,促进和谐校园建设。(6)加强大学文化建设,发挥文化育人作用,培育良好校风学风教风。(7)加强对学校院(系)等基层党组织的领导,做好发展党员和党员教育、管理、服务工作,发展党内基层民主,充分发挥基层党组织的战斗堡垒作用和党员的先锋模范作用。加强学校党委自身建设。(8)领导学校党的纪律检查工作,落实党风廉政建设主体责任,推进惩治和预防腐败体系建设。(9)领导学校工会、共青团、学生会等群众组织和教职工代表大会。做好统一战线工作。(10)讨论决定其他事关师生员工切身利益的重要事项。"实施意见明确了党委领导的十项基本职责,内容涉及办学目标、教学管理、队伍建设、文化建设、思想政治工作、群团建设等管理中的各个方面。实施党委领导下的校长负责制的本质是党委决定做什么,校长办公会决定怎么做和由谁来做,校长负责是向谁负责,负什么责的问题。党委决定大学的办学方向,这种对办学方向的掌控主要体现在对"三重一大"问题的决策权和对重大决议执行情况的监督权方面。

"三重一大"问题即重大事项决策、重要干部任免、重要项目安排和大额资金使用。"三重一大"制度最早源于1996年十四届中央纪委六次全会公报,对党员领导干部在政治纪律方面提出的四条要求的第二条纪律要求,具体表述是"认真贯彻民主集中制原则,凡属重大决策、重要干部任免、重要建设项目安排和大额度资金的使用,必须经集体讨论作出决定。"党组织领导权源于中国共产党的执政地位,这决定了大学党委在学校决策系统中必然处于核心和领导地位,是最高权力机构,必然要行使大学"三重一大"事项的最终决策权。

目前,我国党委领导下的校长负责制在组织机构设置方面存在的最大特点是党委会成员和校长办公会成员基本重合,这导致由党委会、校长办公会研究讨论的"三重一大"等重要事项的"决策权、执行权、监督权集于一身,政治权力、行政权力、学术权力集于一身"①。我国大部分大学并没有形成完全意义上的党政分开，虽然党委会和校长办公会分别召开，但在很多大学，归于党委层面的党委书记、副书记、纪委书记基本上都是作为成员参加校长办公会。这样做的好处是有利于节约议事时间，提高议事效率，即同一个议题不会因为少数几个人没有参加而导致花费太多的时间进行重复议事。不利的是，很多原本应该由校长办公会讨论、决定的事项，因为有了党委书记、副书记和纪委书记的参与而使得校长、副校长和其他校长办公会成员不能完全独立地行使职能，容易造成党政职责不分，甚至是校长办公会认为应该做的事情却被党委书记、副书记或纪委书记否决而做不下去的情况，校长负责制容易成为大学管理体制中的摆设。

我国大学对党委领导下的校长负责制的贯彻落实还不到位，特别是在一些大学还存在党的领导弱化的严重问题。2017年6月，在中共中央政治局审议的《关于巡视31所中管高校党委情况的专题报告》中，基本上认为每所被巡视大学都存在党的领导弱化、党委领导下的校长负责制落实不到位、民主科学决策不够等问题。以中央政治局名义审议大学巡视工作，充分体现了执政党对大学治理工作的高度重视。党委领导、校长负责对于贯彻党的教育方针，实现立德树人的根本任务有着重要保障作用。因此，进一步完善国家法律和党内法规，确保党委领导下的校长负责制在大学得到贯彻落实，就显得迫在眉睫。要进一步加强党委领导下的校长负责制，必须着眼于解决党的领导弱化、党的建设缺失、全面从严治党不力等问题；着眼于解决党的组织涣散、纪律松弛等问题，以"六项纪律"为尺子，紧紧围绕"遵守党章党规""维护党中央集中统一领导""坚持民主集中制""落实全面从严治党主体责任""落实中央八项规定精神""执行干部选拔任用工作规定情况""廉洁自律、秉公用权情况""完成党中央和上级党组织部署的任务"等情况作为主要内容，构建权力、责任、担当的制度体系，切实发挥大学党委在大学各项工作

---

① 刘献君.论大学内部权力的制约机制［J］.高等教育研究，2012（03）：1—10.

中的领导核心作用。

三、对大学领导体制规定的明显差异

从目前有关规定看，关于我国大学校长的法律地位的表述并不是非常明确，职能也不是特别清楚，甚至在现行教育法律法规和党内法规中关于党委领导与校长负责的表述存在着明显的差异性。

我国现行教育法律法规在表述大学领导体制方面存在模糊与冲突。在我国大学领导体制的管理规定中，存在着以国家法律与党内法规两个不同类别的规定。以党内法规名义发布有关大学领导体制的内容主要源于1989年。1989年的《中共中央关于加强党的建设的通知》、1990年的《关于加强高等学校党的建设的通知》和《普通高等学校基层组织工作条例》均明确规定大学内部领导体制为党委领导下的校长负责制，这种领导体制与国家法律规定存在着明显差异性。《教育法》第三十一条规定："学校的教学工作和其他行政管理，由校长负责"。在这个规定中，学校当然包括大学，虽然期间没有出现"党委领导"的字样，但其强调的依然是"校长负责制"。一个是国家法律，一个是党内法规，都具有强制性，在《教育法》规定的"校长负责制"与党内规定的"党委领导下的校长负责制"，虽然两者都强调"校长负责制"，但其前提与基础却存在较大的差异，也就产生了党内法规与国家法律在大学领导体制上的差异性。《教育法》集中规定了我国教育方针、原则和教育基本制度，是教育类的基本法律。《高等教育法》是根据《宪法》《教育法》制定的有关高等教育方面的法律，应该加强和实现与《教育法》有关高等教育方面内容的有效衔接。最重要的是，要在《教育法》和《高等教育法》中都明确学校的领导体制是"党委领导下的校长负责制"，这是学校治理的基本原则、根本制度。

党委领导下的校长负责制关于党委如何领导校长工作，校长如何对党委领导负责，在法律体系中并没有得到明确体现。换句话说，在目前的法治体

系中，党委领导下的校长负责制更多的是一个概念性规定，而缺乏实质性的内容。我们认为，在依法治校过程中，"校长是学校的法定代表人，对外代表学校，要独立负责地开展工作，切实履行《高教法》赋予的权利和义务，做到依法行政、依法治校，根据行政工作的规律建立科学、高效的行政决策体系"①。在实际工作中，校长不仅要为自身作为法定代表人履行职责的行为负责，同时也要为党委决策承担责任，这显然不符合责权利一致原则。因为"一方面，校长不拥有涉及行政重大事务的否决权，不应该对此类事务负责；另一方面，校长作为学校的法人代表，缺少行使法人代表领导最高决策机构、享有事实上的否决权等制度保障"②。

  大学领导体制的差异性也体现在国家教育法律上。如上所述，《教育法》并没有明确大学领导体制是党委领导下的校长负责制，这与我国整个教育体系有着直接关系，也与《教育法》规范对象的广泛性有着密切联系。我国中小学实施的是校长负责制，校长一般担任学校党总支书记，基本上是党政一肩挑。但在大学领导体制中，校长与党委书记一般是分设，即大学存在两个一把手，这不仅是因为大学本身在人才培养方面所发挥的重要作用，更因为大学相比于中小学来说权力更加集中，更容易被滥用，其决策失误更容易造成重大损失，产生重大社会影响的事实。因此，《高等教育法》通过法定程序将党委领导下的校长负责制上升为国家法律，这造成了《高等教育法》与《教育法》关于大学领导体制明显存在不一致的情况。虽然《高等教育法》作为《教育法》的特别法，对《教育法》部分内容进行补充规定和特别规定，符合法治精神，但两者并没有构成前后协调一致的法律关系，特别是对于党委如何领导、校长如何负责都没有明确规定，从而使大学治理难以在实际中得到落实。在党章明确规定"党政军民学，东西南北中，党是领导一切

---

① 魏士强. 关于党委领导下校长负责制的法律思考 [J]. 中国高等教育，2005（02）：20—22.
② 郭平. 现代大学制度建设中高校内部领导体制研究 [J]. 教师教育学报，2014（01）：83—89.

的"和推进全面从严治党的大前提下,明确大中小学都实行"党委领导下的校长负责制"是题中应有之义。

　　大学内部治理结构存在的问题并不仅仅局限于以上的分析。本书试图重点通过分析大学内部治理结构在国家法律法规、党内法规中存在的问题,以实现国家法律与党内法规关于大学内部治理结构下校长法律地位之间的逻辑关系,以构建出国家法律与党内法规关于党委领导下的校长负责制的制度构架。事实上,包括大学内部治理结构中的党委权力、行政权力、学术权力和监督权力都是重要内容,都是大学内部治理结构中需要重点解决的问题,也是本书需要重点阐述的问题。

第三章

大学内部治理结构下校长法律地位的域外比较

大学是法人，大学校长是大学法定代表人，这是大学和大学校长依法行使法定权力和承担各种法律责任的主体资格。大学校长的法律地位不仅是校长行使法定代表人权利过程中其权利义务关系在法律上的体现，更是校长在大学行政权力控制中实际地位的反映。大学校长行政权力的扩张与收缩，很大程度上依赖于校长的作为和学校固有的行政传统和行政文化。20世纪80年代，有学者将学校改革成败归因于校长是否具有独立的权力或者拥有的权力大小，强调校长无权就不会有责任，就难以有责任心推动学校的改革与发展。事实上，权力只是校长治校的一种手段，关键是校长如何使用权力实现依法治校和推动大学高质量发展。

第一节 大学校长及校长权力

权力在西方国家意指权威、法令和意志。大学校长是随着大学的出现而产生的，但其最开始与权力无关，不是管理者，仅仅是一种荣誉头衔，大学也只是一个较为松散的结构组织。随着大学内部组织的完善和内部成员分工的确定,大学组织结构的复杂性、系统性也越来越明显,其成员间的权责关系呈现出明显的层次性,校长也从最早期的荣誉象征逐步发展为一种身份和能力,这种身份与能力决定了校长具有影响和控制他人的潜在力量。

托马斯·戴伊指出:"权力是社会体制中职位的标志,而不是某个人的标志,当人们在社会机构中占据权势地位和支配地位时,他们就有了权力。"[1]校长权力不是某个人的权力,而是校长这个岗位所具有的权力。校长权力的大小直接决定了校长在大学资源分配中的广度、宽度和深度,是校长法律身份和法律地位在大学的象征。一直以来,由于对大学校长法律地位的模糊理解,特别是对大学校长法律主体性质的认识偏差,大学校长出现了"身份焦虑、身份游离,致使大学校长这个表征大学校长身份的概念并没有给大学校长的职业生活带来多少意义"[2]。

习近平同志指出:一个国家、一个民族不能没有灵魂。[3] 这种灵魂既包括先进思想、先进文化和先进制度等意识形态,也包括掌握这些先进思想、先进文化、先进制度的人物。校长是大学法定代表人,是推动大学改革和发展的灵魂人物,其依法独立行使权力对依法治校至关重要。我国有学者对"211工程"大学的校长角色进行过调查,认为"大学校长是集多元角色于一身的,面临着多元角色的冲突;角色扮演与角色期待相距甚远。"[4] 事实上,"不论大学校长有怎样不同于其他组织的领导的角色要求,大学校长最重要的角色就是治校,他是一个管理大学并对大学的发展负有最大责任的治校者"[5]。因此,大学校长必须承担领导大学改革与发展的责任和行使行政权力带来的

---

[1] [美] 托马斯·戴伊,梅士,王殿宸. 谁掌管美国——卡特年代 [M]. 北京:世界知识出版社,1980:11.
[2] 王飞. 大学校长的身份:承认、危机与选择 [J]. 现代教育管理,2014(002):89—93.
[3] 坚定文化自信把握时代脉搏聆听时代声音 坚持以精品奉献人民用明德引领风尚 [N]. 人民日报,2019-03-05(01).
[4] 毛建青. 当前我国大学校长多元角色及其冲突的实证分析——基于"211工程"大学的调查 [J]. 学术论坛,2014(09):156-161.
[5] 眭依凡. 大学校长的教育理念与治校 [M]. 北京:人民教育出版社,2001:29.

后果。

  校长在大学权力场域中的地位取决于国家法律对大学的授权，这种授权又决定了学校内部权力系统的运行状况。权力的基础首先是职位，大学校长拥有的权力首先源自校长这个职位。法律并没有授予具体某个人的权力，授予的只是某个职位或岗位的权力，个人权力与法律地位与其所担任的岗位职务有着密切联系。大学校长的权力是法定权力和公共权力，是在大学这个组织系统内对其他岗位人员所具有的内在控制能力，这种能力来源于国家公共权力体系，是法律授予个人从事大学管理工作的特定资格。这种资格能否真正体现到个人身上，除了与国家法律规定有着直接关系外，更主要的取决于大学的成员是否愿意接受他的领导，而且这种愿意是出于内心对大学校长的认同。

  具体而言，《教育法》第二十八条规定："学校及其他教育机构行使下列权利：（一）按照章程自主管理；（二）组织实施教育教学活动；（三）招收学生或者其他受教育者；（四）对受教育者进行学籍管理，实施奖励或者处分；（五）对受教育者颁发相应的学业证书；（六）聘任教师及其他职工，实施奖励或者处分；（七）管理、使用本单位的设施和经费；（八）拒绝任何组织和个人对教育教学活动的非法干涉；（九）法律、法规规定的其他权利。国家保护学校及其他教育机构的合法权益不受侵犯。"《教育法》赋予了学校各项具体权利，却并没有明确校长职责。从民法角度看，校长是学校的法定代表人，其权力行使代表的是整个学校的利益。同时，根据权责相符或权责一致的原理，"校长负责制"就意味着校长必须为自己或者其他工作人员代表学校行使的权力负责任，即根据《教育法》规定对学校的教学、科研及其他行政管理行为负责。因此，《教育法》规定的学校权利与校长权力具有相同性。不同的是，《高等教育法》第三十二条至三十八条明确了学校的权利，第四十一条明确了校长行使职权的范围，这充分说明了大学权利与大学校长权力虽有相通之处，但也有区别，两者之间相辅相成，互相补充。

我们谈及校长权力时，因为校长是由上级组织任命，所以往往将校长等同于政府官员，将校长权力看作是行政权力，并以校长所在学校主管部门的层次高低来判断校长职位高低与权力大小。这样做的后果是我们更关注校长职位带来的表面权力，而忽视了校长权力的内在和本质。校长权力既来自于国家法律授权，也由党内法规赋予。从法律关系上而言，大学是一种松散的组织联盟，其内部机构设置完全出于大学自身发展需要，而不是法律法规的强制要求。大学任免内部组织机构成员主要是因为大学自身管理职能的需要，与法律并无关系。校长权力是基于法律授权，通过接受政府委托而获得，这种权力与国家法律赋予公务员的权力不同，它对整个社会不具有普遍控制力和权力凌驾特点，其权力更多的是建立在支配、奖惩、控制和等级地位基础上，只在大学这个特定范围内起作用。

在大学内部治理结构中，校长权力依附于政治链条上。校长被上级组织任命，代表的是党和政府的意志与利益。我们认为校长权力应该来源于"法律赋权、行政授权和公众契约及教师民主认可"，只有这样的权力才具有合理性、合法性、长期性，权力行使才具有正当性、正义性，才能"既能保证行政合理、有序、有效地运转，又能确保教授的学术自治及学术自由"①。校长应该通过行政管理、学术追求、经济刺激、社会服务等多种方法和手段行使权力，而不应该照搬政府官员的管理方式来治理大学。

第二节　国外大学内部治理结构下校长法律地位

大学内部治理结构受国家政治、经济、文化等因素的影响，而大学校长的权力是人类社会发展与大学教育活动相互交错发展的产物。每个国家根据

---

① 郭平.现代大学治理及其功能研究［M］.成都：西南交通大学出版社，2015：66.

其政治体制和高等教育发展情况赋予大学校长不同的权力。但不管以什么样的方式治理大学，校长在教育法律中的地位和在大学行使权力的实然性决定了大学治理的实际成效。

一、德国大学内部治理结构下校长法律地位

德国教育的基本理念和原则是"教育是国家的责任"，大学向所有公民免费开放，由所有公民免费享有。德国早期的大学由皇权和政府分别控制，在以政府为核心的权力体系中，因为大学由政府创办，政府为大学提供经费支持，所以大学校长的权力受到法律的极大限制和政府的严格控制。早在1794年，德国政府颁布的《普鲁士国家民法通则》就明确规定大学是国家机构，也是享有自治权的社团组织。

20世纪下半叶开始后，德国大学权力结构发生了根本性变化。德国1976年颁布的《高等教育总法》是德国现代高等教育的基本法，对德国高等教育影响巨大。《高等教育总法》第五十八条第一款规定，高等学校既是公法团体，也是国家公共机构，明确大学有权在法律规定的范围内对学校事务进行独立管理，这种管理是基于大学自身处理教学、科学等"固有事务"时的公法社团身份，而其完成大学人事、财务等国家"委办事务"时是政府机构，受政府直接管理。与其他国家不同的是，德国规定大学具有公法团体和国家公共机构两种法律属性决定了德国高等教育有两个管理机构，一个是州政府对高等教育的实质性管理，州政府是主管部门，拥有大学的建立权、组织权、法律监督权、财政权和人事权；一个是联邦政府对高等教育的指导性管理，这种管理体现出宏观性，并不具有强制性。同时，《高等教育总法》规定设立专职校长，负责处理大学的学术、行政和经费等事务。

德国将大学定位为公法团体，明确大学是"本于国家之意，为公共目的，

依据法律或法律之授权而设立,具有独立权利能力之法人"[①]。这意味着大学不仅获得了法人地位,更重要的是,大学获得了行政主体资格,享有行政法上的权力,承担行政法上的义务。即使政府对大学进行监督和管理,其"内容和方式均应在法律规定的方式内进行,不得超出法律的界限干预高等学校的自治管理"[②]。这既保障了如果大学因政府行政权力造成损害而能及时实施侵权救济,也有利于如果大学行政行为损害他人利益而允许他人对大学提起侵权救济。

1998年是德国大学形式发生变化的重要时间节点。这一年,德国修订《高等教育总法》,明确规定大学作为团体法人,有权以自治章程来保护自身及其成员的权利,并确立自身的组织和活动原则,同时也规定大学可以"以其他法律形式设立",从而强化了一些大学公法团体属性,增加了一些组织上可以不依附于政府而独立存在的公法人大学。大学不再是政府的附属机构,政府对大学的管理方式从细节干预转变为"总体预算、目标协定和绩效拨款"的宏观管理。

德国赋予大学双重法律属性极大地影响了校长在大学内部治理结构中的法律地位。校长最初对上对外"均没有实质性的权力和可供施加影响的资源",大学内部事实上实行"学院式治理模式",其中校长成了协调大学内部关系的协调员。到了2006年,联邦德国最大州北莱茵——威斯特法伦推出《高校自治法》草案。根据其规定,大学开始从政府机构与公共法人的双重角色中脱离开来,成为具有独立地位的公共法人。州政府虽然保留对大学的法定监管,却放弃了对大学的业务监管。在此之后,德国开始实行校长负责制。校长代表大学行使行政权力,是最高行政机关、人事机构和人事管理机构的最高负责人,对大学行政行为担负最后的行政法律责任。

---

① 董保城. 教育法与学术自由[M]. 台北:月旦出版社股份有限公司, 1997:127.
② 申素平. 论我国公立高等学校的公法人地位[J]. 中国教育法制评论, 2003(02):14—37.

赋予大学国家公共机构的法律地位是德国大学区别于其他国家大学的显著标志。在这一方面，大学章程起了极为重要的作用。大学章程是德国大学治理的基本规范，通过州政府批准具有法律效力，并在法律规定范围内享有高度自治权，保持大学权力运行的独立性，这是德国法律对大学管理的重要规定。而州政府拒绝批准的理由，必须是在法律明确规定的条件之内，否则，州政府不能拒绝批准大学提出的章程。

德国大学校长权力的加强有赖于大学章程，大学章程所具有的法律效力使校长成为大学的实际负责人。柏林洪堡大学章程规定校长有监控、矫正校内机构和部门不妥决议和举措的义务，即"如果董事会之外的机构或其他部门有违法的决议和举措，校长有义务对此明确表示反对，并组织将其撤销。如果出现违法的失职行为，校长应亲自下达必要的指示或者采取补救措施。"校长这种近似于司法审查的权力在很多的国家大学都没有明确规定或没有规定。《巴伐利亚州高等教育法》规定，校长"主持学校日常工作，执行各会议机构的决议"，"有权否决各会议机构的决议，如果会议机构违抗其决定，校长可以解散有关会议机构，举行新的选举，以恢复其正常工作。"德国地方法律关于校长有权否认学校会议机构决议、有权解散会议机构的规定，确保了校长能够在自己的职责范围内独立行使权力，对大学的一切行为承担法律责任。

二、法国大学内部治理结构下校长法律地位

与德国相似的是，法国法律也明确规定大学是公共机构，政府按照法律规定对大学实施严格控制。但与德国不同的是，法国早期大学获得法人资格与宗教有着紧密关系，教皇通过颁布有关大学法人敕令，赋予大学法人资格。直到近代，法国大学都与教皇保持着密切联系。因此，法国所有大学都是公共机构，是公务法人，他们具有代表国家或地方政府管理地方行政事务的权力。大学没有自己的独立财产，其办学经费直接由政府拨付。这意味着法国

大学是政府直接管理的下属行政机构,有权代表政府管理地方行政事务。

法国是大学发源地之一。最早期的大学校长都是由教皇任命的,代表教皇管理着大学。法国巴黎大学被誉为"欧洲大学之母",成立于12世纪初期。12世纪80年代开始,法国国王和教皇竞相承认巴黎大学,并授予学校很多特权。学校则利用国王与教皇、地方与中央之间的矛盾,不断获得特权而逐渐走向组织化和制度化的自治。1215年,教皇特使库尔松为巴黎大学制定了第一个章程,取消了圣母院主事对巴黎大学的控制权,[1] 标志着巴黎大学的合法地位正式确立。根据章程,巴黎大学的各学院和民族团共同选举校长。此时的校长是大学行会的首脑,在大学内部与外部享有荣誉权和特别优先权,掌管着大学的财政,具有民事司法权,作为大学的正式代表有资格以其名义协商或介入司法,但大学校长的实际权力并不大,也不具备大学法定代表人的基本权力。到13世纪中后期,巴黎大学已经获得了司法豁免权、教师资格授予权、罢课权、迁校权、内部规章自主制定权等许多特权,从而为大学自治打下了坚实的基础。通过大学章程赋予校长对大学成员和服务人员进行司法审判的权力,是法国与其他大陆法系国家对大学校长权力规定的最大差别。总体而言,中世纪法国大学内部治理重心向下,教师(教授)在大学治理中拥有至高无上的地位,大学内部治理机构的负责人,包括校长均由教师选举并由教师担任,形成了"教师至上"的大学内部治理的价值追求。13世纪之后,法国大学校长的法律地位再次得到加强。校长作为大学行政负责人,对外代表着大学,对内协调、管理组成大学的学术组织及团体,负责大学的教学、管理和财政。法国校长自此成为大学内部的最高统治者,基本上能够决定大学相关主体在大学中的利益结构与利益取向。

法国大学作为行政公务法人行使管理权最初源于国家需要大学履行一定的行政公务。法国1968年出台的《高等教育方向指导法》推动了法国高等教育管理模式的演变,从法律上确定了大学实行管理自治、教学自治和财政自

---

[1] 李兴业. 巴黎大学 [M]. 长沙:湖南教育出版社,1988:20.

治。其第三条规定,大学是"有法人资格和财政自治权的公立科学文化性机构",从而在法律上承认了大学的法人资格。"法人资格"是大学取得自治权的前提和基础,是大学具有明确法人自治地位的特征和标志。《高等教育方向指导法》第十一条规定,"公立科学文化性机构及其所属教学与科研单位,依照本法规定,确定自己的章程、内部结构及其与大学其它单位的关系。"第十二条规定:"大学及独立于它的公立科学文化性机构,由选举产生的理事会管理,由该理事会选出的校长领导。"《高等教育方向指导法》同时指出,"任何意图提出信任问题和申请检查的法令都是非法的,法令不得直接或间接地规定校长向理事会负任何责任。"《高等教育方向指导法》是确定法国现代大学治理模式的基本法,极大地增强了大学的自治权和大学校长的管理权力。1984年出台的《高等教育法》是《高等教育方向指导法》的升级版,其第四十六条规定:"大学校长和公立科学、文化、职业机构的校长或院长的决定,以及校务委员会的决议在通过后立即生效,不需先经上级批准。"《高等教育法》规定校长拥有对学校行政管理、财政预算和人事任免(包括对副校长的任免或提名)的决策权,并规定校长在大学行政管理委员会、科学委员会和大学学习生活委员会中担任主席。自此,校长在行政管理、财政、教学、科研等方面的权力再次得到极大扩张。

特别重要的是,法国通过实施合同制度体现了法国政府对大学管理的契约精神。法国《高等教育法》赋予了大学法人高度自治权,并明确提出了政府与大学之间实行合同制度和评估制度。法国政府通过与大学签订行政合同,构建行政契约关系,实现政府管理与大学自主办学的有机结合,并在一定程度上形成了政府与大学理论上平等的契约关系。第一个与国家签订合同、构建行政契约关系的大学是昂热大学。1989年12月,法国政府根据项目谈判和评估情况,与昂热大学通过签订合同,确立了行政契约关系,这成为法国所有大学与政府构建平等关系的模板。在这种行政契约关系中,校长是大学法人代表,代表大学与政府达成行政契约。2007年,法国通过颁布《大学自由与责任的法律》，将政府从直接管理人转变为大学的合作人、监督人、保证人和资助人，将校行政委员会转变成为大学的最高决策机构，校长和行政委员会成为大学权力的核心，校长在大学的人事、房产、财政等方面具有了绝对的管理权，从而为法国校长治理大学与大学自治提供了新的发展机遇。特别是 2013 年，法国政府颁布了《高等教育与研究法案》，授权大学自主颁发文凭和学位，大学真正开始了学院式管理民主。

三、英国大学内部治理结构下校长法律地位

与英国政治体制类似的是，英国大学长期以来形成了自治传统，其并非政府的组织机构，而是自治团体，"在高等教育权力分配的传统上主要体现在教授行会与院校董事及行政人员的适度影响的结合"[①]。这种结合因为创建大学背景不同而呈现出不同的管理体制，但不管哪种体制，都体现了英国皇室对大学教育的高度重视与严格管控。英国是世界上第一个通过法律承认大学法人地位的国家。1571 年，英国女王伊丽莎白一世颁布《大学法》，正式确定了牛津大学和剑桥大学享有法人地位。英国皇家法律承认大学的法人地位，赋予了大学不受国家及法人团体和个人干预的自由，大学办学权主要控制在以教授为代表的行会手中，而以副校长为代表的行政系统拥有一定的权力。

英国皇权对国家构建大学管理体系影响很大。以 1992 年为界，英国大学分别为由枢密院授予皇家特许状设立的老大学（大多数于 1992 年前设立）和遵照相应法令设立的新大学（1992 年之后设立）。新大学主要根据 1992 年颁布的《继续教育和高等教育法案》获得大学法人地位。1993 年《慈善法案》规定，英国大学都享有慈善机构的地位，可以免缴各种赋税。国家以法律形式赋予大学慈善机构地位是英国的创举，虽然在形式上弱化了大学的法人地位，但保证了大学在国家政策上享有相应的照顾性权利。

---

① 眭依凡. 大学校长的教育理念与治校 [M]. 北京：人民教育出版社，2001：38.

英国大学由于设立依据的法律或规定不同，其体现在行政法上的地位和赋予的权力差别也很大。这种差别决定了大学是否属于英国行政法规定的"公共机构"。"如果该大学是依法规设立的，可以将它作为法定公共机构对待，用调卷令与强制令之类的手段救济。如果只是依章程或私自设立的，针对这种大学的权利便取决于契约。"① 被确定为"公共机构"的大学受到行政法中"越权原则"和"自然正义原则"的约束和规制，在享有和行使权利方面必然要与国家或地方政府一样。不是"公共机构"的大学，则不受上述行政法原则约束。对于何者为"公共机构"，取决于大学内部纠纷是否接受行政法上的司法审查，接受就是"公共机构"。在英国，通过皇家特许状设立的大学通过校内视察员来裁决大学的内部纠纷，而不用接受行政法上的司法审查，因此不被视为"公共机构"；依据国家法律法规设立的大学由于没有校内视察员，其内部纠纷必须接受司法审查，因此被视为"公共机构"。英国皇家特许状对处理英国王室与大学之间的关系至关重要，它"是一种'授权书'或权利宣言，在英国法中是国王与高等学校之间的一种协议。特许状一经发出，就产生法律效力，只能经过特定程序由令状收回。"② 皇家特许状对维护大学法律地位和权力的稳定性具有非常重要的意义。

英国早期的大学校长在大学、教会、国王之间扮演沟通与协调者角色，后来逐渐演变为一种名誉性职位，是大学的形象代表，并没有进行内部管理的实质性权力。英国大学的高级教职员工全体会议是大学的最高权力机构，它拥有大学最高的立法权和决议权，并颁发学位和批准副校长的任命，其通过的决议在全校范围内具有效力。代表高级教职员工全体会议行使职权的是负责大学日常行政管理事务的副校长。与校长相同的是，副校长也是由高级教职员工全体会议批准任命的。与校长的名誉性岗位不同的是，副校长享有章程规定的广泛权力，能够处理学校的各类事务，对理事会和评议会负责，

---

① ［英］威廉·韦德. 行政法［M］. 北京：中国大百科全书出版社，1997：220.
② 申素平. 英国高等学校法律地位研究［J］. 中国高教研究，2010（02）：48—50.

从而在世界教育史上形成了独特的"副校长权力现象"。到中世纪末，副校长已经成为英国大学的实际首领，身负广泛的民事和刑事司法权。

从19世纪末开始，在英国皇家特许状的支持下，校长在大学治理中获得了一定的话语权。1992年是校长获得法律地位的分水岭，法律正式确定了"1992后的大学校长被正式赋予类似商业机构中首席执行官的职责——尽管在1992前大学中，这种职责事实上也存在着。"1992前大学校长获得的法律地位主要源自大学章程。大学章程规定校长是学校首席学术和行政官员，统领全校行政工作，对理事会负责。1992后校长是学校首席行政官员，就学校发展与学术事务向理事会提出建议，并执行理事会的决策。

四、美国大学内部治理结构下校长法律地位

美国是典型的立法、行政、司法三权分立国家，其高等教育法治借鉴了美国宪法的自由民主精神，不仅大学形式多样，而且较早地实现了大学法人化治理。美国虽然也存在主管教育的全国性部门，但其对教育的控制并不像法国一样强大。美国公立大学既有属于政府机构的，也有公共依托的，还有在宪法上自治的。属于政府机构的大学依照各州法律设立，受联邦宪法、州宪法和行政法约束，对于教师、学生做出不利处分时必须遵循正当程序原则，必须保护教师或学生依宪法或行政法享有的权利。而公共依托大学作为公共信托中的受托人，具有独立人格，不受州行政法制约。宪法上自治的大学受州立法机关控制。

法人制度是美国大学的核心制度，这决定了大学在与美国政府的公共关系处理中始终处于独立地位，政府并不能随意介入大学事务和改变大学的法人属性。美国公立大学是公法人，受行政法规则支配，这与私立大学的法人治理结构完全不同。公立大学实行教授治校、董事会和校院行政管理相结合的管理模式，这种管理模式是美国三权分立的法治精神在大学治理中的充分体现。美国通过1791年的《权利法案》保留了各州对公立教育的管理权。私

立高校可以不遵守约定公共机构的行政法规与规则，但必须遵守"正当程序原则"等规定，以维护美国宪法精神，保障公民基本权利不受随意侵害。

美国政府虽然并不能直接介入大学事务，但却可以从保护社会成员权益的角度出发，越过特许状和大学章程的规定，对大学与社会成员的关系做出法律规定，而大学必须遵守并执行。美国大学通过制定具有法律效力的行政契约——"教师手册"，明确了大学与教师的权利、义务，学校相关政策及其具体应用，是教师的工作指南和学校行政的依据。但"教师手册"并没有解决美国所有大学中学校与教师之间的法律关系。美国公立大学与教师之间的关系较为复杂，既有宪法关系，也有行政法律关系，还有民法上的契约关系。如联邦宪法第一修正案保护了教师学术自由权利。美国各州中的政府出台法律，从而在大学与教师之间形成了行政法律关系，大学根据法律规定的自主管理权限与教师订立契约，建立契约关系。

二战后，美国联邦政府通过政府资助催生了新的行政管理责任，这种责任渗透到大学治理过程中，成为大学治理的一个显著特征。1862年，美国政府通过颁布《莫雷尔法案》，建立了大批的"赠地学院"，这是美国政府对高等教育的第一次大规模干预，也是行政管理责任在高等教育管理中的重要体现。行政管理责任的出现不仅导致大学治理结构的局部变化，也改变了大学治理结构的整体特征。1966年，美国大学董事会协会、美国教育联合会、美国大学教授联合会发布了《大学治理宣言》；1967年，美国大学教授联合会发布《大学和学院的治理声明》，均强调大学共同治理原则，并确立了以董事会领导下的以校长为首的行政权力系统和以评议会为代表的学术权力系统的双头运行机制，这两种权力通过分权和制衡的方式实现了良性互动。随着美国联邦政府对大学治理的政治权力影响日深，公立大学逐渐沦为政府的附属机构。1972年，美国出台《高等教育法》修订案，规定联邦政府向全国所有大学提供不带任何条件的资助，这使大学自主管理权有了独立的基础。与大学独立性相比，如果大学一旦接受政府资助，或者大学的财产全部或者主要来自政府的财政性拨款，大学就不可能完全独立行使法人权力，其必须接受政府的指导或调控。

在获得充分自治权后，美国大学基本上都实行董事会领导下的校长负责制。董事会是法定代表机关，拥有大学的最高权力，决定着大学生存与发展的大政方针，包括遴选校长、支持校长施政、监督校长表现等。校长作为大学董事和学校最高行政长官，对大学办学、发展事务负责。从目前情况看，美国更倾向于职业化的大学校长。而美国大学教授主要通过教授委员会加强对大学的学术控制，从而与以校长为代表的行政权力形成了对峙之势，保证了学术权力与行政权力结构的平衡。

五、日本大学内部治理结构下校长法律地位

日本大学校长是学校的象征，代表大学维护大学自治权力和教师的学术自由。与此不匹配的是"校长或者总长只是行政上的最高负责人，负责落实、监督、执行工作"，"他们本身并不具有实质性决策权，真正的决策权掌握在评议会和各级的教授会手中。"① 1946 年，日本通过颁布《日本国宪法》，规定国民享有学术研究的自由，从而奠定了大学校长保障教师学术自由的宪法法律基础。

1947 年，日本制定了战后学校教育的基本法律《学校教育法》，对大学内部治理及文部省行使大学管理权作了清晰界定。《学校教育法》第五十八条第三款明确了校长职责是"总理校务，统管所属职员"。1949 年 1 月，日本颁布《教育公务员特例法》，对大学校长的任免做出了明确规定。1949 年 5 月颁布《国立学校设置法》，对国立学校的设置及内部管理做了明确规定。根据《国立学校设置法》，大学评议会是大学的最高决策机构，有权决定并处理大学内部各项事务，校长是大学评议会当然人选。

---

① 严文清. 中国大学治理结构研究 [M]. 北京：人民出版社，2011：201.

日本在大学法人化改革之前，国立和公立学校教师都是公务员，适用1949年出台的《教育公务员特例法》。《教育公务员特例法》对国立和公立学校教师身份进行了区分，其第三条规定："国立学校的学长、校长、教员及教育局长具有国家公务员的身份，公立学校的学长、校长、部局长以及教育长和专门的教育职员具有地方公务员的身份"，明确了校长等人员的国家公务员身份。日本通过对学校国立与公立性质的区分，明确了这些学校相关人员的不同身份。作为具有公务员身份的教师，除非出现道德品质问题或严重违反校规，才会被辞职辞退。国立大学成为行政法人后，教师作为政府为达成行政法人设立目的而使用的公务雇员，与所在大学构成了公法上的契约关系。

20世纪90年代，日本开始实施大学设置基准大纲化，大学进入法人化治理阶段。2001年，《国立大学法人法》《独立行政法人国内高等专门学校机构法》《独立行政法人国立大学财务经营管理法》等六项法案出台，标志着日本大学独立法人化改革设想进入实质性操作阶段。2004年，日本正式实施《国立大学法人法》，一改过去国立大学作为国家行政组织机构的传统做法，转而成为具有独立法人资格的教育组织，从而改变了国立大学和政府之间的依附关系，最大限度地减少了政府对国立大学的日常干预。国立大学作为独立法人组织，在法律上享有自主发展、独立经营的地位和权力，可以根据自己的责任和权力实施有效的运营和管理，政府对大学的干预大大减弱了。

在法人化改革中，日本法律赋予了大学校长极大的权力。按照《国立大学法人法》第十一条规定，国立大学的校长除了实施《学校教育法》中规定的校长职责之外，还"代表国立大学法人，总管学校业务"，从而实现了"人事决策权从小到大，从'不具有财政决策权'到'掌握财政大权'，'以校长为首的董事会'代替'教育评议会'成为学校核心权力部门。"[1] 校长成为了学校决策的重心，是最高权力的拥有者，行使国立大学作为独立行政法人的

---

[1] 贺天成，张凤娟. 日本国立大学法人化改革对校长权力的影响研究 [J]. 高教探索，2017（02）：88-93.

最终决策权、执行权。役员会、经营协议会、教育研究协议会是辅佐校长决策的三大咨询机构。更为重要的是，校长可以直接任免学校副校长等主要管理职位。副校长由校长提名并任命，其工作对校长负责。2004年，日本开始实施《地方独立行政法人法》，规定地方公立大学实施法人管理，理事长是法人代表，可以兼任校长，也可另外任命校长。国立大学行政法人化改革成效显著，但争议也不少。有人认为，此项改革有可能破坏大学的学术自由，使大学商品化、产业化。因此，日本大学行政法人化实施效果值得拭目以待。

第三节 国内外大学内部治理结构下校长法律地位的比较

大学校长作为大学的法定代表人代表大学承担相应的法律责任，这既是校长作为行政负责人的应有之义，又是推动大学依法治校的必然要求。然而，在明确大学校长法定代表人身份和划分法律责任的同时，我们还需要考虑大学校长权力和责任之间是否匹配的问题。与国外相比，我国大学校长法律地位与权力配置既有相似性，又有较大的差异性，这既与我国长期以来实行的政治体制有关，也与我国大学积极探索中国特色社会主义大学的发展模式有关。

一、共同特征：国家法定大学校长法律地位

考察世界各国大学内部治理结构下的校长法律地位，基本上可以明确的是，各个国家都通过国家法律法规，保证大学校长的法律地位和权力的充分行使，这是共同特征。赋予大学法人地位和校长法定代表人地位是实现大学自治的前提与基础。

如德国《高等教育总法》、法国《大学自由与责任的法律》、英国《继续

教育和高等教育法案》、美国《高等教育法》和日本《国立大学法人法》都对大学治理结构进行了规定，明确了校长的职责与权力。我国《教育法》虽然规定校长是学校的法定代表人，全面负责学校教学及行政工作，但并没有细化校长的具体权力，也没有在法律中规定校长的具体职责。有学者认为大学具有内部组织自治权，人事自治权，教学计划、内容和方法的自治权，研发、内容和方法的自治权，学生的招收、奖惩、学籍、毕业等管理自治权，校园秩序维护自治权，引导学生学习和选择（系院所、教师课程等）自治权和财政分配自治权共八项自治权。① 这八项大学自治权力基本上都属于校长行政职责范围内的工作，但《教育法》却在没有明确校长具体行政职权的前提下，设置了很多条款中来明确校长要代表学校承担相应的民事责任、行政责任和刑事责任。第九章"法律责任"明确了校长作为法定代表人，在侵害他人权益的情况下，应该承担相应的法律责任。第七十三条规定："明知校舍或者教育教学设施有危险，而不采取措施，造成人员伤亡或者重大财产损失的，对直接负责的主管人员和其他直接责任人员，依法追究刑事责任。"第八十三条规定："违反本法规定，侵犯教师、受教育者、学校或者其他教育机构的合法权益，造成损失、损害的，应当依法承担民事责任。"第七十三条规定的"直接负责的主管人员"理所当然包括校长。第八十三条虽然没有明确应当由校长依法承担民事责任，但作为法定代表人，校长对民事法律关系中损害师生利益的行为，必然要承担相应的民事法律责任。

《高等教育法》对校长权力及权力行使规定得比较具体。《高等教育法》第四十一条提出，高等学校的校长全面负责本学校的教学、科学研究和其他行政管理工作，行使下列职权：（一）拟订发展规划，制定具体规章制度和年度工作计划并组织实施；（二）组织教学活动、科学研究和思想品德教育；（三）拟订内部组织机构的设置方案，推荐副校长人选，任免内部组织机构的

---

① 胡肖华，倪洪涛等.从失衡到平衡：教育及其纠纷的宪法解决［M］.北京：中国法制出版社，2007：23.

负责人；（四）聘任与解聘教师以及内部其他工作人员，对学生进行学籍管理并实施奖励或者处分；（五）拟订和执行年度经费预算方案，保护和管理校产，维护学校的合法权益；（六）章程规定的其他职权。《高等教育法》规定校长职责，意味着校长通过法定途径获得了法定权力。在第（一）至（五）项中，校长职责是具体的，第（六）项规定校长依法行使"章程规定的其他职权"是一个模糊条款或兜底条款，完全依靠大学内部规则的自我制定与完善。这对于大学而言，是个授权性条款，大学可以根据这个法律规定，制定符合自身特点的大学章程明确校长权力。

校长身份或角色意识是校长承担责任的基础。与其他国家不同的是，我国对于校长角色的期待是不同的。虽然在《教育法》《高等教育法》中都明确了校长法定代表人的法律身份，明确了校长全面主持大学行政工作的职责范围，但对于校长的身份意识，却从来都是多变且模糊的。那就是既想把校长打造成"政治家""教育家""思想家"，又想把校长打造成"管理专家""社会活动家""著名学者"等多重角色，这种多重角色既不符合我国高等教育事业发展的实际需要，也无助于校长全身心投入到大学教学与管理工作。一个被寄予厚望的多重角色的校长带来的最终结果可能是什么都有点像，但什么都不像。

事实上，我国《教育法》《高等教育法》在选拔校长时没有规定校长任职条件的多重要求，主要强调校长作为大学法定代表人，需要懂得教育规律、能识人用人，是管理方面的专家，而不是多重角色的校长。从现实来看，我国大学校长一般至少有两重身份，既是行政主要负责人，也有基于是中国共产党党员身份形成的党委班子成员。作为党委班子成员，校长行使党委政治权力主要体现为党委书记副手的重要决策事先协商权与会议决策中的一人一票权。

与此相同的是，德国《联邦高等教育总法》明确了大学的公法团体性质和国家机构属性，赋予了校长极大的自决权力，特别是一些州通过制定州法，明确了校长对大学行政行为负有最后之责任。法国《高等教育方向指导法》不仅结束了大学无校长的历史，同时通过法律赋予了大学校长内部法官的法律地位。英国《继续教育和高等教育法案》是大学校长获得法定地位的分水岭，对英国长期以来形成的"副校长权力现象"构成了有效冲击。美国《高等教育法》等法律构建了大学三权分立的局面，明确了大学校长是大学的最高行政长官。日本《国立大学法人法》赋予了校长独立行政法人的最终决策权、执行权。我国《高等教育法》明确了校长大学法定代表人的地位，规定了校长全面主持大学行政工作。

二、显著特点：大学章程建构校长权力体系

以大学章程构建校长权力体系是各个国家大学的显著特点。大学章程是被法律认可的具有法律效力的内部管理规范性文件。各个国家基本上都授权大学自主制定章程，这充分体现了大学作为一个独立法人所应该具有的完整人格和完全权利能力和责任能力。大学章程通过法律赋权的形式对大学性质、宗旨、定位、组织机构、目标任务、体制机制、权利义务等进行了具体规定，是实现大学自主管理和依法治校的规范性文件，是具有法律效力的治校纲领，是大学处理内外法律关系的基本依据之一。在现代大学治理体系下，我国各个大学基本上都以章程为核心，形成了决策权、执行权、监督权相互制约和协调的现代大学治理体系，从而推进大学自我约束、自主发展、自我治理。

我国校长权力在大学章程中得到明确规定。《高等学校章程制定暂行办法》明确了大学章程的制定内容、制定程序、核准与监督等，是各大学依法制定适合本校特点章程的规范性文件。第九条规定："章程应当依照法律及其他有关规定，健全中国共产党高等学校基层委员会领导下的校长负责制的具体实施规则、实施意见，规范学校党委集体领导的议事规则、决策程序，明确支持校长独立负责地行使职权的制度规范。章程应当明确校长作为学校法定代表人和主要行政负责人，全面负责教学、科学研究和其他管理工作的职

权范围；规范校长办公会议或者校务会议的组成、职责、议事规则等内容"，从而明确了校长地位、校长与党委关系的处理等。这是一个笼统性规定。第十条规定："章程应当根据学校实际与发展需要，科学设计学校的内部治理结构和组织框架，明确学校与内设机构，以及各管理层级、系统之间的职责权限，管理的程序与规则。"即各个大学可以根据自身实际制定适合本校实际的大学章程。

然而，由于每个大学的不同特点，其大学章程制定的内容虽具有相似性，但也存在较大差异性。德国通过大学章程赋予了大学校长极大的处决权，甚至有撤销校内机构违法决议的权力。英国大学章程明确校长可以终身任职，统领学校行政工作。日本东京大学章程特别单列名目明确了大学校长的统率力。我国大学章程基本上都以条目式结构明确授予大学校长全面负责大学教学、科研、行政管理的权利。

《高等学校章程制定暂行办法》强调各个高校章程应该"体现和保护学校改革创新的成功经验与制度成果"，在其第十条、第十二条和第十三条强调各个大学可以根据"学校实际"、"发展需要"和"办学特色"制定章程内容，使得我国大学章程表现出形式多样，内容不一的特点，凸显出大学管理特色的同时，亦表现出管理的极大差异性和随意性。第四条规定："高等学校制定章程应当以中国特色社会主义理论体系为指导，以宪法、法律法规为依据，坚持社会主义办学方向，遵循高等教育规律，推进高等学校科学发展；应当促进改革创新，围绕人才培养、科学研究、服务社会、推进文化传承创新的任务，依法完善内部法人治理结构，体现和保护学校改革创新的成功经验与制度成果；应当着重完善学校自主管理、自我约束的体制、机制，反映学校的办学特色。"第十条规定："章程应当根据学校实际与发展需要，科学设计学校的内部治理结构和组织框架，明确学校与内设机构，以及各管理层级、系统之间的职责权限，管理的程序与规则。章程根据学校实际，可以按照有利于推进教授治学、民主管理，有利于调动基层组织积极性的原则，设置并规范学院（学部、系）、其他内设机构以及教学、科研基层组织的领导体制、管理制度。"第十二条规定："章程应当明确规定教职工代表大会、学生代表大会的地位作用、职责权限、组成与负责人产生规则，以及议事程序等，维护师生员工通过教职工代表大会、学生代表大会参与学校相关事项的民主决策、实施监督的权利。对学校根据发展需要自主设置的各类组织机构，如校务委员会、教授委员会、校友会等，章程中应明确其地位、宗旨以及基本的组织与议事规则。"第十三条规定："章程应当明确学校开展社会服务、获得社会支持、接受社会监督的原则与办法，健全社会支持和监督学校发展的长效机制。学校根据发展需要和办学特色，自主设置有政府、行业、企事业单位以及其他社会组织代表参加的学校理事会或者董事会的，应当在章程中明确理事会或者董事会的地位作用、组成和议事规则。"

我们大学章程对校长职责的规定也存在较大差异。《北京大学章程》于2014年9月3日经教育部正式核准生效，共五十六条，第四章"组织机构"条目下第二十六条规定："校长全面负责学校的教学、科学研究和其他行政管理工作，行使下列职权：（一）拟订学校的发展规划，制定年度工作计划并组织实施；（二）拟定具体学术管理制度，制定具体行政管理制度并组织实施；（三）组织教学活动、科学研究、思想品德教育、社会服务和国际交流与合作；（四）拟订内部组织机构的设置方案、学校教职工编制方案，推荐副校长、秘书长、教务长、总务长、总会计师人选，任免内部组织机构的负责人；（五）聘任、解聘教师以及内部其他工作人员，对学生进行学籍管理并实施奖励或者处分；（六）筹措资金，拟订和执行年度预算方案，保护和管理校产，维护学校的合法权益；（七）尊重和维护学术委员会的地位，支持其履行职权，保障其决议的执行；（八）法律、法规、规章规定的其他职权。校长每届任期五年。学校设副校长、秘书长、教务长、总务长、总会计师等，协助校长开展工作。校长主持校长办公会议。校长办公会议成员包括校长、副校长、秘书长、教务长、总务长、总会计师等人员。校长可以根据需要指定列席人员。校长听取会议意见后在其职权范围内作出决定,其决定及与会人员意见记入会议记录。"这一条关于校长职权的具体规定共有8项,明确了校长全面负责学校教学、科学研究和其他行政管理工作职责,其中最后一项是兜底条款。

与北京大学章程同时被核准的《清华大学章程》共有四十五条,比《北京大学》的条款足足少了十一条,其中"管理和机构"第二十三条至第二十五条都是关于校长职责与权力行使的相关条款。第二十三条规定:"校长是学校的法定代表人和行政负责人,依法全面负责教学、研究、管理、服务等校务工作。校长由学校举办者依法任免。学校设副校长若干名,并设教务长、秘书长、总务长等岗位,协助校长处理校务。"第二十五条规定:"学校定期召开校务会议,研究决定学校的事业发展规划、年度工作计划和具体规章制度,教育教学、学术研究的计划和安排,副校长推荐人选,内部机构设置方案和机构负责人任免,教职工的聘任和解聘,学生的学籍管理和思想品德教育,师生员工的奖励和处分,年度财务预算方案的拟订和执行,校产保护和管理,社会服务、国际交流合作等行政工作重要事务。校务会议由校长主持,校党委负责人和副校长、教务长、秘书长、总务长等参加,按学年排次召开。根据会议内容,可邀请有关院系、部门负责人和师生员工代表列席。"这两条规定都没有明确校长的具体职责,仅仅以"依法全面负责教学、研究、管理、服务等校务工作"来框定校长职责范围。

我国大学章程的制定过程并没有体现出设置大学章程的科学性、合理性。《高等教育法》规定大学章程由大学经过一定程序制定出来,经过教育行政部门审批后具有法律效力。不论章程制定的好坏,只要经过法定程序得到了批准,校长都取得了法律授权,能够依据章程行使法定权力。在大学章程的制定程序方面,依靠大学自主制定,再经过教育行政部门的审批,就赋予大学章程法律效力。在这个过程中,大学章程制定内容是否符合学校法人治理结构需要,教育行政部门是否了解学校发展实际情况,是否对大学章程制定过程履行了监督责任与管理义务，是否对章程有可能产生的法律后果进行过事前评价，或研究过事后补救措施，这些问题并没有相应的制度进行规定，也没有出现教育行政部门因没有履行监督责任而导致大学章程失范，起不到应有作用而承担相应责任的案例。也就意味着，作为具有法律效力的大学章程，即便存在违反法律或其他规章制度而出现不良后果或造成不良影响的问题，也不会有相关部门或相关人员为此承担相应责任。

同时，《高等教育法》没有明确授权教育行政部门审批大学章程，仅在第二十七条规定申请设立高等学校应向审批机关提交的材料中明确要有章程。而教育部《高等学校章程制定暂行办法》第四章"章程核准与监督"第二十三条规定，"大学章程由省级教育行政部门核准"。以行政规章而不是国家法律授权教育行政部门核准大学章程，导致大学章程在形式上具有法律效力，但实质上却没有得到司法界认可。在司法诉讼时，我们并没有看到法院有把大学章程作为司法判决依据的案例，也没有看到有司法案例中提及大学章程的法律效力问题，即具有法律效力的大学章程并不具备司法审查中所具有的法律效力，导致了法律规定与司法实践操作的脱节。

我国大学章程的实施效果并没有充分体现出设置大学章程的预期目标。在《高等教育法》赋予了大学章程法律效力的前提下，允许各大学章程赋予大学校长不同的法律权力，那么，是否意味着在同一个国家允许一个没有统一规则的大学章程赋予大学校长不同的权力，即同一个人在不同的大学担任校长具有了不同的法定权力，同时在我国的大学生或教师因同一类事情可能因为不同大学的不同章程规定而受到不同的对待时却由于章程的法律效力而使得在司法审查中也出现了不一样的结果，这是否符合法律固有的公平正义原则？如果章程作为各大学自主管理的内部规则，其条款没有得到法律认可，那么《高等教育法》所提出的大学校长有"章程规定的其他职权"是否就成了一句空话，法律的严肃性与权威性何在？大学章程由学校负责解释，但审核批准权在教育行政部门，如果章程的解释权出现纠纷，那么谁拥有最终的决定权，是学校还是教育行政部门？章程经过教育行政部门批准，但是，教育行政部门对章程的实施情况如何监督，却没有相关的制度规定。因此，我们有必要对国家相关的教育法律法规进行修订，以便在司法实践中能够充分发挥大学章程的法律效力。

三、本质区别：大学内部治理中的领导体制

简·埃里克·莱恩认为，美国大学权力运行结构是一种"底层控制的权力结构模式"，重视院系学术决策权力才是改革大学权力结构的关键。[①] 在我国校长被上级党组织选拔任命后，就形成了以其为主导的大学行政系统，代表大学行使对内、对外权力，确保大学教学、科研、行政管理等目标得以实现。我国大学具有人才培养、科学研究、社会服务、文化传承和国际交流合作等五项功能，校长通过对学校人、财、物、事等事项的计划、组织、指挥、协调和控制，行使国家法律和党内法规授予的权力，落实党和国家的教育方针政策，实现党和国家的人才培养目标。

党委领导是中国现代大学制度的基本内涵、显著特征和独特之处。坚持党委在大学的领导地位和发挥党委对大学的核心领导作用，是新中国大学领导体制的重要经验，也是我国与国外大学管理体制的本质区别。《法治中国建设规划（2020—2025年）》在第九条"加强党对法治中国建设的集中统一领导，充分发挥党总揽全局、协调各方的领导核心作用"中指出："建设法治中国，必须始终把党的领导作为社会主义法治最根本的保证，把加强党的领导贯彻落实到全面依法治国全过程和各方面。"与其他国家大学不同的是，坚持党的领导，积极贯彻落实党的教育方针是中国特色现代大学制度的本质特征；坚持党委领导下的校长负责制，进一步完善教育法规体系是中国特色现代大学制度的最大优势。"党委领导下的校长负责制是中国特色的大学领导体制，

---

① Jan-Erik Lane. "Power in the University," European Journal of Education, Vol. 14, No. 4 (Dec. 1979): 401-402.

加强党对高校的领导,既是政治原则也是法治原则。"① 在中国特色高等教育法律制度体系中,国家法律、党内法规和教育方针政策深刻影响到大学内部治理结构和校长法律地位。可以说,党委领导下的校长负责制是现代大学制度的核心内容。不坚持党委领导,就没有中国特色的现代大学制度;不落实校长负责制,就无法保障大学改革发展成果。这既是由我国政治体制所决定,也是中国高等教育依法治校的必然要求。除了《宪法》《高等教育法》等国家法律明确坚持党委在大学的领导地位外,党章、《普通高等学校基层组织工作条例》等党内法规是大学党委发挥领导作用的重要依据。

从最开始党内法规强调党委领导核心地位,到强调校长负责,再到党委领导和校长负责相结合,其核心都是明确大学治理中的党政关系和党政权力问题。但不管实行哪种治理模式,党委领导始终是大学领导体制中的核心和关键。党委始终处于大学领导层的核心地位与中国共产党的执政党领导地位分不开。中国共产党中央委员会通过大学党的基层委员会将自己的领导力量延伸到基层。党组织通过决定大学校领导任免这种方式,将大学的关键少数纳入执政党的治理体系和权力控制范围之内,然后通过学校党委加强对二级党组织和党支部的控制,形成了等级严明的政党权力系统,还通过这套系统,加强了对工会、共青团、学生会等群团组织和民主党派的政治领导,将政党权力延伸到了大学的每个角落,从而保证了大学党委对大学的全面领导,实现了领导决策权、工作监督权、干部任免权、意识形态控制权的有机统一。

同时,校长的权力与职责主要是通过党内法规进行详细规定。换句话说,党内法规关于校长权力与职责的规定比国家法律更为具体。如《关于坚持和完善普通高等学校党委领导下的校长负责制的实施意见》明确校长负责学校行政工作,主持校长办公会议。2009年,湖南省委组织部、省教育厅等部门联合下发了《湖南省高等学校实行党委领导下的校长负责制实施办法》,除明

---

① 周叶中. 着力建设中国特色世界一流大学[J]. 学习时报,2017-04-24(01).

确"校长为高等学校的法定代表人,在党委的领导下,全面负责学校教学、科研和其他行政管理工作"外,还以"副校长协助校长做好分管的工作"来明确校长与副校长的关系。该实施办法在第六章第十三条规定,以下重大事项必须由党委(常委)会议讨论决定:1. 学校办学指导思想、办学方针、整体发展建设规划和重大改革方案;2. 上级党组织下达的重要任务的贯彻实施方案,学校党的建设、思想政治工作、德育工作和反腐倡廉建设中的重大问题;3. 学校基本规章制度、政策的制定和重大调整,年度工作计划、总结和校长工作报告;4. 学校内部组织机构设置、人员编制配备、师资队伍建设、学科和专业建设等方案及重大调整;5. 干部任免、教育、培养、考核、奖惩和监督,后备干部和人才队伍规划建设方案;6. 学校年度财务预决算和收入分配方案,大额度资金的借贷和使用,重大基建项目,产业发展政策和计划,国内外重要合作、交流项目;7. 学校土地、房屋和其他办学设施等重要资源、资产的管理和处置方案;8. 需要党委(常委)会议讨论决定的其他重大事项。这个《实施办法》清晰界定了党委会的议事范围和校长可以行使的职责。

第四章

我国大学校长的行政法律地位

有学者总结，大学权力结构框架中主要包括政治权力、行政权力、学术权力、民主权力和咨询监督权力五种形式。[①] 在这五种权力形式中，行政权力是以校长为领导的行政机构根据国家法律法规及有关规定行使的权力。教育作为满足社会公共利益为目标的活动，属于国家行政的重要组成部分，具有教育范围内的行政权力。高等教育的公共性和公益性决定了诸多法律问题需要从行政法律角度考量，大学校长行政行为所体现的权利和义务关系也需要通过行政法律关系予以确认和保障。在校长行使职权过程中，面临着与相关行政主体和行政相对人因行政行为而产生的行政法律关系问题。因此，明确大学和大学校长的行政权力在行政法律上的地位就显得极为重要。

第一节 我国大学具有行政主体资格

大学在治理结构中具有多重法律关系，既有公法法律关系，也有私法法

---

① 时伟. 大学内部治理结构改革的逻辑、动力与路径 [J]. 中国高教研究，2014 (11)：11—14.

律关系，还有公私法兼顾的法律关系。但行政法律关系和民事法律关系是大学法人治理结构中面对的主要法律关系。这从一些政府规章制度明确大学具有行政诉讼主体和民事诉讼主体的资中就可以看出。如2017年湖南省出台的《关于印发〈湖南省高等学校章程实施工作专项督导办法〉的通知》中，就规定了"因违反学校《章程》和法律，学校作为法人在行政或民事诉讼中败诉，造成不良社会影响的"不得评为优秀。这个文件非常明确地指出了大学具有行政或民事诉讼资格，具有行政主体、行政相对人或民事主体资格。

一、我国大学实行科层式管理模式

政府兴办教育是国家行政权力在教育领域的集中体现。行政权力是国家行政机关依靠强制手段，依法对社会进行管理的一种能力。行政权力是法律依法赋予行政主体的权力，这种权力不仅仅由行政机关享有，也包括法律、法规授权的组织，这些机构和组织通过履行职责，从而能够对外以自己的名义承担行政法律责任。

大学以实现公共利益为目的，是为了满足公众教育权力需要而依法设立的事业单位法人，其设立依据是国家宪法、教育行政法等国家法律法规。根据行政法理论，公立大学本质上属于行政组织范畴，德国行政法上称之为"公共设施"，日本行政法上称之为"公共营造物"，我国学者则将其翻译为"公务法人"。新中国早期高等教育管理体制受苏联影响较大，但高等教育法律法规受德国和日本影响很大，我国制定的高等教育法律法规主要借鉴自德国和日本的法律。德国《联邦高等教育总法》明确提出大学是公法团体，而公法团体是一个拥有行政法律能力的行政承担者。公法团体实质上是德国民法典所说的"公法人"，对公法人进行诉讼一般适用行政诉讼程序，由行政法院管辖。

我国法律没有规定公法人概念并设立相关制度，这"使得我国法律中缺乏一个统一、严谨的法律概念，来涵盖行政机关之外其他承担公共职能的非科层制组织,用于体现其特殊的法律地位与存在目的"①。这种制度缺陷直接导致我国对大学法人性质存在各种争议。大学享有法人资格在法律上得到了确认,但大学法人权利行使受到诸多条件限制也是不争的事实。我们呼吁政府放宽对大学的管控,期待政府赋予大学更多的办学自主权,让大学真正成为自主办学的法人主体,这是大学法人权利得到充分体现的一个有力的证明。

科尔指出:"无论在什么地方,行政管理(通过环境力量而不是通过选择)已成为大学的一个更为显著的特征,这是普遍的规律。由于机构变大了,所以行政管理作为一种特殊的职能变得更为程序化和更为独立起来了;由于机构变得更为复杂,行政管理的作用使大学整体化方面变得更加重要了;由于学校同过去的外部世界的关系更加密切了,行政管理就承受了这些关系所带来的负担。"② 从某种意义来说,大学获得的行政管理职能越大,大学自治的权力和校长治理大学的权力也就越大,也越有利于大学和大学校长更好地发挥管理能动性、自主性和创造性。在一所管理高效的大学里,以校长为首的行政权力必然要处于大学内部权力结构的重要地位。

大学行政权力主要来自法律法规和行政规章的授权,其权力运行依靠内部科层制管理。科层制组织与管理自主权是所有行政权力运行的基本特征。大学行政权力表现为校长、处长、科长等行政人员依照国家法律法规和内部规章制度对大学进行管理的能力。大学科层制管理结构在校院二级管理体制中体现得更为明显。我国高等教育管理实行的是中央集权的行政管理体制,这种体制体现出严格的科层制特点,也不可避免地被复制在大学行政管理中。大学是一个相对松散的组织体,但这并不影响以大学校长为首的行政管理系统的运行,他们遵循着科层制的现代组织结构安排,构成了等级森严的上下级管理体系。大学科层制与落实和扩大大学办学自主权本身并不是一对不可调和的矛盾,但在中国还没有完全构建出服务型政府的前提下,这两者时时

---

① 李昕. 法人概念的公法意义 [J]. 浙江学刊, 2008 (01): 19—25.
② [美] 克拉克·科尔. 大学的功用 [M]. 陈学飞译. 南昌: 江西教育出版社, 1993: 14.

暴露出矛盾与冲突的一面，即我们经常说的"一统就死，一放就乱"。在这种科层制管理模式下，校长的法律地位充分体现了学校行政系统在整个学校法人治理结构中的位置，表明了政治权力、行政权力、学术权力等各种组织机构具有的权力在学校权力运行机制中的地位。

二、我国大学履行教育公共管理职能

行政作为满足社会公共利益的一种工具和手段，与管理模式本身并没有必然联系。我国大学是公益性质的事业单位法人组织，是依法接受国家授权或委托而履行国家公共管理职能的社会组织，因此，其具有行政的基本特征，是国家行政机关的行政权力在高等教育领域的延伸。有学者总结新中国成立后的30年的大学教育是"呈现泛政治化、国家化特征，高等教育完全为国家所有、教育管理高度集中、计划调控与行政干预主导高等学校办学、高等学校无法获得办学主体地位"[1]。正因为如此，我国大学教育从一开始就具有典型的国家行为特征。随着教育体制改革的深入，作为落实和扩大办学自主权后的大学行政行为有了明显的变化，其与国家实施的九年制义务教育的行政行为差别很大。

九年制义务教育是公民必须接受教育的法定责任与义务，这种责任与义务是宪法规定的，公民不履行这种责任和义务就属于违宪行为，是对行政行为的侵害，应该受到法律的追究。而高等教育属于自愿教育和付费教育，学生成绩达到大学录取分数线后，由大学依照相关规定录取其成为该校学生，学生支付相关费用后享受大学教育，因此高等教育体现出典型的给付行政的特征。但大学这种付费教育并没有掩盖大学履行教育公共职能的特性。

我国大学履行行政职能来自法律授权。根据我国《中华人民共和国行政诉讼法》（1989年制定，2014年、2017年分别修正，本书如无特别说明，均

---

[1] 吕继臣.中国公立高等学校法人制度研究[M].北京：北京师范大学出版社，2011：64.

为2017年修正后的《中华人民共和国行政诉讼法》，以下简称《行政诉讼法》）等有关法律规定，行政主体是依法享有并行使国家行政权力、履行行政职责，并能独立承担由此产生的相应法律责任的行政机关或法律、法规授权的组织。我国大学履行教育公共职能，能够依法独立承担法律责任。2017年，最高人民法院审判委员会第1726次会议通过了《最高人民法院关于适用<中华人民共和国行政诉讼法>的解释》，其第二十四条规定"当事人对高等学校等事业单位以及律师协会、注册会计师协会等行业协会依据法律、法规、规章的授权实施的行政行为不服提起诉讼的，以该事业单位、行业协会为被告。当事人对高等学校等事业单位以及律师协会、注册会计师协会等行业协会受行政机关委托作出的行为不服提起诉讼的，以委托的行政机关为被告"，这从另外一个角度说明了大学具有依据法律、法规、规章的授权实施行政行为的权力。《高等学校章程制定暂行办法》第三条明确指出："章程是高等学校依法自主办学、实施管理和履行公共职能的基本准则。"从这个行政规章中可以得出，大学具有根据内部管理章程履行国家法律法规授权开展公共职能管理的责任。

根据《教育法》《高等教育法》等法律规定，大学教育活动不是为了营利，而是为了实现公共利益，是为了给人民群众提供满意的教育服务，从而落实党和国家的教育方针政策。因此，大学是能够以自身名义行使权利、履行义务、承担责任的事业单位法人，具有行政法意义上的行为能力、权利能力和责任能力。

三、我国大学行政权力具有强制性

行政除了具有满足社会公共利益的属性外，还具有单方强制性。教育法本质上是教育行政法，其行政法律关系体现的是行政主体在实施国家法律规定的行政职能中形成的各种社会关系。我国《教育法》规定学校拥有招生权、处分权、颁布学业证书权等权力，这些权力都具有典型的单方面意志性和强制性，符合行政权力的主要特征，因而在性质上应属于行政权力或公共管理权力。① 由于教育类法律法规对大学在行政法律关系中的地位并未做出明确的规定，因此引起了教育理论界与司法实践的混乱。这种混乱虽然在后来的司法实践中得到了一些治理，却没有能够推动教育法律的进一步修订。这需要我们认真探讨大学校长在大学行政法律关系中的主体地位，以进一步完善大学法人内部治理结构。

司法实践中，北京市海淀区人民法院在1998年对"田永案"的判决是司法介入大学校园的标志性事件。"田永案"拷问着大学权力类型和大学法律属性，叩开了司法审查介入大学事务的大门，确立了受教育权的可诉性。法院在"田永案"中首次将大学认定为"法律、法规授权的组织"，认为"在我国目前情况下，某些事业单位、社会团体虽然不具有行政机关的资格，但是法律赋予它行使一定的行政管理职权。这些单位、团体与管理相对人之间不存在平等的民事关系，而是特殊的行政管理关系。他们之间因管理行为而发生的争议，不是民事诉讼，而是行政诉讼。尽管《行政诉讼法》第二十五条所指的被告是行政机关，但是为了维护管理相对人的合法权益，监督事业单位、社会团体依法行使国家赋予的行政管理职权，将其列为行政诉讼的被告，适用行政诉讼法来解决它们与管理相对人之间的行政争议，有利于化解社会矛盾，维护社会稳定"，从而在司法层面承认了大学具有参加行政诉讼的主体资格。

"田永案"中，法官援引《行政诉讼法》第二十五条"行政行为的相对人以及其他与行政行为有利害关系的公民、法人或者其他组织，有权提起诉讼"的规定，《教育法》第二十二条"国家实行学业证书制度。经国家批准设立或者认可的学校及其他教育机构按照国家有关规定，颁发学历证书或者其他学业证书"和第二十三条"国家实行学位制度。学位授予单位依法对达

---

① 陈鹏. 论高校自主权的司法审查［J］. 陕西师范大学学报（哲学社会科学版），2004（01）：103—107.

到一定学术水平或者专业技术水平的人员授予相应的学位,颁发学位证书"的规定,《学位条例》第八条"学士学位,由国务院授权的高等学校授予"等规定,认定北京科技大学颁发"两证"的权力属于代表国家行使行政权力,其与原告的争议可以适用行政诉讼来解决,属于行政诉讼法的调整范畴。这也宣告了学校与学生之间在某些事项上确实存在特殊的行政管理关系。

从大学承担的公共管理职能来看,大学属于这种由国家法律授权行使一定行政管理职能的法人事业单位。如大学接受国务院学位办授权,可以给符合学位授予条件的学生授予学位。因此,大学作为具有相对行政管理职能的组织,具备行政诉讼的主体资格。在这个案例中,法院首次明确了司法机关可以对大学内部管理行为进行司法审查。更为重要的是,法院通过适用授权理论,从法律方面解决了大学具有行政诉讼主体资格问题,强化了大学在司法审查中的行政诉讼主体资格,这有利于各方面加强对大学行政活动的司法监督,有利于促进大学利益主体法律意识的觉醒和社会对大学法人行为的关注。

四、我国大学行政权力来自法律授权

大学是依法设立的社会组织。根据我国法律规定和最高人民法院司法判例,大学是基于法律法规授权而成立的法人组织,是在法律法规授权下代表国家机构行使某些行政管理职能的事业单位法人。大学作为服务性、公益性的社会组织,其法人身份确保了大学能够依法独立管理大学内部事务,依法独立维护大学生存与发展的合法权益,依法独立保障大学代表的相关利益主体的合法权益,依法独立行使监督、申诉或诉讼的权利。

《学位条例》是中华人民共和国成立以来由最高国家权力机关全国人民代表大会颁布的第一部有关教育的法律,与后来的《教师法》、《教育法》、《高等教育法》等国家法律法规和《学位条例》、《普通高等教育学历证书管理暂行规定》、《研究生学籍管理规定》等行政规章一起规范着我国高等教育领域的行政行为，调整着我国高等教育领域内的各种行政法律关系。

公立大学是由国家全额拨款的学校，与教育行政部门之间形成的是服从与命令的行政隶属关系。虽然大学在政府简政放权的改革中取得了一定的办学自主权，但其法律地位并没有得到根本性的改变。同时，大学作为教育行政法律关系中的主体，依据国家法律法规行使大学内部的行政管理权，这些内部行政管理权包括管理、招生、颁布学位等权力，具有单方性、强制性，其权力行使遵循行政法的合法行政、合理行政、信赖保护、高效等基本原则。

我国《教育法》列举了学校的九项权利，《高等教育法》列举了大学的七项办学自主权，这些权利都是典型的行政权力。以学生管理权为例。在大学与学生的法律关系中，除了民法上的平等法律关系外，两者所处的法律地位并不平等。从学生选择报考大学时开始，就不得不接受大学事先已经制定好的各种与大学生有着利害关系的规范性文件，而这些文件在不同大学有不同规定。学生没有能力去改变这些规定，只能选择被动接受大学事先设置的规定或选择不就读。估计没有一个大学生选择一所大学之前会去研究大学制定的单方面限制性规定，而更多的是出于对一所大学或大学专业的敬仰与喜爱而被动接受。所谓大学生对大学的自由选择权也许就在于"选"与"不选"，这种自由选择权带有明显的强迫性或粗暴性，具有非此即彼的典型特征，即大学生在符合录取条件的情况下仅有选与不选这所大学的权利。如果加上大学章程，大学的行政法律关系色彩就更加浓厚。大学章程是被国家法律认可的大学内部规则，具有法律效力。大学章程非依法定程序不可更改，这也意味着大学章程中有关学生权利义务的内容并没有得到学生的认可，学生是被动地接受大学章程所规定的权利和义务，没有讨价还价的余地与可能。这种单方面与强制性就是行政法律的典型特点。

我国大学对学生行使管理权始于国家法律和行政法规的授权。大学校长通过校内行政机构，按照相关制度规定，代表大学行使行政权力，实现对大学内部相关人员的制度约束。我国坚持行政诉讼和民事诉讼分离制度，使得大学因不当的行政行为被提起行政诉讼的案例变得困难重重。《民法典》《教育法》《高等教育法》等国家法律法规都没有明确学校的行政主体资格，这导致了大学法律地位的模糊和司法部门在大学陷入法律纠纷时适用法律类型的纠结。因此，在民法、行政法、民事诉讼法、行政诉讼法等法律中进一步明确大学法律主体身份就显得极为重要。根据2018年《最高人民法院关于适用〈中华人民共和国行政诉讼法〉的解释》第二十四条第三款规定："当事人对高等学校等事业单位，……依据法律、法规、规章的授权实施的行政行为不服提起诉讼的，以该事业单位、行业协会为被告。"第四款规定："当事人对高等学校等事业单位，……受行政机关委托作出的行为不服提起诉讼的，以委托的行政机关为被告。"从这个司法解释可以看出，司法认可了大学具有参与行政诉讼的主体资格。当然，我们也可以通过制定类似于《大学法人法》等专门性的大学法律，或通过修订《高等教育法》相关法律条款来明确大学法人主体地位和校长法律地位。

除此之外，大学与政府的相互关系中所体现的行政法律关系更为明显。有学者说，"政府与学校的关系实质上是一种行政法律关系，双方地位具有不对等性。不管两者关系如何调整，这种关系的不对等性不会改变"①。大学在一定程度上代表教育行政部门履行法定权力，其权力的行使受到国家法律法规和行政规章的保护。《教育法》第二十二条赋予了大学给符合毕业条件的学生颁发学历证书或者其他学业证书的权力，行使这种权力属于典型的行政主体的行政行为。这种行政行为的权力来源于国家法律和行政法规的授权，并通过委托、授权校长发布行政指示、行政命令、行政决议来行使行政职权。

五、我国大学是行政法上的特别法人

在"田永案"中，法院援引"法律法规授权组织"的规定，认定大学具

---

① 褚宏启. 政府与学校的关系重构[J]. 教育科学研究，2005（01）：41—45.

有行政主体资格,是行政诉讼的主体或行政诉讼相对人。《学位条例》第八条第一款印证了这一规定。该款规定:"学士学位由国务院授权的高等学校授予;硕士学位、博士学位由国务院授权的高等学校和科学研究机构授予"。全国人大常委会通过授权"国务院设立学位委员会","负责领导全国学位授予工作"。国务院通过授权大学授予学生学士学位、硕士学位、博士学位的权力等,从法律上解决了大学行政权力的来源问题。

大学作为事业单位法人,执行的是公共职能,在法律上体现了教育的公共性、公益性等机构特征。公共职能不是大学特有的职能,但却是大学最重要的职能之一。有人建议我国借鉴德国的经验,将大学定位为行政法中的"公务法人"。"公务法人"的基本标准是"国家行政主体为了满足其特定目的、依照公法设立的、享有一定公共权力,具有独立的管理机构及法律人格,能够独立承担法律责任、与其利用者之间存在丰富而特殊的法律关系的服务性机构。"[①] "公务法人"的法律定位符合我国大学的公益性质及行使行政权的法律要求,但并不适用于我国目前的法治现实。我国法律法规授权或委托大学行使公共权力,但在行政相对人因受到大学行政行为的损害而应当得到司法救济时,却常常因为大学有别于国家机关而被司法部门排除在行政主体之外,这使以大学为被告的行政案件的主体最终只能以民事诉讼方式来寻求司法救济。

在大学与师生关系的司法审查方面:一方面我们将大学与师生关系定位为平等主体之间的民事关系,一方面由于大学行使了行政管理职能,导致两者之间根本不存在绝对的平等关系而使民事诉讼与行政诉讼都陷入困难。在违反《教育法》规定,侵犯教师、受教育者权利的案例中,除了教育行政部门和其他主体外,学校是最重要的主体之一。而法院将行政损害案例以大学不属于行政主体而认定大学侵犯教师、受教育者的权利等行为"不属于受案范围",由此带来的司法救济问题十分突出。

---

① 马怀德. 公务法人问题研究 [J]. 中国法学, 2000 (04): 40—47.

确立大学法人行政主体资格关系到大学法人制度的重构以及校长的法律地位。大学法人既是民法意义上的一般法人，又是接受政府委托履行公共管理职能的事业单位法人，从而有别于一般法人，是行政法公法上的"特别法人"。大学具有独立民事主体资格，这让校长在发挥法定代表人作用、履行法人行政管理职能的时候，有了参与行政诉讼的主体资格。大学和大学校长作为公共利益的承担者、国家教育政策的执行者，其行使权力必须符合国家和社会的公共利益，必须受到行政法律的约束。

我们探讨大学具有行政法意义上的特别法人资格，既是为了构建大学与政府之间平等法人关系，也是为了构建大学行政主体资格，从而在学生和教师的利益受到损害时，能够通过确认行政诉讼的资格获得司法救济。大学校长作为大学法定代表人，代表大学行使大学自主办学权，行政参与权、知情权、申请权、受益权、保护权、监督权和救济权。作为平等主体之间的法律关系，大学拥有的权利义务主要基于法律授权，而不是政府委托或权力让渡，从而建立起教育领域的"有限政府"。对于教育行政机关及其工作人员不按照法定程序或法律规定而违法行使职权，侵害大学的合法权益，以至于给大学的生存与发展带来损害时，大学可以通过行政复议或行政诉讼等行政或法律方式获得行政或司法救济。

第二节 我国大学校长依法享有行政权力

有人将我国大学内部治理结构存在的问题，归纳为"行政化色彩浓厚，学术权力不彰，决策科学化、民主化程度低，监督机制缺乏"[1]。其中很大程度上是由于校长作为行政主要负责人依法享有行政权力。需要明确的是，校

---

[1] 孙霄兵. 中国特色现代大学制度建设研究［M］. 北京：教育科学出版社，2012：107.

长依法享有行政权力是基于校长职位及其法定代表人身份实现的。

一、大学校长是大学行政主官

校长是大学行政主要负责人,是大学的行政领导者,与大学构成了相互依赖、相辅相成的关系。一所好大学可能因为一个没有管理才能的校长而错失发展机遇而沦为一般大学,而一所一般大学也可能因为一个卓越的校长而成为一所好大学。这在我国很多大学的发展历程中就可以看出,特别是中国近代的一些大学,如北京大学的蔡元培、清华大学的梅贻琦、浙江大学的竺可桢,他们的治学理念、管理水平使这些大学成为中国乃至世界上著名的大学。而因为这些著名大学也使这些校长的光辉业绩能够流传后世。校长是一所大学的最高行政领导,他可以在守护行政管理秩序的同时,成为大学学术自由的最大守护者,而这关键是看校长如何运用手中的权力,"是向大学理想、学术规律倾斜,向教授、学生负责还是向上级行政部门负责,是秉持上行下效的教育行政惯性力量,还是基于大学自治、学术自由、教授治学等多元思维治理学校,则是判断校长把自己视为学者还是官僚的界限"[1]。学者与官僚在大学里并不存在必然的矛盾。校长既可以以自身行政主体的身份重视学术,保持学者的本色,也可以以学者的身份行使行政管理权力,确保行政管理与学术权力相互协调,共同促进和发展。

(一)校长是上级组织任命的行政官员

在依法治国、依宪执政的大背景下,大学治理依然体现出强烈的"行政——命令式"模式,校长在这种模式的主导下扮演着政府与大学之间命令——执行关系中的中介角色。校长由上级组织任命,其组织关系隶属于上级组织,因此,必须对上级组织负责;而校长履行职责直接面对的是大学校园和学校的师生员工,理论上也应该对这些利益关系人负责。在对上与对下

---

[1] 黄俊伟. 过去的大学与现在的大学 [M]. 北京:群言出版社,2011:116.

的关系中，大学校长往往难以协调。有人认为，学校权力被简化为行政权力的一个重要原因是"校长权力来源于行政任命，而不是由民主选举或法律赋予，权力缺乏民众基础和法律基础"①。我国政府对高等教育管理始终发挥着主导作用，决定着校长推荐、考察、任免、使用、考核等事项。

大学校长行政官员身份来源于上级组织任命。"大学校长的权力来源决定大学校长这一职位实质上是行政序列成员之一，要遵循的规则主要是行政规则，其行为特征更多的是行政人的范式。"② 上级组织的任命意味着校长不太可能脱离政治权力场域，必然会受到政治场域内的各种的因素影响和制约。

根据我国目前领导干部管理体制，教育部直属大学校长的任命由教育部决定，地方大学校长由省级组织部门考察、省委决定、省政府任命。以浙江大学原任党委副书记郑强为例。2009年2月19日，教育部党组经研究并与浙江省委商得一致，决定任命郑强为浙江大学党委常委、副书记；2012年6月1日，贵州省委任命郑强为贵州大学党委副书记、校长。2012年11月1日，教育部党组经研究并与浙江省委商得一致，免去郑强浙江大学党委副书记、常委、委员职务。2016年12月，教育部党组经与浙江省委商得一致，任命郑强为浙江大学党委会员、常委、副书记。从郑强任免情况看，作为教育部直属大学浙江大学校领导，其任免由教育部党组研究并商浙江省委决定；作为贵州省属大学贵州大学校长，其任命由贵州省委决定。大学校长在理论上和实践上都已成为领导干部序列中的一员，其遴选权与任免权都掌握在上级组织的手中。校长只有服从上级组织安排，按照上级组织的命令或指令推动大学治理，才能稳固其校长地位，为学校争取更多的资源或发展机会。

不可否认，上级组织任命大学校长具有合法性、合理性。上级党组织对大学校长的认知程度相对较高，他们选择的校长对大学的发展具有关键性作

---

① 张天雪.校长权力论：政府、公民社会和学校层面的研究[M].北京：教育科学出版社，2008：95.
② 任增元.权力制约、资源依赖与公共选择：大学自治悖论的实践逻辑[J].清华大学教育研究，2012（06）：111—118.

用。但如果校长的选拔任用、考核评价与大学和相关利益者没有十分紧密的联系，或者说毫无关联，大学治理从何而来。因此，有学者认为大学校长的遴选过程远远超越了程序上的意义。美国大学校长的遴选权掌握在学校董事会手中，法国大学校长遴的选权由教师、学生和校外人士组成的理事会掌控。这些选拔方式选拔出来的校长既要对董事会和理事会负责，也要对全校师生负责，其权力的行使必须考虑师生的民意与诉求。

  我国大学的党政主要负责人的任免条件都由上级组织规定，并通过一定的程序进行选拔、任命。大学的校级领导由上级组织推荐、考察和任命是我国目前普遍采用的选拔任用制度。通过这种方式任命的校级领导主要向上级组织负责，大学只能选择被动接受上级组织的任命，与师生意愿并无多大关系。党和国家在党内法规和国家法律法规中对党政领导干部的任免条件做出了相关规定，但这些规定只是基本条件，并没有细化到每所大学校长的选拔任用上。我国的大学种类繁多，既有文理工综合性大学，也有理科大学、文科大学，还有政法类大学，师范类大学等。每一所学校对校长的要求并不一致，试图通过党内法规规定的基本条件遴选出适合大学的校长，显然是不现实的。所以，通过大学内部选拔或通过上级组织公开选拔、大学的参与是一种理想方式。我国是个幅员辽阔的国家，大学种类繁多，人员结构复杂，要确保党的教育方针在大学教育管理中不走样，以自上而下的模式选拔大学校长，是确保大学能够稳定发展而迫不得已的选择。

  美国联邦法官的独立性主要源于其终身聘用制的特点，即使国会也无权挑选和随意解雇法官。我国大学校长作为上级组织任命的人，其随时面临着被撤换的可能，因此，大学校长必须充分考虑上级组织的制度性安排，发挥组织在大学行政管理系统中的代言人作用，这无疑给大学校长带来了更为强烈的行政官员标签。大学作为一个公益性的事业单位，本无所谓行政级别，大学校长也不是政府官员。但大学校长都是由上级组织任命，这从法理上产生了校长应该是公务员性质官员的问题。从这种意义上来说，校长更在乎其政府官员身份，履行的是政治家的管理职责，而不用过多地关注其学者或教育家的职能。

由于大学校长由上级组织任命，在干部管理序列上因此具有了相应的厅、部级职务。这种由上级组织任免的情况影响了校长在行使权力时的心态，也影响到大学校长的身份与职权行使的尺度，甚至成为支配大学校长行为与期待再次获得上级组织重用的政治愿望，这种任命程序直接导致大学校长的行政化倾向，也使大学与政府的依附关系更加明显，使得校长更认同自己的行政官员身份。再加上这种行政身份更方便校长加强与行政机关的交流与联系，有利于实现政府行政官员对校长的对等交流，从而为学校争取更多的教育资源。校长行政身份似乎产生的是校长、学校与行政机关的多赢效果，因此受到了广泛的认同。

（二）校长是具有行政级别的领导干部

大学行政级别是根据大学主管部门不同而设置的相应行政等级。我国法律没有规定大学的行政级别，也没有明确将大学领导干部纳入国家公务员管理序列，但在实际工作中，被国家行政机关任命的大学校长被纳入了公务员的管理序列，并享受了相应级别干部待遇。以 2012 年人力资源社会保障部颁布的《事业单位工作人员处分暂行规定》为例。该文件第二条第三款明确适用对象包括"对行政机关任命的事业单位工作人员"。大学作为事业单位，属于被行政机关任命的事业单位工作人员身份的只有校级领导。因此，校长作为国家行政机关任命的事业单位工作人员，就得到了行政规章的认定，也理当依法接受行政规章的约束与规范。

赋予大学校长行政级别得到了制度确认与社会认可，这是我国高等教育的一种特殊现象。我国大学行政级别具有复杂性，其校级干部虽然被纳入行政管理序列，享受相应待遇，但却并没有严格按照国家公务员的管理模式进行管理。我国有 32 所大学被认为是副部级，这没有任何的法律规定，只是 32 所大学校长的任免要经过国务院、中共中央组织部、教育部党组或中央军委等部门的推荐、考察和任免。另外，同属于教育部直属的湖南大学等 6 所大学和国家民族事务委员会直属的中央民族大学不具有副部级身份。

除此之外的本科院校都属于正厅局级单位，其主管部门为各省级政府，校长（院长）推荐和任免权在各省、自治区、直辖市党的委员会或政府；高职高专院校和公办民助性质的独立学院一般明确为副厅局级，校（院）长也由各省、自治区、直辖市党的委员会或政府任命；民办高校一般没有设置行政级别。与此类似的是，由于大学是政府主管下的事业单位，其在行政管理方面，必然会受到政府行政管理体制的影响，按照政府行政管理模式设置大学内部的管理体制。如各个层次的管理干部享有与此类似的行政级别，享受相同的行政待遇等，完全按照政府机关干部管理规定管理大学干部。

设置大学行政级别，把校长纳入公务员性质的干部管理序列，看似给了校长行政待遇，实质上是将学校与政府的关系定位为从属关系，大学必然按照政府要求进行管理，校长行使职责必然接受政府指令。虽然《国家中长期教育改革和发展规划纲要（2010—2020 年）》和《国家中长期人才发展规划纲要（2010-2020 年）》中，明确提出学校等事业单位"取消实际存在的行政级别和行政化管理模式"；《关于深入推进教育管办评分离 促进政府职能转变的若干意见》，要求大学积极创造条件，逐步取消学校行政级别。但到目前为止，大学行政级别的取消还在探索中，也必将是一个需要长期探索的过程。

事实上，对于大学去行政化难的原因，与校长本身具有的行政级别没有必然的联系，因为校长行政级别更多的是大学行政地位的阐释。很多学者讨论大学去行政化，认为大学不重视学术发展是因为大学浓厚的行政化原，这些观点有待商榷。行政权力与学术自由本身并不必然产生冲突。行政级别一直以来是保证中国社会管理基本秩序的手段，决定着政治地位、权力大小、资源分配、社会影响等，通过这种行政管理模式实现了国家的长期稳定。因此，"将高校内部因为管理不善而导致的行政化和官僚化的原因归于外部的高校行政级别，是一种短视和自我推卸责任"；"取消高校行政级别，是一个无视中国国情、降低教育地位的短视的意见"①。我们觉得，坚持大学校长行政级别在连接与消解国家行政权力的过程中有着重要作用，很有存在的必要，除非改变大学与政府之间的依附关系，让大学成为独立的法人实体，能依法独立行使自己的法人权利。因此，完善大学治理结构，赋予大学独立的法人地位才是解决大学行政权力与学术权力冲突的根本之策，而并非简单地认为"去行政化"就去除了阻碍学术自由的行政权力，就不存在行政权力对学术权力的干预，就能够形成学术自由的良好氛围，两者之间有一定联系，但并不存在必然冲突。

二、大学校长依法享有行政权力

行政权力和科层制管理模式是大学治理中的基本权力和权力运行的基本模式。大学校长行政权力主要表现为对大学事务的行动权与控制权。这种行动权与控制权体现在大学校长的身份与职责中，就是校长对学校法人行为承担相应的法律责任。

（一）大学校长行政权力来源

大学校长行政权力首先依赖于大学组织享有法律授予的行政组织管理职能。大学校长的行政权力是基于授权和委托而产生的公共权力和委托权力，从理论上说是占有公共资源而行使公共权力。无论大学的行政权力多么强大，其目的都是为了实现大学治理的良性运行，以实现党的教育目标，办好人民满意的教育。

大学作为依法成立的公益性事业组织，具有管理大学公共事务的职能，因此，校长作为大学法定代表人，在代表大学履行公共管理职能时就具有行政主体负责人的特征，其行使公共管理职能时的权力就具有明显的行政权力性质。《中华人民共和国行政处罚法》（1996年制定，2021年修订，本文如无

---

① 冉亚辉，易连云. 取消高校行政级别是一个短视的观点 [J]. 江苏高教，2007（05）：6—8.

特别说明,均为2021年修订后的《中华人民共和国行政处罚法》,以下简称《行政处罚法》)是对公民、法人或者其他组织违反行政管理秩序的行为进行处罚的法律依据,其第十九条规定"法律、法规授权的具有管理公共事务职能的组织可以在法定授权范围内实施行政处罚。"第二十一条规定了被授权组织应该具备的条件是:"受委托组织必须符合以下条件:(一)依法成立并具有管理公共事务职能;(二)有熟悉有关法律、法规、规章和业务并取得行政执法资格的工作人员;(三)需要进行技术检查或者技术鉴定的,应当有条件组织进行相应的技术检查或者技术鉴定。"大学具有管理公共事务的职能,是依法成立的事业组织,其按照法律规定授权开展的行政管理活动,按照该法规定,可以在法定授权范围内实施行政处罚。但从处罚种类来看,大学并不能适用《行政处罚法》第九条规定的处罚种类"(一)警告、通报批评;(二)罚款、没收违法所得、没收非法财物;(三)暂扣许可证件、降低资质等级、吊销许可证件;(四)限制开展生产经营活动、责令停产停业、责令关闭、限制从业;(五)行政拘留"等五种,但可以适用兜底条款"(六)法律、行政法规规定的其他行政处罚"。同时,根据1998年国家教育委员会颁布的《教育行政处罚暂行实施办法》第四条"实施教育行政处罚的机关,除法律、法规另有规定的外,必须是县级以上人民政府的教育行政部门。教育行政部门可以委托符合《中华人民共和国行政处罚法》第十九条规定的组织实施处罚"的规定,大学可以接受教育行政部门委托,实行教育行政处罚。但在《行政处罚法》已经进行了修订的前提下,《教育行政处罚暂行实施办法》也应该进行相应的修改。

大学校长的行政权力直接来源于《教育法》《高等教育法》等法律法规的授权和政府的任命。我国大学所有部门和人员都按照权力框架被编排在校级、院级、系部教研室等不同等级中。校级还会衍生出人事处、教务处、资产处、财务处等二级科层组织,这些组织等级森严,其人员每升迁一步就意味着拥有的权力更大一些,拥有的地位更高一层。正因为这种等级森严的科层管理体制，让有些学者得出了我国大学行政本位和官本位严重的结论，并以此批判大学过度行政化。我们设想，如果没有这种层级结构，大学是否还会是一种有组织的状态，是否还能实现大学紧张而有序的运行？在大学里，我们并不认为管理人员履行自身职责，就理所当然地以为他们所行使的是超越于其他权力之上的行政权力，没有正确履行自身职责就是行政权力滥用。事实上，在大学管理链条上，每个人根据自己的职责开展相应的工作，履行的仅是岗位权力和权利，这种权力并不带有天生的权威性，所以也不必然导致行政权力对学术权力和其他权力的凌驾和干预。

校长行使权力离不开大学行政组织和行政人员对具体行政事务、行政活动和行政关系的管理和控制。校长作为行政负责人领导学校行政机构的合理性来源于大学的组织特性，这种组织特性不同于国家政治体系中的等级链条。马克思·韦伯在《经济与社会》一书中认为，官僚制是由所有那些基本职能是执行政策的、经任命产生的官员所组成的大型组织。而大学校级领导层虽是由政府任命产生的，但并不完全被设计来执行公共政策，不应也没有列于行政机关序列。大学作为教育行政部门授权或委托行使公共职能的社会组织，其履行职责、行使权力具备了行政权力特征。

事实上，源于各国政府应对世界改革发展潮流而推动对教育体制改革的影响，我国政府对教育体制改革的速度明显加快，大学科层制管理模式在落实大学办学自主权和大学自治的呼吁中得到了缓解，政府与大学和市场正在构建全新的政校、校企关系。大学行政权力为构建这种全新关系起着积极作用。对"田永案"的判决，法院已经明确了大学是拥有行政权力的主体。在刘燕文诉北京大学案[1]之后，这一权力在行政法学界达成了共识，却没有得到立法部门的认可，许多案件都无法进入诉讼程序。校长作为大学行政机构的

---

[1] 刘燕文一案详情参见北京市海淀区以人民法院行政判决书〔1999〕海行初字第103号，北京市第一中级人民法院行政裁定书（21）一中行终字第43号，北京市海淀区人民法院行政裁定书（2）海行初字第7号，北京市第一中级人民法院行政裁定书〔2001〕一中行终字第50号。

主要负责人，负有保证大学行政权力正当行使的职责。当大学行政权力被滥用时，校长对此应该承担相应的法律责任。

（二）大学校长行政规章制定权

制定内部规章制度是大学行使教育管理自主权的体现。内部规章制度是大学依法治校的直接依据，是大学实现有效管理的必要手段。大学是一个基于人才培养、科学研究、社会服务、文化传承而组织起来的社会团体，这种社会团体既具有科层性的行政管理机构，也具有与一般行政管理不同的非组织性。但作为一个团体，如果没有完善的内部治理的规章制度体系，大学依法治校就无从谈起。作为法定代表人的校长，对于大学内部治理过程中所需要的规章制度具有制定权，这也是一种法定权力。

大学校长在法律法规和学校章程规范的自治范围内，享有行政规章制定权。我国《高等教育法》第四十一条第一项以"拟订发展规划，制定具体规章制度和年度工作计划并组织实施"就明确规定了校长具有制定具体规章制度权。有人说："真正对大学理想运作危害最直接、最大的行政干预源恐怕主要是来自大学内部的制度设计及学术行为导向。换言之，保证大学教育、学术研究朝着良性的方向发展，关键在于大学校长对大学内部制度的设计和导向，能否体现学理良知和学理精神，以制度化的方式维护学术权力、学术道德的尊严，构建并严格践行符合大学这一学术组织题中应有之义的管理体制，而不是把它纳入行政官僚体系。"[1]可见，内部规章制度的制定是校长行使行政管理职能的重要手段。俗话说，没有规矩不成方圆。校长通过领导学校行政机构制定大学内部管理规定，保证大学的自由与独立精神，保证在校师生和员工享有教育公平权，明确各种内部组织机构职权范围和权力行使方式。

大学内部的教育公平问题主要涉及大学规章制度的制定权、执行权问题。这种规章制度的制定决定了教育资源在大学内部的分配问题，而行使这种权

---

[1] 黄俊伟. 过去的大学与现在的大学[M]. 北京：群言出版社，2011：115-116.

力的人是校长。大学校长在法律法规和学校章程规定的自治范围内，享有制定学校规章的权力，对内部的教学科研人员、管理人员以及学生的权利和义务，以及各级组织和机构的职权范围和权力行使方式做出明确的规定。

规则制定往往决定了校内正义所向，有了制度就可以明确责权利关系，就能形成相互监督的体制机制。校长在领导制定规则时，如果过多地考虑行政机构的权力，那么造成的后果可能是行政权力过大，影响学术权力、监督权力的行使，破坏校内公平正义原则；如果规则制定得不完善，那么容易让其他人钻规则空子，校内治理就会出现混乱；如果规则制定程序不正当，那么规则就容易失去作用，成为摆设。因此，对于校长而言，除了要制定科学、合理、具有可行性的规则外，还要保障规则的顺利执行，以维护规则的权威性。除此之外，校长还拥有对处室、学院等二级机构所出台的相关管理制度进行审查审核的权力，以确保二级机构的规章制度与学校规章制度保持一致性。

事实上，我国大学内部管理规章制度不可谓不多，但却没有形成对大学进行约束的有效管理机制。一些规章制度出台之后，要么由于其缺乏普遍适用性而很快被束之高阁，要么由于学校领导的人事变动而随意"改旗易帜"，不能体现出规章制度的严肃性与权威性。

（三）大学校长行政管理权

行政管理权是校长根据国家法律法规、党内法规和学校规章制度对学术和学校内部行政事务进行管理的权力，其实质上是规章制度的执行权问题。校长行政管理权主要包括自主招生权、学科专业设置权、教学组织实施权、科学研究和社会服务权、对内对外交流权、机构设置与人事权、财产管理权等。校长并不直接参与或分管大学的具体事务，而是通过督促其他人员采取具体行动来贯彻校长办公会决议，落实校长教学、科研、管理等行政方面的权力。

在这些行政权力中，校长推荐、任免行政干部的权力源于国家法律和党内法规授权，但这种授权在实际执行过程中存在着较大的矛盾与冲突。《高等教育法》第四十一条规定了校长全面负责学校的行政工作，负有拟订内部组织机构的设置方案的职权，具有推荐副校长人选、任免内部组织机构负责人的职权，但在干部任免权限上，党委和行政的权力界限并不清晰，甚至有冲突和矛盾。

校长行政管理权首先体现在校长拥有推荐副校长人选的法定权力。然而，校长事实上并不完全具有行使推荐副校长人选的这个权力。我国大学副校长的推荐、考察权都在上级组织，校长没有更大发言权。从副校长产生的实际情况看，既有从本校产生，也有从其他单位调任过来的。如果说，校长对本校产生的副校长还有一定推荐权的话，或者校长作为党委班子成员行使了推荐权，那么对于从其他单位调任过来的副校长，校长根本不了解，更谈不上推荐。如2021年1月10日，湖南省委发布拟任职省委管理干部任前公示公告，就有从中南林业科技大学处长拟任职到湖南理工学院副院长、从湖南女子学院处长拟任职湖南工学院副院长等。这些副校级干部都是由上级组织选拔任命，本校校长只能选择被动接受组织给其选派来的搭档或干部。当然，这也并不能完全否认校长具有推荐副校长的权利，而只是说明副校长的选拔任用与校长的推荐并没有必然联系。

2013年，教育部下发了《关于进一步加强直属高等学校领导班子建设的若干意见》。该文件明确要求"进一步发挥高校党委在党政副职提名考察中的作用"。从法律规定赋予校长对副校长推荐权到党委对党政副职的提名考察权，从根本上改变了大学副校长的推荐、提名及考察方式。同时，在校长与副校长关系处理上，因为副校长任免决定权和德能勤绩廉的考核权都掌握在上级组织，对副校长考核结果的运用权也掌握在上级组织，校长基本上没有建议权，更谈不上决定权，所以，副校长工作的好坏，是否需要处理好与校长的关系，并不受是否得到校长认可的影响。更有甚者，有些副校长的存在，会成为校长行使管理职能的牵制力量。他们在协助校长工作的时候，按照他们的想法来履行工作职责,甚至在与校长在工作上产生分歧的时候,也不向校长请示汇报,从而成为妨碍校长工作的制约力量,不利于校长树立权威,也容易导致领导之间由于内耗出现行政效率低的问题。这与西方一些国家大学副校长由校长任免有着很大区别。

校长行政管理权其次体现在校长拥有任免内部组织机构负责人的法定权力。校长是大学最高行政首长,其通过任免行政系统内的干部来掌控整个行政组织的科学和高效运行。《高等教育法》关于内部组织机构负责人任免主体的规定本身就存在矛盾。《高等教育法》第三十九条规定,党委领导职责包括"讨论决定学校内部组织机构的设置和内部组织机构负责人的人选";第四十条规定,校长有任免"内部组织机构的负责人"权力,两条规定关于讨论决定与任免在干部选拔任用中存在明显冲突。再加上《关于坚持和完善普通高等学校党委领导下的校长负责制的实施意见》规定校长有"任免内部组织机构的负责人"权力。"内部组织机构"并没有明确是党委领导下的内设机构,或是校长领导下的行政机构,还是整个学校内部组织机构。

在现实中,学校党委对学校整个管理序列的干部行使任免权,当然包括学校内部所有组织机构负责人。作为中国共产党党员的校长,可以在书记碰头会上发表自己的意见,也可以在党委会上发表意见;但如果校长不是中国共产党党员,这一规定似乎就失去了意义,校长对内部组织机构负责人的任免权在法律或党内法规中得不到体现,干部任免都是由党委会推荐、提名、考察和讨论决定。

然而,校长人事任免权在国家法律与党内法规中却存在明显冲突。根据《普通高等学校基层组织工作条例》第二十三条规定:"高等学校党的委员会要坚持党管干部的原则,对学校党政干部实行统一管理","中层行政干部的任免,由党委组织部门负责考察,听取学校行政领导的意见后,经校党委(常委)集体讨论决定,按规定程序办理。"修订后的《普通高等学校基层组织工作条例》第二十三条继续明确规定:"高校党委应当坚持党管干部原则,按照干部管理权限对学校干部实行统一管理。""选拔任用学校中层管理人员，由高校党委及其组织部门按照有关规定进行分析研判和动议、民主推荐、考察，充分听取有关方面意见，经高校党委（常委会）集体讨论决定，按照规定程序办理。"根据中共中央印发的《事业单位领导人员管理规定》（2015年中共中央印发《事业单位领导人员管理暂行规定》，2022年修订为《事业单位领导人员管理规定》）第二条第三款规定，大学内设机构负责人选拔任用工作按照本规定有关条款执行，而与此条款最为紧密的是第二十条第二款"根据干部管理权限和事业单位不同领导体制实际，实行党委领导下的行政领导人负责制的，由党委集体讨论作出任免决定。"大学实施的是党委领导下的校长负责制，其内设机构负责人的选拔任用工作按规定由党委集体讨论作出任免决定。从法律授予校长任免权，到党内法规规定仅听取学校行政领导意见，再由党委讨论决定任免有着明显区别。《湖南省高等学校实行党委领导下的校长负责制实施办法》第六章第十四条也明确了学校内部行政组织机构的负责人，经党委会议集体讨论决定，由校长按规定的程序任免。党内法规虽然贯彻了党管干部原则，但与《高等教育法》规定有着明显冲突。讨论决定与任免都是一种决策权力，内部机构负责人的任免，作为国家法律与党内法规，应该明确干部任免以党委决定为最终结果，校长如果作为党委班子成员，可以在党委会上行使推荐或讨论决定权。事实上，《高等教育法》规定的校长任免"内部机构负责人"，更多的是具有程序意义，即在党委讨论决定后，校长作为大学行政主要负责人，对内部行政机构负责人的任免行使审签权。

（四）大学校长行政裁决权

行政裁决权是校长根据有关规定对大学行政管理中出现的纠纷行使判断和裁决的权力。在行政裁决中，最能体现权力威力的是对师生的惩戒权。行使对师生的惩戒权力是学校内部管理行为，这种内部管理行为具有法定性，是基于国家教育法律赋予大学办学自主权的自治权力。惩戒权反映在双方法律关系中的地位不平等，体现的是管理与被管理、强制与服从的关系，这种不平等的法律关系不应该纳入民事法律关系调整范畴，而应该纳入行政法律关系的调整范围。

有学者认为："当事人地位不平等；义务不确定，属权力服从关系；有特别规则，约束相对人且无须法律授权；有惩戒罚；不得争诉，有关特别权力关系事项，既不能提起民事诉讼，也不能以行政诉讼为救济手段。"[①] 如果大学行政权力真能这样的话，那么以校长为代表的行政权力可以得到有效保障，但也有可能会被无限制使用。但在大学各种权力关系和法律关系中，事实并非如此。在我国大学权力结构系统中，校长权力行使受到了诸多限制。

1. 对教师惩戒权

德国法律刚开始规定教师与学校之间是特别权力关系。根据这种关系理论，当教师权益受到侵害时，是不能通过司法诉讼保护权益的。随着特别权力关系的修正，教师与学校的关系被纳入法律规制和司法救济的范围之内。联邦德国《教师法》规定大学及其校长不得随意解雇教师，除非有法律规定的特定理由。

行政法律关系的典型特征是双方所处地位不平等。我国法律对学校和教师之间的关系规定具有典型的行政特征。《教师法》第三十九条规定教师在认为自己的权益受到损害时，有向教育部门提出申诉的权利，却没有规定有提起民事诉讼或行政诉讼的权利。这种规定显示的是大学等教育主体在行政法律关系中占据行政主体地位，与教师形成的是领导与被领导、支配与服从的行政法律关系，而不是平等的法人与公民之间的民事法律关系。《教育法》赋予学校对违反教育行政规定的教职工给予行政处分是法律赋予的一项自由裁量权，这个自由裁量权的行使对高校内部规范管理有着重要的意义。大学与教师是聘用合同关系，具有民事法律关系特征，但在大学对教师做出处罚的时候，这种关系又转化为明显的行政附属关系，教师必须服从于学校的行政

---

① 吴庚. 行政法之理论与实用（增订8版）[M]. 北京：中国人民大学出版社，2005：145.

管理。《教师法》第三十七条明确规定了学校教师如果出现不服从学校管理规定从而给学校工作造成损失，或侵犯学生利益给学校造成恶劣影响，学校、其他教育机构或者教育行政部门可以给予行政处分或者解聘。各个大学章程也明确规定学校有依法依规处理、处分教师的权力。

然而，国家法律没有明确对教师不当行为处分的程序，也没有要求进行"合法性审查"的依据。《教师法》第五条以"自主进行教师管理工作"的概括性授权，为教师的其他不良行为进行处分提供了兜底的法律依据。对教师进行处分将会对教师个人利益产生不利影响和后果，因此，处分权行使应当符合正当法律程序。"正当法律程序"源于美国宪法第十四条修正案规定："……任何州，如未经正当法律程序，不得剥夺任何人的生命、自由或财产。"美国正当法律程序可以有效保护教师合法权益不受校长及其行政管理机构的任意侵犯。美国法院认为，大学行使对教师处分权应当履行以下正当法律程序，即处分必须通知到教师，教师有权了解被处分的事实、依据和相关证人的情况，必须给予教师申诉的机会，双方都有权向法院起诉等。

《高等教育法》第五十一条第二项规定了大学应当对教师进行考核，强调考核结果可以作为对教师进行奖惩的依据，这是大学和大学校长对教师进行纪律处分的法律依据。大学通过设定对教师的考核指标，进行考核评定，从而影响着教师的绩效工资，影响着大学是否继续聘用教师，也影响着是否对该教师进行奖惩。目前，对大学教师不当行为的处分依据主要是《事业单位工作人员处分暂行规定》。大学属于公益性事业单位，除由行政机关任命的校级领导外（仅限于本科学校正副职和专科学校正职），所有在编的教职员工均属于事业单位工作人员，因此，大学根据《事业单位工作人员处分暂行规定》给予教职员工行政处分有着合理性、合法性。随着《国家监察法》的出台，公办教育机构的管理人员也是国家监察机构的监察对象，但专任教师是否也属于监察对象，在《监察法》中并没有明确。但教师作为公办教育的国家工作人员，将其纳入《监察法》监察对象，应该是应有之义。这样有利于以一个标准对大学从事教育教学的人员进行统一规范。

2. 对学生惩戒权

对学生行使处分权和惩戒权已有依据。2020年12月，教育部在前期广泛调研、公开征求意见基础上，制定颁布《中小学教育惩戒规则（试行）》，首次对教育惩戒的概念进行了定义，规定教育惩戒是"学校、教师基于教育目的，对违规违纪学生进行管理、训导或者以规定方式予以矫治，促使学生引以为戒、认识和改正错误的教育行为"，明确教育惩戒不是惩罚，而是教育的一种方式，强调了教育惩戒的育人属性，是学校、教师行使教育权、管理权、评价权的具体方式。《中小学教育惩戒规则（试行）》同时强调，实施教育惩戒应当遵循教育性、合法性、适当性的原则，"符合教育规律，注重育人效果；遵循法治原则，做到客观公正；选择适当措施，与学生过错程度相适应。"

虽然《中小学教育惩戒规则（试行）》明显不适用于大学，但对大学生的惩戒依据已有教育部2005年下发的《普通高等学校学生管理规定》（2005年制定，2016年修订，如无特别说明，均为2016年修订后的《普通高等学校学生管理规定》）予以规范。其第五十二条规定："对有违法、违规、违纪行为的学生，学校应当给予批评教育或者纪律处分。学校给予学生的纪律处分，应当与学生违法、违规、违纪行为的性质和过错的严重程度相适应。"第五十三条明确了纪律处分的种类为："（一）警告；（二）严重警告；（三）记过；（四）留校察看；（五）开除学籍。"2016年，教育部对《普通高等学校学生管理规定》进行了修订，其第五十一条规定："对有违反法律法规、本规定以及学校纪律行为的学生，学校应当给予批评教育，并可视情节轻重，给予如下纪律处分：（一）警告；（二）严重警告；（三）记过；（四）留校察看；（五）开除学籍。"需要说明的是，2005年的《普通高等学校学生管理规定》虽然明确了学校具有处分学生的权力，但在文本中没有出现"惩戒"字样。修订后的《普通高等学校学生管理规定》既明确了学校具有处分学生的权利，同时又在文本第五十四条明确规定:"学校给予学生处分,应当坚持教育与惩戒相结合,与学生违法、违纪行为的性质和过错的严重程度相适应。学校对学生的处分,应当做到证据充分、依据明确、定性准确、程序正当、处分适当。"这充分说明了教育行政主管部门通过《教育行政处罚暂行实施办法》等行政规章赋予了大学惩戒学生的权力。

在"田永案"之前,1996年4月17日,原昆明理工大学学生吴韶宇因在校期间因违反学校纪律,被学校给予原告勒令退学处分。原告不服,向法院提起行政诉讼。法院认为被告既不是国家行政机关,又不是法律法规授权的组织,"其无行政资格及法律法规授权或委托",不属于法院受案范围,从而以行政裁定书裁定驳回吴韶宇的起诉。在"田永案"中,法院认为:"学校依照国家的授权,有权制定校规、校纪,并有权对在校学生进行教学管理和违纪处理,但是制定的校规、校纪和据此进行的教学管理和违纪处理,必须符合法律、法规和规章的规定,必须保护当事人的合法权益。"两个案子先后发生的时间间隔并不长,分属两个不同地域的法院管辖,但对案子是否属于法院的受案范围、大学是否具有被告资格做了截然不同的判定,这充分体现了法律在对大学主体身份认定上的不确定性、模糊性。

此后,天津师范大学所属国际信息管理学院褚玥一案再次证明学校有处理处分学生的自主权。1999年7月1日,褚玥在线性代数考试中传递纸条,被监考老师当场发现。1999年7月2日,天津师范大学所属国际信息管理学院做出处理决定,认定褚玥考试作弊并对褚玥此次考试成绩以零分计,不准正常补考,并给予记过处分,取消获得学士学位资格。1999年7月2日,天津师范大学做出师大学字(1999)12号处理决定,认定褚玥作弊并对其做出如下处理:1.此次考试成绩以零分计;2.给予褚玥记过处分;3.取消褚玥获取学士学位的资格。该决定通报给褚玥所在学院,由学院以公告的形式张贴于学院内。2002年7月1日,褚玥本科毕业,取得本科毕业证书。但天津师范大学将褚玥列入不授予学士学位者名单,没有对其学士学位资格进行审查，未给其颁发学位证书。后褚玥向天津市河西区人民法院提起诉讼，要求天津师范大学颁发学士学位证书。案件经两审终审判决：天津师范大学自判决生效之日起六十日内对褚玥学士学位资格进行审查，并做出是否授予学士学位的决定。2004年2月19日，天津师范大学所属国际信息管理学院学位评定分委员会对褚玥学位问题进行审查，认为褚玥不符合授予学士学位的条件并报学校学位评定委员会。2004年2月20日，天津师范大学将不授予学士学位决定以书面形式通知褚玥，褚玥随即向天津市第二中级人民法院提起诉讼。天津市第二中级人民法院审理认为，根据《高等教育法》第11条"高等学校应该面向社会，依法自主办学，实行民主管理"之规定，享有办学自主权。因此，"对在校学生学习成绩的评价标准，高等学校有权自主决定。这种自主权在不违背法律原则的前提下应该受到司法的尊重。"褚玥上诉后，天津市高级人民法院审理确认了一审查明的事实，认为"对考试作弊者不授予学士学位的规定，符合社会公知的学术评价标准，亦是高等学校行使教育管理自主权的体现，并不违反《学位条例》第四条的原则规定"，"决定不授予上诉人学士学位，适用法律并无不当。"法律法规和规章的效力明显高于学校制定的校纪校规，学校制定的内部管理规章制度不得与国家法律法规行政规章相抵触，一切与法律法规相违背的校内规章制度是可以申请撤销或进行诉讼的。《学位条例暂行实施办法》第二十五条规定："学位授予单位可根据本暂行实施办法，制定本单位授予学位的工作细则。"因此，各大学结合学校实际情况制定有关学位授予细则是有相关法律依据的。

　　大学与学生之间存在明确的行政法律关系。大学对学生处分渗透着行政法律的基本特点，这种法律关系的履行必须遵守审慎主义原则，即"学校对学生的强制退学需有法律依据，应适用法律保留原则，即由立法者以法律形式确定退学、开除学籍等处分的条件，而不能由学校自行制定"[1]。2005年和修订后的《普通高等学校学生管理规定》在"第五章""奖励和处分"分别

---

[1] 申素平. 教育法学：原理、规范与应用 [M]. 北京：教育科学出版社，2009：152-153.

从第五十条至第六十六条、第四十九条到五十八条，对学生奖励与处分的种类、程序等进行了规定。但在这些管理规定中，学生即使对学校给予的处分决定不服，也只有申诉或投诉权利，而没有诉讼权利。

从有损害必有救济的司法理念出发，法院可以根据相关法律判决大学违纪处分程序违法并给予撤销。事实上，法院认定大学违反程序给予学生不当处分，执行起来并不容易。宿迁学院对学生王奋凯给予开除学籍处分案，再次证明了学生权利救济难以在司法实践中得到充分体现。2006年5月8日，王奋凯因考试作弊被宿迁学院给予留校察看处分后，又累计旷课超过规定的应给予纪律处分的10节。宿迁学院根据该院学生处、王奋凯所在五系建议，于2007年4月6日召开宿迁学院院长办公会议，决定给予王奋凯开除学籍处分，并于2007年4月10日以宿院学院〔2007〕108号文件做出，于2007年4月17日向王奋凯父母和王奋凯本人送达。后王奋凯不服此处分决定，向法院提起行政诉讼。法官以"被上诉人处分程序确有不当，……上诉人的救济权利并未受到影响，处分决定程序的瑕疵并未导致处分结果显失公正，不宜确认程序违法"做出了司法判决。判决既认定学校处分程序确实存在不当之处，但同时又认为上诉人救济权利未受影响，处分决定程序的瑕疵未导致处分结果显失公正而不认定程序违法。以没有显失公正，将程序的瑕疵认定为程序不违法，法院的这种认定，显然存在自相矛盾的地方或不严谨之处。既然程序有瑕疵，又如何能够以不显失公正来认定上诉人的救济权利未受影响。在很多国家，程序正义是"看得见的正义"，程序正当不仅体现了正义的基本要求，而且是对抗法律滥用的第一道防线，只要程序方面存在瑕疵，一般都会判定侵权人败诉。

我国《行政诉讼法》第十三条第三项规定，人民法院不受理公民、法人或者其他组织关于行政机关对内部工作人员的任免、奖惩等决定提起的行政诉讼。大学与学生之间的关系异于普通的民事关系，如果我们仅仅允许通过民事诉讼的方式来解决行政法律关系，无论从法律责任，还是双方举证责任的承担来看,都不能有效地化解纠纷。这是因为大学与学生之间的关系并不是平等自愿的,权利义务也不完全对等。大学通过制定内部规则,如开除学籍、不授予学位等,影响着大学与学生之间的法律关系调整。在这些行为中,应有区别的将大学与学生之间的重大法律关系调整纳入行政诉讼的受案范围,以保障权力制约原则的实现和学生的合法权益。

如对有可能影响学生重大利益的纪律重处分。"学校的纪律处分、退学决定或不发毕业证、学位证等决定,均属于具有行政行为效果的行为,对于这些决定不服,完全可以通过行政复议、行政诉讼等途径解决,而不宜将其推入民事诉讼范围或置之不理。"① 因此,当大学生认为大学的具体行政行为侵犯了其合法权益,可以依法请求教育行政部门或其他法定复议机关重新审查大学具体行政行为的合法性、适当性,也可以向法院提起行政诉讼。在此过程中,大学及校长作为行政复议、行政诉讼的参与者,应该积极参与行政复议和行政诉讼的相关活动。

司法介入大学自治管理,往往是出于权利救济的目的。美国对大学生管理奉行的是代替父母理论。这种理论认为,学校是"立于父母的地位来管理学生,凡是父母所得行使之管教权利,大学均可以居于代替父母的地位来行使。"② 我国关于大学对学生惩戒的司法审查借鉴了德国的经验。德国法院将有关发生、变更或终止特别权力关系的行为视为行政处分,对其违法处分可以请求司法救济,行政法院都有审查的权限。我国对教育行政权奉行的是有限司法审查原则,即只对严重损害大学生基本权利的教育行政行为给予司法审查。这种教育行政行为主要包括招生录取、违纪处理、学历与学位证书管理等。

2012年,教育部下发了《学位论文作假行为处理办法》。该文件规定对

---

① 马怀德. 公务法人问题研究 [J]. 中国法学, 2000 (04): 40—47.
② 周光礼. 教育与法律中国教育关系的变革 [M]. 北京:社会科学文献出版社, 2005: 133.

学位申请人员,可以取消学位申请资格,或撤销学位、注销学位证书。而2016年出台的《高等学校预防与处理学术不端行为办法》第三条明确:"高等学校预防与处理学术不端行为应坚持预防为主、教育与惩戒结合的原则。"在第二十九条明确"高等学校应当根据学术委员会的认定结论和处理建议,结合行为性质和情节轻重,依职权和规定程序对学术不端行为责任人作出如下处理:(一)通报批评;(二)终止或者撤销相关的科研项目,并在一定期限内取消申请资格;(三)撤销学术奖励或者荣誉称号;(四)辞退或解聘;(五)法律、法规及规章规定的其他处理措施。同时,可以依照有关规定,给予警告、记过、降低岗位等级或者撤职、开除等处分。学术不端行为责任人获得有关部门、机构设立的科研项目、学术奖励或者荣誉称号等利益的,学校应当同时向有关主管部门提出处理建议。学生有学术不端行为的,还应当按照学生管理的相关规定,给予相应的学籍处分。学术不端行为与获得学位有直接关联的,由学位授予单位作暂缓授予学位、不授予学位或者依法撤销学位等处理。"这也可以看出,我国大学与学生之间存在明显的行政法律关系,学校可以根据教育行政规章,对学生学术不端行为给予相应的行政处分。然而,我国大学生提起的侵害权诉讼案件多是违反程序法,而审判结果一般都以学生起诉失败而告终。在"于艳茹诉北京大学案"中,一审法院和北京市第一中级人民法院都以北京大学做出的《撤销于艳茹博士学位决定》违反法定程序,适用法律存在不当为由,撤销了该决定或驳回了上诉。在这些诉讼中,大学校长作为法定代表人,并没有出庭应诉,而是通过委托代理人进行应诉。事实上,校长作为大学行政事务的直接决策者或最高管理者,"在教育行政诉讼中,其以被告身份参与到庭审中,体现着重要的宣示性价值,表现为高校领导层、决策层对高校学生权利及其救济的高度重视。"[1]

《北京大学章程》对学生惩处的权利规定体现出与法院判决的不合时宜性,但却实现了与国家法律法规和相关制度的一致性。《北京大学章程》第二

---

[1] 范伟.大学校长出庭应诉的法治逻辑与制度建构[J].现代教育管理,2018(08):58-62.

十一条第八项规定:"对学校给予的处理或者处分有异议,向学校或者教育行政部门提出申诉,对学校、教职工侵犯其人身权、财产权等合法权益,提出申诉或者依法提起诉讼。"章程规定学生对于学校给予的处理处分不服或有异议,可以向学校或教育行政部门提出申诉,没有规定学生有向法院提起诉讼的权利。章程严格按照《行政诉讼法》第十二条第一款第十二项关于人民法院受理"认为行政机关侵犯其他人身权、财产权等合法权益的"的规定,明确学生"对学校、教职工侵犯其人身权、财产权等合法权益,提出申诉或者依法提起诉讼。"有学者指出,大学与学生之间既有民事法律关系,也有行政法律关系。如果学校是依据法律法规授权而做出的行政行为,便形成行政法律关系,适用行政诉讼方式解决;如果不涉及大学的行政主体地位,未在学校的法律法规授权范围内,则形成民事法律关系,应该以民事诉讼来进行权利救济。① 因此,通过修改《行政诉讼法》或制订《大学法人法》,以明确大学生享有对学校内部行政行为,特别是重大处分决定不服提起诉讼的权力,有利于保护学生的合法权益,推动学校谨慎用权。

三、大学校长的行政诉讼权

大学校长具有行政诉讼权。行政诉讼权是行政当事人享有提起诉讼或者应诉并要求法院做出公正裁判以保护其权益的权利,它包括起诉权、应诉权、反诉权、上诉权和再审诉权。

大学因为适用"行政行为,包括法律、法规、规章授权的组织作出的行政行为"而成为行政主体。大学具有行政诉讼主体资格主要根据《行政诉讼法》的有关规定。《行政诉讼法》作为依法治国的重要抓手和旨在把行政权力关进制度笼子的重要法律,《行政诉讼法》第二条规定:"公民、法人或者其他组织认为行政机关和行政机关工作人员的行政行为侵犯其合法权益,有权

---

① 申素平.教育法学:原理、规范与应用[M].北京:教育科学出版社,2009:151.

依照本法向人民法院提起诉讼。前款所称行政行为，包括法律、法规、规章授权的组织作出的行政行为。"这就明确指出，行政机关和行政机关工作人员，法律、法规授权的组织都有可能成为侵权主体。

根据法律和司法判例规定，大学是属于《教育法》《高等教育法》等法律、法规授权的具有行政管理职能的社会组织和法人单位，其所做出的具有管理职能的行政行为应该被纳入行政诉讼的范畴。校长在行政法律中的地位，主要通过行政法律关系来体现。因此，校长行政法律责任是基于校长作为大学法定代表人而违反行政法律应当承担的法定不利后果。校长作为大学法人组织的法定代表人，当大学法人权利因为行政机关和行政机关工作人员的不当行政行为而受到损害时，得以依据《行政诉讼法》向人民法院提起行政诉讼。而校长也有可能因为大学法人侵害学生、教师等人的合法权益而作为被告被诉至法院。

《教育法》《高等教育法》《关于坚持和完善普通高等学校党委领导下的校长负责制的实施意见》均明确校长可以按照有关法律和党内法规规定，代表学校行使自主招生权、学生学籍管理、学业证书管理、奖励、处分等权力，可以行使对教师的聘任、奖励、处分等权力，这些权力是法律或行政法规授权或委托给校长的权力。在大学管理活动中，校长代表大学实施管理行为本质上属于行政权范畴，需要接受行政法规制。

《高等教育法》赋予大学授予学生学位、对学生进行奖励与处罚的权利。行使这些权利事关学生的切身利益，影响着学生的受教育权。如果在此过程中，因大学没有适当履行职责而发生争议，学生有权以大学和大学校长为被告提起行政诉讼；大学作为法人，也有权以复议申请人或原告身份进入行政复议或行政诉讼程序。校长作为法定代表人，是行政复议或行政诉讼主体，能够代表学校进行行政诉讼，也应该能够作为被告应对学生的行政起诉。虽然理论界和实务界都认为大学管理活动应该纳入行政诉讼范畴，但《行政诉讼法》却找不到大学应该出庭应诉的相关条款，更没有规定校长作为法定代表人应该有出庭应诉的义务。

在党委领导下的校长负责制的大学管理体制中，校长履行法律法规与大学章程授予和规定的教学、科研和行政管理职能。在我国迈入中国特色社会主义新时代的大背景下，在依法治国和依法治校成为推动大学治理利器的大趋势下，明确大学校长以当事人身份履行行政诉讼责任，既有利于大学教育管理权接受司法监督，也有利于大学校长提高法治思维、法治能力和法治水平，更有利于保护师生的合法权益不受侵犯。在《行政诉讼法》中明确校长有作为被告出庭应诉的义务，也有作为原告提出诉讼的权利，能帮助大学实现教育权利救济，有利于提高大学在与政府关系处理中的法律地位。

第三节　我国大学校长行政法律责任

权力与责任是相互对应的。校长在行使行政权力时，既有保护公民受教育权的可能性，也有损害公民受教育权的可能性。受教育权是公民的宪法性权利。当这种宪法性权利受到损害时，公民有权请求司法保护，这是公民权利自我救济的必然要求。大学自治是一种依法治理，是符合法定程序的自我管理，是在与国家行政权力的博弈中实施的一种自我权利救济。这种权利救济需要获得司法救助和国家法律的支持。

一、大学校长行政法律责任分析

在行政法律责任追究过程中，《行政诉讼法》不再强调被诉的行为是行政机关和行政机关工作人员的具体行政行为，而是通过运用内部具体行政行为和外部具体行政行为，解决了大学行政主体的行政诉讼资格问题，使校长作为大学法定代表人有了承担行政法律责任的法律基础。内部行政行为和外部行政行为两者之间区别的关键在于行为针对对象、行政隶属关系等，这是能否构成行政复议和行政诉讼的关键因素。在德国的司法判例中，行政法院对大学的内部行政行为具有审查权限。在法国的司法判例中，行政法院认为大学做出的处罚，如果会影响到利害关系人在大学中的地位，就必须接受行政法院的司法审查。

行政诉讼的本意在于控制行政权力。《行政诉讼法》第六条规定："人民法院审理行政案件，对行政行为是否合法进行审查。"行政行为是人民法院审理行政案件的基本对象。在我国，长期以来以是不是具体行政行为作为进行行政诉讼的依据，从而排除了国家与公民之间许多重大问题的处理。根据我国相关法律规定，虽然内部行政行为并不在我国《行政诉讼法》规定的司法审查范围内，但内部行政行为并非不可诉，这完全取决于内部行政行为对行政相对人是否造成了实质性损害，如大学生享有对大学取消其学位行为不服而提起行政诉讼的权利。这个权利在刘燕文毕业证一案的诉讼中得到了充分体现。但这种行政诉讼权利也不应该被滥用。对于一般性的行政管理行为，如规定什么时候上课、学生仪表要求等内部规范性行为，都不属于行政诉讼的范畴。只有这样，才能节约司法资源，保障教育事业的管理顺畅。

我国对保护师生利益免受侵害有着法律保障。《教育法》第四十三条规定了学生对学校、教师侵犯其人身权、财产权等合法权益的行为有权申诉或依法提起诉讼。对大学法人做出的行政决定，师生有权提起行政诉讼、民事诉讼，甚至是刑事诉讼，这既体现了受教育者应该享有的教育权利，也符合我国宪法对受教育者享受教育权保护的基本原则。然而，作为行政相对人的学生，其诉权行使因为"不知告""不会告""不敢告"等原因导致起诉不符合法定条件，从而被法院裁定不予立案、驳回起诉成为常态，不利于学生权益保护。

二、大学校长行政法律责任追究

在以校长为代表的行政系统决策中，对于发生在外部并产生了效力的具体行政行为，其决策失误所产生的不利法律后果应该由以校长为代表的行政系统承担。如大学经费使用问题。大学经费主要来源于政府的财政拨款，使用的是公民的纳税收入。因此，校长行使这些权利，应该有行政问责机制，即"'错误决策''决策失误''决策不作为'的责任追究必须纳入高校行政权力法治轨道。"① 根据《中共中央关于全面推进依法治国若干重大问题的决定》等有关规定，对大学校长的决策行为应该实行重大决策终身责任追究制度及责任倒查机制，即对校长决策严重失误造成重大损失、恶劣影响的，严格追究校长及相关人员的法律责任，不以校长是否在位为前置条件。

赋予公民对以校长为代表的行政系统因行政决策失误所造成的损失提起行政诉讼或公益诉讼的权利，是大学法治化的必由之路。在问责过程中，应明晰校长的权责边界、问责的程序要件，行为失误的内外部因素，主客观原因等等，防止校长"无权担责、有权却不担责"，决策"不作为"或"久拖不决"和"滥用职权""以权代法"等违法违规行为。在认定校长等人员的责任时，应该区分校长的领导责任与直接责任，主动责任与被动责任，故意责任与过失责任等。校长因主观原因而造成他人重大损失的，个人应承担连带赔偿责任。

从目前情况来看，我国因校长及其委托人错误行使行政权力而造成他人损失，从而由校长或责任人员承担损失和赔偿的案件还没有发现。北京市海淀区法院在审理"田永诉北京科技大学案件"的判决中承认，因大学行为有可能会使田永失去一定的劳动收入，但这种认定是基于可能性上，而并不是实然性的，不是客观存在的实际损失，因此，"校长和受校长委托行使行政权力的人因个人主观原因造成对其他人员或组织的合法权益损害"，但"未对原告形成人身权和财产权的实际损害，……作为被告的学校不承担赔偿责任。"田永是否因为学校的行为造成了实质性的经济损失，由于是未能在事实上予以确定的事项，所以法院没有支持田永的诉讼请求。换句话说，虽然法院也

---

① 黄彬. 高校行政权力型态及其法治化路径[J]. 现代教育管理, 2016 (02): 51-55.

承认可能会对原告造成一定损害,但由于这种损害可预期但不能计算出实际损失,无法以一种不可预计的损失来确定被告应该支付的损失数额,所以法院没有支持原告对于损害的赔偿请求,这也突显了行政诉讼中的利益受损确定的难度极大。

《中华人民共和国国家赔偿法》(1994年制定,2010年、2012年分别修正,本书如无特别说明,均为2012年修正后的《中华人民共和国国家赔偿法》,以下简称《国家赔偿法》)第二章"行政赔偿"第四条第四款兜底条款以"造成财产损害的其他违法行为"对国家赔偿做出了相关规定,第七条第三款以"法律、法规授权的组织在行使授予的行政权力时侵犯公民、法人和其他组织的合法权益造成损害的,被授权的组织为赔偿义务机关",和第四款以"受行政机构委托的组织或者个人在行使受委托的行政权力时侵犯公民、法人和其他组织的合法权益造成损害的,委托的行政机关为赔偿义务机关",分别明确"法律、法规授权的组织"和"受行政机委托的组织或者个人"行使行政权力时侵犯公民、法人和其他组织的合法权益,被授权的组织和委托的行政机关为赔偿义务机关。但这个规定在该法第三十六条关于"直接损失"的限定中失去了作用。《国家赔偿法》第三十六条第八项规定:"对财产权造成其他损害的,按照直接损失给予赔偿。""田永案"中,就是因为法院无法确定田永在这个过程中的直接损失而不支持其诉讼请求。而1997年出台的《最高人民法院关于审理行政赔偿案件若干问题的规定》第二条规定:"赔偿请求人对行政机关确认具体行政行为违法但又决定不予赔偿,或者对确定的赔偿数额有异议提起行政赔偿诉讼的,人民法院应予受理。"同时,2022年出台的《最高人民法院关于审理行政赔偿案件若干问题的规定》第二十九条关于《国家赔偿法》"直接损失"的规定,主要包括:"(一)存款利息、贷款利息、现金利息;(二)机动车停运期间的营运损失;(三)通过行政补偿程序依法应当获得的奖励、补贴等;(四)对财产造成的其他实际损失。"这两个规定都在法院认定学校"未对原告形成人身权和财产权的实际损害"的判决中而难以提起有关赔偿金额的行政诉讼。在《教育法》第九章"法律责任"第七十一条至第八十一条中，几乎每一条都明确了相关主管人员或直接责任人员应该承担的法律责任，既包括行政处分，又包括民事法律责任、行政法律责任和刑事法律责任，这也是对校长进行行政问责和规定校长应该承担法律责任的制度基础。

在大学根据有关行政法规或行政规章给予学生的处分种类中，处处体现出大学享有对学生处分的自由裁量权。自由裁量权是在法律规定的幅度和范围内，依据法定职权和法定条件，在各种可能采取的措施中进行选择的权力。目前，这种自由裁量权因学校、地域不同而缺乏统一标准，更出现了"过罚失当"的问题，特别是对于学生处分程序的缺失，不仅造成对学生权益的根本性损害，更违反了"罪责刑"相适应的法律原则。按照《行政诉讼法》规定，对自由裁量权的干预仅限于"行政处罚显失公正"，因此，《行政诉讼法》很难从根本上扭转这种同一类问题，即在不同学校受到不同处罚的现象。

《教育法》《高等教育法》规定对学生处分事项并没有在行政法律中纳入行政处罚范畴，也无所谓对学生处分的自由裁量权问题和"行政处罚显失公正"的问题。作为教育类的基本法律，不仅没有明确对行使这些权力是否应该进行行政干预，更没有明确学生对学校处分决定不服可以提起诉讼的权利。这样的规定，容易使学校处分学生的权力变成一种不可诉之权，而学生对学校处分是否过重和处分是否公平无处可诉。因此，要以法律的实体规范确保程序正义，实现对自由裁量权的适度控制。

司法审查介入大学活动得到了法律与司法实践的确认，也形成了对自由裁量权的有效制约。但以行政诉讼方式对大学处分学生的行政行为进行司法审查，不应扩大审查范围，而应该建立在学生利益是否受到了实质性损害的基础上。如对学生的纪律处分，特别是类似于取消学生受教育权等重处分，学生就可以请求司法介入。允许司法对大学行政行为介入审查的前提是这种司法审查应当有保留、有限、理性、有节制。只有这样，才能既保障大学自治权的依法行使，又维护了大学生的合法权利。

校长承担行政法律责任，首先要履行负责人出庭应诉的义务。虽然法律规定负责人并不局限于校长这位行政主要负责人或法定代表人，但校长出庭应诉，并不会损害校长本身的权威，反而更有利于厘清大学权力中行政权力、学术权力等权力的边界，促使学校完善管理体制，实现大学依法自治。2016年，最高人民法院发布《关于行政诉讼应诉若干问题的通知》，强调准确理解行政诉讼法和相关司法解释中关于正确把握行政机关负责人出庭应诉的基本要求，依法推进行政机关负责人出庭应诉工作。《最高人民法院关于适用<中华人民共和国行政诉讼法>的解释》强调行政机关负责人出庭应诉，同时第一百二十八条明确行政机关负责人包括行政机关的正职负责人、副职负责人以及其他参与分管的负责人。这些司法解释虽然规定出庭应诉的行政负责人不局限于行政机关正职负责人，但在我国大学校长出庭应诉的具体制度设计中，也不应局限于司法解释和《行政诉讼法》第三条第三款规定的"行政机关负责人应当出庭应诉。不能出庭的，应当委托行政机关相应的工作人员出庭"的规定，而应以大学校长出庭应诉为基本原则，以不出庭诉讼为例外。校长不能出庭的，必须有"不可抗力"的"正当理由"，这样做有利于巩固大学法人地位，提高校长法定代表人的法律地位。

虽然目前，大学应对行政诉讼主要采取的是委托学校"法律顾问"或授权代理人进行诉讼的模式，校长出庭应诉的可能性很小。通过建立校长出庭应诉或代表学校出庭诉讼为原则的制度，明确行政诉讼不再局限于具体行政行为，这对于大学治理有着重要意义，值得在《行政诉讼法》或《高等教育法》等国家法律法规中进行探讨和完善。

除此之外，《监察法》从法律上实现了大学校长在违反相关法律法规的情况下，并不能免除其应该承担的法律责任的事实。《监察法》第二章"监察机关及其职责"第十一条"监察委员会依照本法和有关法律规定履行监督、调查、处置职责：（一）对公职人员开展廉政教育，对其依法履职、秉公用权、廉洁从政从业以及道德操守情况进行监督检查；（二）对涉嫌贪污贿赂、滥用职权、玩忽职守、权力寻租、利益输送、徇私舞弊以及浪费国家资财等职务违法和职务犯罪进行调查；（三）对违法的公职人员依法作出政务处分决定；对履行职责不力、失职失责的领导人员进行问责；对涉嫌职务犯罪的，将调查结果移送人民检察院依法审查、提起公诉；向监察对象所在单位提出监察建议"，从而规定了监察委员会的职责，第三章"监察范围和管辖"第十五条"监察机关对下列公职人员和有关人员进行监察：（一）中国共产党机关、人民代表大会及其常务委员会机关、人民政府、监察委员会、人民法院、人民检察院、中国人民政治协商会议各级委员会机关、民主党派机关和工商业联合会机关的公务员，以及参照《中华人民共和国公务员法》管理的人员；（二）法律、法规授权或者受国家机关依法委托管理公共事务的组织中从事公务的人员；（三）国有企业管理人员；（四）公办的教育、科研、文化、医疗卫生、体育等单位中从事管理的人员；（五）基层群众性自治组织中从事管理的人员；（六）其他依法履行公职的人员"，在国家法律上规定了监察委员会监察的对象和范围。大学是公办教育机构，校长是在公办教育单位中从事管理的人员，所以是《监察法》规定的监察对象。根据《监察法》第十一条规定，大学校长作为法定代表人，如果存在滥用职权、玩忽职守、权力寻租、利益输送、徇私舞弊以及浪费国家资财等职务违法和职务犯罪，必然要承担相应的法律责任。

根据《中国共产党纪律处分条例》（2003年制定，2015年修订，2018年再次修订，本书如无特别说明，均为2018年修订后的《中国共产党纪律处分条例》）的有关规定，党员受到刑事责任追究，应该给予相应的纪律处分和政务处分。《中国共产党纪律处分条例》从另一个侧面规定了具有中国共产党党员身份的校长违法犯罪或被行政处分后的党内追责问题，对警示中国共产党党员校长合法、合理行使权力具有很大的教育作用。

第五章

我国大学校长的民事法律地位

《教育法》《高等教育法》规定大学在法律关系中应承担民事责任、行政责任和刑事责任。特别是《教育法》，明确了大学的法人资格、法律地位、民事权利和民事义务，这意味着大学法律关系中存在着非常明确的民事法律关系。校长作为大学法定代表人，依照法律规定从事民事法律活动，享有民事权利和承担民事义务。

第一节 我国大学的法人属性

有学者认为大学法律关系复杂，并随着其发挥作用的不同而具有不同的主体地位，如"在行使法律、法规授予的行政管理等职权时，是行政主体；在接受有关行政主体监督、管理时，是行政相对人；在管理有关资产以及进行平权性质的活动时，是民事主体。"① 在这些法律关系中，民事法律关系是大学最基本的法律关系。民事法律关系处理的主要是平等主体之间的财产关

---

① 湛中乐. 再论我国公立高等学校之法律地位［J］. 中国教育法制评论，2009（07）：30—73.

系和人身关系。大学作为民事法律关系的主体，除了要处理与政府、企业、社会等存在的外部法律关系外，也要处理校内教职工、学生之间的内部法律关系。大学民事法律关系以大学法人身份和校长法定代表人身份为基础，校长享有的民事权利能力和行为能力主要基于大学法人地位和校长法定代表人身份。根据《教育法》《高等教育法》规定，学校或大学自批准设立之日起便取得了法人资格，从而使大学具有了民事法律地位，与其他利益主体构成了民事法律关系。

法人是与自然人相对应的民事主体。法人和自然人一样都有独立的法律人格，能以自己的名义参与民事活动。法人不是天生就有的，而是法律创设的，其概念起源于古罗马法，成型于1896年的《德国民法典》。古罗马法赋予法人独立人格，拥有这种人格意味着法人可以独立行使权利能力和行为能力，可以按照自己的意思表示从事民事活动。《德国民法典》在第1章第2节确定了现代法人制度，这在历史上是第一次明文规定法人取得一般民事主体资格，能够独立享有权利、承担义务。我国与德国一样都属于典型的大陆法系国家，很多法律都直接来源或借鉴于德国。

相比于德国，我国民法典出台较晚。对于法人制度的规定体现在1986年出台的《民法通则》，2017年《民法总则》和2020年《民法典》上。作为保护民事主体的合法权益、调整民事关系、维护社会和经济秩序的基本法律，《民法通则》第三十六条、《民法总则》第五十七条和《民法典》第五十七条对"法人"均表述为："法人是具有民事权利能力和民事行为能力，依法独立享有民事权利和承担民事义务的组织。"有独立财产，能够独立地承担民事责任是法人成立的基本条件和最有实际意义的内容。

国外民法理论将法人划分为"两个以上成员的结合而取得权利义务主体资格"的社团法人和"由一定目的的财产集合而取得权利义务主体资格"的财团法人。我国《民法通则》与《民法总则》《民法典》对法人分类有着明显区别。我国《民法通则》将"法人"划分为"企业法人"和"机关、事业单位和社会团体法人"。按照《民法通则》规定,"企业法人"是指"全民所有制企业、集体所有制企业有符合国家规定的资金数额,有组织章程、组织机构和场所,能够独立承担民事责任,经主管机关核准登记,取得法人资格";"机关、事业单位和社会团体法人"是指"有独立经费的机关从成立之日起,具有法人资格"。

《民法总则》《民法典》借鉴西方国家关于法人的界定与分类标准,将"法人"划分为"营利法人""非营利法人"和"特殊法人"。"营利法人"是指"以取得利润并分配给股东等出资人为目的成立的法人",包括"有限责任公司、股份有限公司和其他企业法人等";"非营利法人"是指"为公益目的或者其他非营利目的成立,不向出资人、设立人或者会员分配所取得利润的法人",包括"事业单位、社会团体、基金会、社会服务机构等"。"特别法人"是指"机关法人、农村集体经济组织法人、城镇农村的合作经济组织法人、基层群众性自治组织法人"。《民法总则》和《民法典》关于法人界定与分类,不再从资本来源和性质来划分法人类型,而是以资本占有和使用的目的来进行分类,从而比《民法通则》更具合理性,对于界定大学法律地位更加明确和清晰。

大学民事法律关系体现了大学各法律主体之间的平等地位。从大学与大学利益主体之间存在的人格权而言,各主体具有平等地位。但这种平等地位因法律授权大学具有行政管理关系,从而使得大学并不仅仅存在民事法律关系。

大学法律关系的复杂性来自我国现行法律对大学法律定位的简单化和由此导致的大学权利义务的含糊性。《教育法》《高等教育法》都只简单地规定大学具有法人资格,但并未明确大学是具有民法主体资格,还是行政法主体资格,或是其他法律主体资格?在我国现行的其他法律中,一方面将大学定位为事业单位,试图阐明它具有从事社会公共事业服务的职能;另一方面,又通过规定大学的法人资格来确定其法律上的权利义务关系,这使得高校的权利和义务，权力和责任陷入混乱。更重要的是，这种定位也没有囊括大学所有的法人身份和法律地位。

我国大学依据法律规定具有法人资格，依法行使法人权利，但并没有取得法人的全部权利。《教育法》《高等教育法》关于大学法人"依法享有民事权利，承担民事责任"的规定与《民法通则》《民法总则》《民法典》关于法人"依法独立享有民事权利和承担民事义务"的规定并没有实现完全一致，那就是没有明确规定"独立"的概念。造成这种情况的重要原因之一是大学财产属于国家所有，大学并不具备法人成立时要求的独立财产，并不能完全独立自主地处置大学财产。

大学"法人治理结构的本质是基于所有权、经营权的两权分离而产生的一种委托代理关系以及由此衍生出的权利配置与运行机制"①。所有权与经营权均基于财产关系，而财产关系是民法调整的两大主体关系之一。2017年，教育部出台了《关于规范和加强直属高校国有资产管理的若干意见》。该文件规定，大学对本校国有资产履行占有、使用的管理主体责任，明确"大学校长是国有资产管理工作第一责任人，分管校领导是国有资产管理工作的主要负责人"。同时，第四条明确了直属大学资产处置权限，即"扩大高校资产处置权限。对于已达使用年限并且应淘汰报废的固定资产，授权高校自主处置，处置结果于每季度终了后10个工作日内报教育部备案。对于未达使用年限的固定资产，一次性处置单位价值或批量价值在1500万元以下的，由高校审批后10个工作日内将审批文件及相关资料报教育部，教育部审核后报财政部备案；一次性处置单位价值或批量价值在1500万元以上（含1500万元）的，由高校审核后报教育部审批，教育部审批后将批复文件报财政部备案"。对于一些需要淘汰报废的固定资产，从使用年限和资产价值等方面区分了高校向教育部备案、教育部审核后报财政部备案、教育部审批后报财政部备案等处

---

① 覃壮才. 中国公立高等学校法人治理结构研究［M］. 北京：北京师范大学出版社，2010：21.

置程序和权限。由此可以看出，教育行政部门对大学国有资产存在较大的管理权，这种管理权基于大学与政府的上下级关系，是行政权在大学治理中的体现。

有学者指出："《民法通则》《高等教育法》等法律把大学法人资格仅定位为民事法律关系，这既不符合法人制度的理论要求，也不符合我国大学发展的实际情况，因为仅仅具有民事主体资格，只能解决大学的民事法律关系问题，不能解决大学与政府、与教师学生之间的行政法律关系问题。"[1] 这从另外一个角度反映出，大学除了民事法律关系外，还存在着行政法律关系等其他法律关系，表明了大学法律关系的复杂性。

第二节 我国大学校长的民事权利

法人是我国民法学上的基本概念，也是大学之所以能够独立承担民事责任的基础。校长作为大学法定代表人，已经得到了国家法律的确认。作为民法学意义上的自然人，校长并非本书的研究对象，其个人享有的自然权利与应该履行的义务、应该承担的责任与研究对象没有必然联系，包括因行使大学校长权力而发生的个人腐败问题都不在现在的研究范围之内。我更关注的是校长作为大学法定代表人拥有的集体性权力及校长在大学各种法律关系中所处的法律地位，所享有的权利和应承担的义务。

一、大学校长是大学法定代表人

校长享有民法规定的法律地位源于大学法定代表人资格，这是校长基于

---

[1] 高崇慧. 高等学校行政主体地位初探 [J]. 思想战线，2002（05）：133—136.

大学法人成立享有权利、履行义务和承担法律责任的主体资格。《民法典》界定法人的法定代表人的概念是："依照法律或者法人章程规定，代表法人从事民事活动的负责人。"根据《教育法》《高等教育法》等法律规定，校长是大学行政主要负责人，对外代表学校；对内行使内部管理权力，公布基本规则，发布命令，任免内部组织机构负责人，聘任和解聘教职工及学术委员会成员、理事会成员、学校全体成员代表会议的成员，对学生实施奖励与处分。这些权力是校长与其他民事主体发生民事法律关系的基础。校长执行职务的行为都是法人行为，所造成的一切法律后果应由法人组织承受。其他取得校长授权、代表大学法人履行职责范围内的职务行为，都是法人行为。校长通过法定程序授权给其他人，其他人因职务行为造成的后果，应该由校长依法负责和承担。校长法定代表人资格具有排他性，意味着校长与其他校内成员，特别是校级行政领导班子所拥有的法律地位与法律资格是不相同的，校长承担职责范围内的责任应更大。

然而，我国教育法律虽然将校长作为大学设立的基本条件之一，但校长并不是与大学同步设立的。这是因为在大学筹建的过程中，政府虽然明确了筹建大学的负责人，却没有明确其担任校长。一个没有经过批准设立的大学自然也不存在正式的校长。我们往往是先有大学，后有校长。事实上，我国大学设立并没有完全按照《高等教育法》规定的高等学校设立的条件来进行审批。如大学章程，是法律规定设立大学的基本条件之一，但我国是近年来才由教育部或省级教育行政部门开展大学章程的审核批准，这就意味着很多以前成立的大学都没有自己的章程，或者至少是没有经过教育行政部门认可的章程。没有经过教育行政部门核准的章程，既没有产生法律效力，亦对校内人员没有约束力。然而，一个没有法律效力或约束力的大学章程却成为大学设立的基本依据或基本条件，也成为大学设立过程中的内部管理规范，长期以来成为管理大学内部行为的依据，这也充分表明大学并没有完全按照法律规定的条件设立。

如果说《高等教育法》是1998年才颁布实施的，对以前成立大学所需要的大学章程要求没有溯及力的话，那对1998年以后成立的大学，也同样存在成立时没有大学章程的问题。南方科技大学于2010年开始筹建，2012年教育部批准成立，并明确为广东省人民政府管理、深圳市人民政府举办的公办普通高等学校。根据《高等教育法》有关规定，教育部批准成立南方科技大学时，南方科技大学应该已经满足了大学设立所要求的大学章程等所有条件，校长也取得了法定代表人资格。但根据广东省教育厅高等学校章程核准书第29号文件显示，南方科技大学章程于2015年5月17日经学校理事会一届六次会议审议通过并报广东省教育厅核准，经广东省高校章程核准委员会评议，经2015年9月28日广东省教育厅第9次厅长办公会议审议通过，予以核准。那么意味着教育部批准南方科技大学成立时的大学章程不仅是没有经过核准的章程，还是一个还没有通过学校理事会审议通过的章程。

当然，《高等教育法》没有明确章程是必须经过教育行政部门核准后的章程，还是大学通过后的章程草案。根据《高等学校章程制定暂行办法》规定："章程草案经校长办公会议讨论通过后，由学校党委会讨论审定。章程草案经讨论审定后，应当形成章程核准稿和说明，由学校法定代表人签发，报核准机关。"根据《高等教育法》规定，大学自成立之日起才能取得法人资格，只有取得法人资格的校长才能够成为大学的法定代表人。《高等学校章程制定暂行办法》规定大学章程由学校法定代表人签发后报核准机关，这意味着在《高等学校章程制定暂行办法》中将还没有取得法人资格的大学校长认定为大学法定代表人，与法定授权精神不相符合。同时，教育行政部门将一个没有任何法律效力的章程草案作为批准成立一个大学的条件之一，大学又在没有经过教育行政部门认可和法律确认的前提下就成立大学正式组织机构—校长办公会、党委会，这也与《高等教育法》精神不一致。

经核准后的南方科技大学章程第一百零二条规定："校内原有规章制度、办学行为与本章程规定不一致的，以本章程的规定为准。"这也意味着在大学成立之前，学校已经制定了相关的管理制度并开始了实质性运行。一个没有经过批准的大学就开始实质运行，而大学通过一个没有法律效力的内部章程开展大学相关工作，毫无疑问也涉及违反相关法律规定。我们认为，国家法律与行政法规关于大学章程的制度设计是存在矛盾的，应该通过修订大学章程的制定或管理办法，来实现行政规章与国家法律的协调运行。

二、大学校长是大学民事诉讼当事人

法人是法律上拟制的人，大学法人并不能通过自身行为行使权力，履行义务，必须通过自然人才能实现。这个自然人就是法定代表人，它与一般意义上的自然人在法律规定的权利义务上有着明显区别。法定代表人是指依法代表法人行使民事权利，履行民事义务的主要负责人，是享有法人权利、履行法人义务的自然人。法定代表人代表法人行使民事权利，履行义务，且其代表法人做出的行动和决策后果由法人承担。

大学是法人组织已经在法律上得到了认可，大学法人的行为只有通过大学法定代表人这个自然人才能得以体现和实施，然而大学法定代表人的行为后果最终由大学法人承担。大学通过大学法定代表人实现了大学法人意志。《民事诉讼法》第四十八条在规定"当事人诉讼权利能力"时，明确"公民、法人和其他组织可以作为民事诉讼的当事人。法人由其法定代表人进行诉讼。其他组织由其主要负责人进行诉讼。"可见，法定代表人有权直接代表本单位向人民法院起诉和应诉，其所进行的诉讼行为，就是本单位（或法人）的诉讼行为，直接对本单位（或法人）发生法律效力。

有学者指出："大学校长作为大学的代表，一般是作为大学的执行机构来设置的。"① 在这里，校长作为法定代表人行使国家法律赋予的法定权力与校长作为大学行政负责人负责大学行政事务存在明显差别。在很多时候，这两

---

① 赵玄. 英美传统大学治理结构研究——基于大学章程的考察 [J]. 现代教育管理, 2014 (07): 18—22.

者没有得到有效区分,从而使校长的任何公务活动都具有了强烈的行政色彩,成为行政权力扩张的有力证明。

事实上,校长作为法定代表人,是大学理所当然的民事诉讼当事人,其在大学的民事权利主要是通过校长办公会行使。校长如果作为行政负责人,除了应对本人和他人代表学校做出的内部行政行为负责外,并不能代表学校对非行政行为负责。但如果作为法定代表人,校长对于其他人以学校名义做出的公务行为或经过校长授权实施的对内对外公务行为,都要代表学校承担相应的法律责任。

大学作为非营利性组织,是典型的利益相关者组织。大学各利益主体通过相应的参与机制和决策机构表述自己的利益诉求,监督学校决策。校长办公会是校长行使法定职权、实现学校决策的重要载体。有的大学章程明确校长办公会议是学校行政议事决策机构,是校长行使职权的基本形式,主要研究提出拟由党委讨论决定的重要事项方案,具体部署落实党委决议的有关措施,研究处理教学、科研、行政管理工作。《高等教育法》明确规定了校长主持校长办公会,但没有明确校长办公会的性质,也未规定校长办公会的组成人员、议事决策程序等具体内容,从而在法律上形成了校长办公会的授权模糊这一现象。这也影响到一些大学的章程内容。如《湘潭大学章程》第二十五条规定:"校长办公会议是学校行政议事决策机构,是校长行使职权的基本形式,主要研究提出拟由党委讨论决定的重要事项方案,具体部署落实党委决议的有关措施,研究处理教学、科研、行政管理工作。学校建立校长办公会议例会制度。校长办公会议由校长召集并主持,校长不能与会时,由校长指定的副校长召集和主持。根据议事内容,校长办公会议可邀请相关人员列席,列席人员由校长办公会议召集人审定。校长办公会议所议事项由校长在充分听取与会人员以及其他各方面意见的基础上做出决策。《湘潭大学校长办公会议制度和议事规则》另行制定。"《湘潭大学章程》没有明确哪些人员作为出席人员参加会议,也突显了各个大学章程对于校长办公会参加人员的不确定性。

我国《教育法》《高等教育法》除明确规定大学法人资格、校长是法定代表人之外，没有规定大学法人机关，这与我国民事立法中没有规定法人机关有关。这种立法模式影响到我国大学校长的法律地位。法人机关是法人的核心部门，没有法人机关，势必严重影响法人功能的正常实现。从某种意义上说，法人机关的设置比法定代表人更为关键。

大学是法人组织，根据法律、法令或法人章程规定，具有法人民事权利能力和行为能力。在大学组织系统中，主要是党委系统和行政系统在大学组织运行体系中发挥着主导作用。党委系统以党委书记为主导，行政系统以校长为主导，这两套系统在党委领导下的校长负责制中对学校发展起着决定性作用。党委领导权来自国家法律法规和党内法规规定。从党委组成成员来看，一般包括党委书记、副书记、纪委书记和具有中国共产党党员身份的校长、副校长，还可能包括组织部部长、宣传部部长和统战部部长等党委部门的负责人。中国共产党党员校长一般兼任党委副书记，作为党委书记在党建工作方面的助手，行使党委委员的决策权。《高等教育法》赋予党委领导权，赋予校长行政决策权，赋予学术委员会学术决策权。根据党内法规关于"三重一大"的有关规定，大学最重要的事务必须由党委会集体决策，然而实际上容易出现党委领导权与校长行政决策权的交叉。

党委领导是党委集体领导而不是个人领导，校长负责也不是校长个人负责。我国党委领导下的校长负责制是以校长办公会名义对学校行政事务实行集体负责，校长与副校长一起组成了校长办公会这个集体，通过集体决策对学校教学、科研及其他行政事务负责。《高等教育法》明确校长作为行政主要负责人，对学校教学、科学研究和行政管理工作具有决策的最终"拍板权"。校长这种最终决策权，存在着较大的管理风险，特别是有些校长在一所大学就读，然后成长为所在学校的校长。在这所学校中，以其为中心，容易形成个人权力范围，圈子文化，造成滥用权力。以南昌大学原校长周文斌为例。

140

在担任南昌大学校长期间,周文斌没有对自身权力进行有效约束,而其他机构也没能够对校长权力进行有效监督,从而使校长权力的运用缺乏边界,特别是南昌大学党委书记空缺近两年期间,周文斌行使校长权力完全达到了失控的程度,遇事抛开集体讨论,完全由他一个人决定,这显然严重背离了党委领导下的校长负责制的领导体制。一个缺乏党委领导的单位,一个缺乏监督与制约的权力,一个对权力毫无敬畏的校长,南昌大学发生周文斌这样的案例也就不足为怪了。事实上,从校长违法乱纪案例来看,基本上都反映出,一个校长如果长期在一个学校担任领导职务,容易形成自己的权力圈,在这个权力场域中,校长权力会得到极大膨胀,很少有人或机构能够对其进行有效监督和制约,包括学校内部治理结构中行使监督权的监察机关、行使民主权的教职工代表大会等。

三、大学法人机关是校长办公会

从大学权力机构与决策系统来看,党委会是大学最高权力机构,校长办公会是代表大学法人的领导机关,两者并不矛盾,也不冲突。党委会权力为政治权力,是决策权,主要体现在对大学办学方向等重大问题的把控上。校长办公会执行党委决定,是指挥权,代表法人承担法律责任。两者都以会议形式集体研究大学中的重大事项。

在党委会的组成人员中,虽然国家法律与党内法规都没有明确规定校长必须是中国共产党党员,但作为中国共产党党员的校长,一般都会自然而然地兼任党委副书记,参与党委重大事项决策。党内法规要求党委会议题或校长办公会议题上会之前,党委书记与校长两个一把手之间要进行充分沟通交流,达成一致意见后再上党委会讨论,这使得党委书记与校长的个人关系处理变得异常敏感,有时候议题能否成功上会或在会议上意见能否达成一致,取决于党委书记对个人所处地位的思想决断。因为在党委会上,当党委委员们对议题的讨论出现分歧时,虽然校长具有与党委书记相同的投票权和表决权，但由于党内法规规定党委议事决策程序是党委书记末位表态，因此某种意义上来说，党委书记才具有重大决策的最终决定权。当然，为了保障党委书记最终决策权的正确行为，党内法规也明确在党委书记与校长就一些重大事项或重大决策问题上无法达成一致或在党委会上出现重大分歧时，不再进行讨论或决定，待时机成熟后再议。作为非中国共产党党员的校长只能列席会议，不能在会议上进行表决，意味着如果在党委会议之前，党委书记与校长不能就某些事项达成一致意见，议题就无法上会讨论，导致问题不能得到及时解决，甚至可能错失学校的发展良机。如果党委书记强行将议题上会研究和表决，校长列席会议没有表决权，只能被动地接受党委决策，在心里存在严重抵触情绪的情况下，不仅会影响党委决策的执行效果，更会损害两个一把手之间的关系。当然，按照党的民主集中制原则，每个人在会议决定前都可以充分发表意见，一旦形成统一意见和决定时，作为党员个人，必须坚决服从组织决定。

校长办公会的组成在各个大学没有统一规定。《高等教育法》第四十一条明确规定"高等学校的校长主持校长办公会议或者校务会议"，处理学校教学、科研和其他行政管理工作的有关事项。校长办公会以会议形式研究行政工作中的重大事项，实行集体领导、首长负责制。由于《高等教育法》没有明确校长办公会的组成人员，《关于坚持和完善普通高等学校党委领导下的校长负责制的实施意见》仅是原则上规定党委书记、副书记、纪委书记等可视议题情况参加会议。因此，在实际操作过程中，各个大学基本上都是根据学校的实际需要将不同人员列为校长办公会的组成人员。

事实上，大部分大学都将党委书记、副书记、纪委书记作为校长办公会议的成员，也有部分大学校长办公会仅有党委书记作为成员参加。如《北京师范大学章程》第四十条规定："校长办公会议是学校行政议事决策机构，负责研究提出拟由党委讨论决定的重要事项的方案；具体部署落实学校党委决议的有关措施；研究处理教学、科研、行政管理工作。校长办公会议出席成员为校长、党委书记、副校长和校长助理。根据工作需要可邀请有关同志列席会议。《华中科技大学校长办公会议事规则》第二条规定："校长办公会是学校行政议事决策机构，主要研究提出拟由党委讨论决定的重要事项方案，具体部署落实党委决议的有关措施，研究处理教学、科研、行政管理工作。"第十条规定："会议由校长或校长委托的校领导召集并主持，会议成员为：学校党政领导、总务长、校长助理、校工会主席、学校办公室主任、监察处处长。根据工作需要，会议主持人可确定有关人员列席。"但不管怎样，校长办公会的组成人员主要是校长、副校长以及相关部门的主要负责人，会议由校长主持。《北京大学章程》第八条规定："校长主持校长办公会议。校长办公会议成员包括校长、副校长、秘书长、教务长、总务长、总会计师等人员。校长可以根据需要指定列席人员。校长听取会议意见后在其职权范围内做出决定，其决定及与会人员意见记入会议记录。"《北京大学章程》明确了校长办公会议的组成人员。

  从目前大学校长办公会议的决策程序来看，各个大学也并不完全一致。对于校长办公会和党委会都需要讨论的议题，有些大学是先召开校长办公会讨论研究，再召开党委会讨论研究；有些大学是先召开党委会，党委会决定后，再到校长办公会上讨论或进行通报。在会议组织方面，有的大学在召开校长办公会时，党委成员作为校长办公会成员一起参加，从而使校长办公会与党委会合二为一；有的大学将校长办公会与党委会成员完全分开，但采取这种形式的大学并不太多。所有党委成员一起参加校长办公会，实质上形成了党政联席会议形式。党政联席会议并没有在国家法律或党内法规中得到承认或确认。党政联席会议讨论决定事项，由党委书记主持归属于党委会研究决定的事项，由校长主持归属于校长办公会议讨论决定的事项。党政联席会议有利于加强学校党政领导干部之间的沟通交流，减少决策的中间环节，节约时间成本，提高议事决策效率，但与校长办公会议本身的制度设计存在较大差距，容易造成党政不分或以党代政，使校长在大学行政权力决策中不能明确其自身位置与权责。

在很多情况下,党委会和校长办公会决策事项具有重合性或交叉性,比如内部行政机构干部人事任免权。这项权力是大学校长的基本权力,是影响大学发展的重要因素。《高等教育法》赋予校长任免大学内部组织机构负责人的职责,党委根据党章、《高等教育法》《普通高等学校基层组织工作条例》等法律法规和党内法规拥有干部任免权。按照这些法律法规和党内法规,大学党委的领导职责之一是"讨论决定学校内部组织机构的设置和内部组织机构负责人的人选",这与校长任免内部组织机构负责人的法律规定相互矛盾。从大学实际情况来看,校内干部选拔任用的管理权限在党委,包括大学内部组织机构负责人的选拔任用都是一样,校长作为党委成员,可以在会前与党委书记进行充分沟通,或者在党委会上充分行使党委委员权力,发表自己的意见,但其作为行政主要负责人,并不能以校长身份单独做出任免的决定。

校长办公会的优点是能够集思广益,使权力在集体领导体制中受到制约而趋于平衡,防止个人专权。德国大学的决策机构是全体成员代表大会和评议会。全体成员代表大会通过选举校长或校长委员会审议学校章程。我国大学校长办公会主要职责是研究确定由校长负责的教学、科学研究和其他行政管理工作。《湖南省高等学校实行党委领导下的校长负责制实施办法》第十七条明确规定:"高等学校校长办公(校务)会议是学校研究处理行政管理工作的会议,处理校长职权范围内的有关事项。"

各大学校长办公会议议事规则对于议事范围的规定差别很大。如《华中科技大学校长办公会议事规则》第五条规定:"议事范围主要包括:(一)贯彻执行党和国家的路线方针政策和法律法规,传达落实上级有关行政工作的重要指示、决定或会议精神,研究贯彻措施。(二)落实党委全委会(常委会)关于学校办学方针、指导思想、学校发展、校园建设、学科与人才队伍建设规划、年度工作计划、重大改革等决议,研究部署落实措施。(三)对学校日常行政工作中的重要问题进行决策和部署落实。(四)制订、修改、废除学校重要行政规章制度。（五）确定办学规模和年度招生计划。（六）教职工收入分配及福利待遇、奖惩和关系学生权益的重要事项。（七）学校全资、控股企业管理体制和运行机制改革方面的重要事项，提出学校全资、控股企业校方董事、监事及经理人选。（八）对学校规模条件、办学质量等产生重要影响的项目安排，包括学校基本建设项目设计方案和工程投资估算，预算内大额度基建及修缮项目调整，预算内大额度物资采购项目调整，重要专项资金建设项目，学校贷款项目，国内国（境）外科学技术文化交流与合作重要项目等。（九）学校重要资产的使用和处置。（十）学校年度预算内大额度资金调动和使用事项、重要捐赠等。（十一）其他必须由校长办公会研究的重要事项。"

《关于坚持和完善普通高等学校党委领导下的校长负责制的实施意见》第九条规定，党委会、校长办公会的议事规则都应该广泛听取意见和建议，"坚持科学决策、民主决策、依法决策"。校长办公会作为党委决议的执行机构，代表大学行使最高行政权。校长是学校最高行政领导，负责学校的日常行政工作。副校长作为校长的助手，是行政系统的重要组成部分，根据校长办公会议决策行使执行权，推动学校决策执行。《湖南省高等学校实行党委领导下的校长负责制实施办法》第六章明确了党委会和校长办公会的议事规则与决策制度。第十四条以"高等学校教学、科研和其他行政管理工作中全局性的重大问题，由校领导按照有关规定和程序，在组织专门力量进行广泛调研、论证、听取意见的基础上提出方案，党委（常委）会议集体讨论决定，校长统一组织实施。学校内部行政组织机构的负责人，经党委（常委）会议集体讨论决定，由校长按规定的程序任免"。明确了党委会议集体讨论决定学校教学、科研和其他行政管理工作中全局性的重大问题，由校长负责统一组织实施。

第三节　我国大学校长的民事法律关系

校长民事权利是法律赋予校长为实现法人意志和利益而实施一定行为或不为一定行为的权利。校长民事权利能力和民事行为能力以大学法人存在为前提。校长与大学内部相关利益主体之间的民事法律关系主要体现在校长与学生和教师之间。

一、大学校长与学生间的民事法律关系

受教育权是我国公民的一项宪法性权利。《宪法》第二章"公民的基本权利和义务"第四十六条规定了公民有受教育的权利和义务。有学者认为，"高校与大学生在法律人格上地位平等，权利内容上是受教育权与教育管理权的对等，学校与大学生相互选择意思表示一致"①，从而得出了两者法律关系本质上是民事法律关系的结论。但"合法性审查"程序的缺失，公民受教育权的"权利优先"地位并未能在立法和司法实践中得到体现，导致大学生"受教育权"这种宪法性权利缺乏其他相关法律的保障。《民事诉讼法》第三条规定的民事诉讼的受案范围是侵犯平等主体之间人身关系和财产关系，而侵犯学生受教育权的案例并不在此列，从而使学生的权利并不能得到法律的有效保护。

大学事业单位法人性质在某种程度上影响了教育行政法的效力，导致教育行政中受损权益的救济渠道不畅通。《教育法》第四十三条赋予了学校民事主体资格，规定了学生对学校的处分不服，可以向有关管理部门提出申诉，

---

① 熊新华，卢克建. 论高校与大学生特别民事法律关系 [J]. 当代教育理论与实践，2010 (03)：42—44.

但未明确规定学生对学校处分不服有向法院提起诉讼的权利。由于立法上对于受教育权的可诉性问题未予明确规定，导致各地法院在受理大学生诉学校侵犯其受教育权案时采用了不同的做法，大部分法院通过民事诉讼途径来解决此类案件，或者根本就不予受理此类案件。

《中国青年报》于 2002 年 12 月 3 日报道：西南某大学二年级学生李静与张军恋爱怀孕。学校以严肃校规校纪、正确引导学生为由，依据原国家教委颁布的《高等学校学生行为准则》《普通高等学校学生管理规定》及该校《学生违纪处罚条例》等相关规定，给予两名学生勒令退学处分。为此，两原告提起诉讼，请求法院判令被告该学院撤销勒令退学的行政处分决定。法院审理后认为，两原告起诉某学院要求撤销处分决定一案不属于人民法院受理范围，根据 2000 年公布的《最高人民法院关于执行<中华人民共和国行政诉讼法>若干问题的解释》第四十四条第一项"请求事项不属于行政审判权限范围并且已经受理的，裁定驳回起诉"的规定，裁定驳回两原告的起诉。2015 年、2017 年修正后的《行政诉讼法》均在第四十九条规定："提起诉讼应当符合下列条件：（一）原告是符合本法第二十五条规定的公民、法人或者其他组织；（二）有明确的被告；（三）有具体的诉讼请求和事实根据；（四）属于人民法院受案范围和受诉人民法院管辖。"2015 年和 2018 年公布的《最高人民法院关于适用〈中华人民共和国行政诉讼法〉若干问题的解释》《最高人民法院关于适用〈中华人民共和国行政诉讼法〉的解释》分别在第三条、第六十条以"不符合行政诉讼法第四十九条规定的"，再次明确了对不属于人民法院受案范围和受诉人民法院管辖的，虽然已经立案，但仍然应当裁定驳回起诉。

《教育法》《高等教育法》对保护学生权益的规定保持着一致性。《高等教育法》第五十三条至五十九条，规定了大学生权利与义务，明确了大学生享有受教育自由权、请求权、救济权等权利。第五十三条明确了大学生的合法权益受法律保护。从而可以看出，大学与大学生之间的这些权利与义务关系符合我国民事法律关系的基本特征。事实上，当受处分纠纷发生时，向法院提起民事诉讼是大学生保护自身权利的应有之义。大学与大学生之间首先是平等民事主体之间的民事法律关系。大学生作为受教育主体，通过承担教育费用接受大学教育，享有受教育权和其他大学应提供的保障其受教育权的各项权利；大学作为教育实施主体享有办学自主权，可以依法行使教育法赋予的对学生处分、保持大学正常教学秩序等权利，双方在学生报考大学并被依法录取后构成了事实上的合同关系或契约关系，这种关系适用于民事法律的调整。如果在教育与受教育过程中发生法律纠纷，双方既可以申请仲裁、申诉，也可以向法院提起诉讼。在这种简单的民事法律关系中，大学与大学生相互的申诉权、起诉权都得到了有效的保护。

在大学强调以学生为本的前提下，将大学生权利救济放到大学权利救济的首要位置是必然要求。学生是构成学校的主要主体，没有学生，一所大学成为不了大学。学校对学生负有教育、管理、保护的职责。校长作为学校的法定代表人，教育、管理学生和保护学生根本利益是校长应尽的职责。学生作为受教育主体，既应当遵守法律法规和学校规章制度，其在学校的权益更应该得到法律保护与法律救济。当学生人身或财产权在在校期间受到伤害或损害，或认为自己的名誉权、隐私权、安全权等受到学校损害，或认为学校对其处分不符合或违反法律条款的，除可以向有关机构提出申诉外，也可以向人民法院提起诉讼，校长必须代表学校对大学的行为进行回应或出庭应诉。

2018年出台的《湖南省学校学生人身伤害事故预防和处理条例》第五章"法律责任"第四十五条明确规定了学校未履行法律、法规、规章规定的职责，或者学校教职工不正当履行职务，造成学生人身伤害事故的，学校应当承担民事赔偿责任。作为地方性法规，该条例根据《民法总则》和《侵权责任法》关于民事赔偿责任的有关规定，制定和完善了学生伤害事故处理办法、处理机制，明确了相关主体在学生伤害事故的责任，包括学校不承担民事赔偿责任的五方面，从而有力打击了以民事法律关系为借口的"校闹"问题，维护了学校正常的教学秩序，是处理学校与学生等主体之间民事法律关系的重要依据。

除此之外，校长也应该主动履行保护学生利益的法定代表人职责，不仅应该对造成学生在校期间的伤害或损害承担相应的法律责任，也应该有权代表学生向相关机构提出申诉或起诉，以维护学生利益。同时，在教与学的过程中，教师作为接受学校委托从事教学的工作人员，其本身与学生之间并不存在典型的民事法律关系。即学生如果不履行自己的民事义务，教师没有资格追究学生的民事责任，而只有学校有此资格。[①] 所以，当学生与教师之间因教师履行学校委托从事教学行为而受到学生起诉的时候，教师没有权利出庭应诉，只有校长可以代表学校出庭应诉。这也是校长作为大学法定代表人必须履行的义务，也是校长区别于其他行政管理人员的重要特征。

二、大学校长与教师间的民事法律关系

大学校长与教师之间民事法律关系很多，这些民事法律关系主要是通过聘用合同的管理模式来体现的，如校长代表学校对教师实施聘任、薪酬管理、职称评聘和根据有关规定对教师实施的考核评价，等等。出于学术研究对大学的重要性，我们以大学教师学术研究、学术权利为基础，探讨大学校长与教师之间存在的民事法律关系。

（一）学术权力是教师的基本权利

学术自由是大学的基本原则，也是世界各国法律对大学办学权利的基本保障。德国是较早从宪法层面保护大学学术自由的。德国1850年出台的《普鲁士宪法》和1919年出台的《魏玛宪法》均对学术及教学自由给予了明确规定。《魏玛宪法》第一百四十二条规定："艺术、学术及其教学是自由的。"其他国家也有类似的规定。意大利宪法第三十三条规定："艺术与科学自由，

---

① 曾惠燕. 高校学生的权利与义务［M］. 北京：中国社会科学出版社，2006：55.

讲授也自由。"日本宪法对二十三条规定:"学问自由应保障之。"与德国等以成文宪法作为保障学术自由不同的美国,主要通过法院各种判例保障大学学术自由。美国联邦最高法院首席法官厄尔·沃伦在1957年的斯威泽诉新罕布什尔州案例中就充分论证了学术自由的重要性。厄尔·沃伦认为:"在美国大学共同体中,自由的重要性几乎是不证自明的。……学术不可能在猜忌和不信任的氛围中得以繁荣。教师和学生必须不断地自由探究、学习和评价,从而获得新的成熟和理解,否则我们的文明将会停滞和消亡。"这一案例与美国联邦宪法第一修正案关于公民应该享有言论自由的条文有关。

我国《宪法》第四十七条规定,公民有进行科学研究、文学艺术创作和其他文化活动的自由。学术自由既是宪法赋予公民的宪法性权利,更是大学教师的基本人权,是体现大学不同于其他教育机构的主要特点。学术自由包括教育教学自由、科学研究自由和学习培训自由。当然,这种自由并非无限制的自由,而是在遵守国家法律法规范围内的自由。魏玛宪法在保障学术自由的同时也明确,"教学自由不得免却对宪法之忠诚。"法国1968年《高等教育方向法》在保障科研人员有"完全的独立性和充分的言论自由"的同时,也规定"要根据大学的传统和本法的规定,以客观和宽容为原则"。我国《高等教育法》第十条规定"国家依法保障高等学校中的科学研究、文学艺术创作和其他文化活动的自由。在高等学校中从事科学研究、文学艺术创作和其他文化活动,应当遵守法律",从而在国家法律中明确了教师等人员的学术自由权。第五十一条规定,高等学校应当为教师参加培训、开展科学研究和进行学术交流提供便利条件。在大学,以保护学术自由为核心的权利是大学治理结构的关键环节,也是校长履行大学法定代表人治理大学权利的重要指标,更是大学校长保护教职工合法权益的重要象征。

科学研究是与大学人才培养、社会服务、文化传承和国际交流合作并重的五大功能之一。大学强调教师的学术权力与学术自由。学术自由源于学术权力,源于学术场域中学者制定学术规则和分配学术资源的话语权力。学术权力是学术人员拥有的学术影响力和控制力。大学校长行使学术权力,既需基于自身拥有的深厚学术功底和较高的学术水平,也需借助校长这个行政载体与平台。学术权力是体现大学治理能力的重要权力,也是评价大学权力运行机制的重要内容。以校长为代表的行政权力在维持大学行政有效运转的前提下,需要形成对以教授为代表的学术权力的有力保护。但行政权力一旦使用不当,在发挥保护学术权力作用的同时,也会不断吞噬学术权力。这两种权力的和谐统一才是推动大学不断向前发展的动力源。

(二)大学校长保障教师学术权利

《国家中长期教育改革和发展规划纲要(2010—2020年)》在"完善中国特色现代大学制度"中明确,"充分发挥学术委员会在学科建设、学术评价、学术发展中的重要作用"。《高等学校章程制定暂行办法》除强调学术委员会设立要求、组织机构和运行机制外,更强调了学术委员会的决策作用,其第十一条规定:"章程应当明确规定学校学术委员会、学位评定委员会以及其他学术组织的组成原则、负责人产生机制、运行规则与监督机制,保障学术组织在学校的学科建设、专业设置、学术评价、学术发展、教学科研计划方案制订、教师队伍建设等方面充分发挥咨询、审议、决策作用,维护学术活动的独立性。章程应当明确学校学术评价和学位授予的基本规则和办法;明确尊重和保障教师、学生在教学、研究和学习方面依法享有的学术自由、探索自由,营造宽松的学术环境。"《全面推进依法治校实施纲要》作为大学依法治校的实施文件,明确要建立健全学术自由的保障与监督机制,依法保障师生研究、学习、开展学术活动的自由权利。

有学者认为:"大学的组织特性与合法性在于学术性,学术权力主导是现代大学制度的根基。我国大学制度建设应以学术权力主导为其基本价值取向,以此规范行政权力,这是大学制度建设合乎逻辑的选择。"[1] 在我国现行的高

---

[1] 许杰. 规范行政权力:我国现代大学制度建设的基本逻辑[J]. 国家教育行政学院学报,2013(12):19—24.

等教育行政与学术管理体制中，行政管理人员学术化、专业技术人员行政化是个比较普遍的现象。实际上，在大学的内部治理结构中，"行政管理权力和学术权力的二元分立与共存，是大学区别于其他实体的显著特征。"① 这种行政管理权力与学术权力的分立与共存一般体现在校长所领导的学术委员会的管理体制中。

《关于坚持和完善普通高等学校党委领导下的校长负责制的实施意见》在"完善协调运行机制"中明确构建学术委员会的管理体系与组织构架等，以保障学术委员会能够依照章程行使职权，发挥学术委员会的决策咨询作用，真正实现教授治学目标。校长作为学术机构负责人，通过落实行政法规和国家政策的有关规定，保障教师学术自由的实现。事实上，学术委员会并不具有学术决策的最终决定权，其所讨论的任何学术事项和学术决策，都要经过校长办公会或党委会讨论决定后才能形成最终决策，也只有经过校长办公会或党委会通过之后，学术委员会的决策才具有了强制力或执行力，才能成为校内成员普遍遵守或认同的校内准则或规范。因此，我国学术委员会在大学管理体制中，更多的是作为校长办公会或党委会决策的咨询机构发挥作用，这与学术委员会应成为与党委会、校长办公会、教代会一样的权力机构的制度设计有着很大的差异。

学术权力与行政权力并不能截然分开。《全面推进依法治校实施纲要》有关"依法健全科学民主决策机制"明确了"要以教学、科研为中心，积极探索符合学校特点的管理体制，克服实际存在的行政化倾向，实现行政权力与学术权力的相对分离，保障学术权力按照学术规律相对独立行使"。在这个制度中，明确了行政权力与学术权力的相对分离，即两者既要紧密联系，又要保持适度的独立性；同时也明确了学术权力相对独立行使。这充分表明，学术权力与行政权力并不能完全分开和各自独立。

---

① 胡肖华，倪洪涛等. 从失衡到平衡：教育及其纠纷的宪法解决 [M]. 北京：中国法制出版社，2007：22-23.

校长参与学术委员会并不意味着行政权力干预学术权力，在某种程度上可以保障学术权力。在学术委员会的构建中，大学校长承担了重要角色。他既要扮演学术权力领导者角色，还要扮演行政权力领导者角色。我国多数大学校长既是大学的行政负责人，也是大学某个学科的学术带头人。没有一定的学术功底，没有较高的职称要求，是很难被上级组织选拔和任命为大学校长的。校长行政角色可以随时由他人取代，也可以委托他人代理或授权他人行使，但校长学术角色却只能源于自身学术积累的一种内在底蕴，无法由别人代替。校长在学术方面的影响力根源于其个人的学术能力与学术地位，是其专业水平在学术领域的地位体现。

我国通过成立大学学术机构来保障教师的学术权力，甚至通过规定校长应该在学术机构中担任领导职务，以保证学术机构能够发挥保护学术权力的作用。虽然如湖南大学原校长赵跃宇在自己被宣布任命为校长时宣称自己不再从事科研工作，不带研究生，不新申报课题，但这并不能埋没赵跃宇校长所具有的学术能力和学术水平，也不会影响校长本身的学术权威。有人对此提出了不同意见，认为"防范性制约机制力图实现学术权力与行政权力的有效隔离，保障学术权力相对独立地运行。然而，随着学术权力的发展，该制度可能在这一隔离过程中矫枉过正，造成学术权力从缺位走向新的错位或者越位的潜在危机。为此，大学章程在明确学术权力空间界限的同时，需要设计协调性学术权力制约机制。部分关于大学章程的研究涉及了协调性学术权力制约机制，如针对目前国内兴起的校长或者校领导集体脱离学术委员会的做法，有研究指出，这未必是目前我国大学权力结构下明智的选择，因为从世界范围来看，大学评议会一般是最为重要的大学共同治理机构，在学术事务的利益表达方面发挥着重要作用，而大学评议会通常都是由校长主持的。校长等学校行政负责人之所以成为学术委员会的成员或者兼任负责人，主要原因是他们在集体决策的情况下，并不会因此形成专断，反而有利于学术评议与学术决策的衔接,同时也有利于学术决策与决策执行的衔接"①。

我国对大学校长选拔任用的政策明确要求是学术方面的专家。校长应该是学术大家也是大学师生对校长的知识能力要求,特别是一些高水平大学更体现出对校长学术权威性的更多期许。2013年,林建华从重庆大学调任浙江大学担任校长,就一度因其学术方面并不具备所谓的权威性而备受质疑。在浙江大学师生看来,浙江大学是全国甚至是全世界的知名大学,而林建华没有达到浙江大学师生期待的学术标准:专业学科领域的学术精英,拥有国家院士的头衔,或是公认的著名学术团体的领头人和创始人等。与要求校长具有学术权威性相比,社会对大学党委书记是否具有学术权威性并没有太高的要求与太多的期待。

第四节 我国大学校长的民事法律责任

校长承担民事法律责任是基于校长作为大学法定代表人而实施的法人行为,或者校长根据法律规定委托或授权大学相关工作人员的职务行为,违反了相关法律规定事由而应由法定代表人承担的法律责任。

一、大学校长承担民事法律责任分析

校长承担民事法律责任的前提是代表大学从事了民事活动,实施了民事法律行为,即校长的职务行为侵害了他人的人身权利或财产权利,产生了一定的法律后果,需要承担民事法律责任。《民法典》第一百三十三条规定:"民事法律行为是民事主体通过意思表示设立、变更、终止民事法律关系的行

---

① 李红伟,石卫林.大学章程关于学术权力制约机制的规定——基于美、英、德三国大学章程的文本比较[J].高等教育研究,2013(07):39—42.

为。"校长作为大学法定代表人，是典型的民事主体。除校长以外从事行政管理的其他人员都属于校长委托行使民事权利的主体。

有学者认为，教育工作者作为被大学聘用和管理的内部工作人员，行使行政权力或履行行政职责时，是受其所在大学的委托，在法律上，教育工作者行使行政权力或履行行政职责的全部法律后果由大学承担。这一思想在田永诉北京科技大学一案中得到了法院认定。在该案中，田永认为自己符合大学毕业生的法定条件，被告北京科技大学拒绝给其颁发毕业证、学位证是违法的，遂向北京市海淀区人民法院提起行政诉讼。法院审理认为："北京科技大学辩称，田永能够继续在校学习，是校内某些部门及部分教师的行为，不能代表本校意志。鉴于这些部门及部分教师的行为都是北京科技大学的职务行为，北京科技大学应当对该职务行为产生的后果承担法律责任。"法院明确认为，校内某些部门及部分教师的行为都是大学的职务行为，因此，大学应当对该职务行为产生的后果承担法律责任。

《教育法》第三十二条规定，学校及其他教育机构在民事活动中依法享有民事权利，承担民事责任。大学按照《教育法》规定可以从事民事活动，并依法享有民事权利，承担民事责任。《高等教育法》从第三十一条开始至三十八条，规定了大学法人应该享有的自主权利，即"教学、科学研究和社会服务"，"制订招生方案，自主调节系科招生比例"，"依法自主设置和调整学科、专业"，"自主制订教学计划、选编教材、组织实施教学活动"，"自主开展科学研究、技术开发和社会服务"，"自主开展与境外高等学校之间的科学技术文化交流与合作"，"自主确定教学、科学研究、行政职能部门等内部组织机构的设置和人员配备；按照国家有关规定，评聘教师和其他专业技术人员的职务，调整津贴及工资分配"，"对举办者提供的财产、国家财政性资助、受捐赠财产依法自主管理和使用"等近十项自主权利。在这8条规定中，基本上都是使用"自主"的字眼，体现了大学治理的自我管理权限，在法律上明确了大学法人依法独立行使民事权利。大学法人在其权利受到侵害时，可以通过法律进行救济。代表大学法人行使权利义务的是法定代表人的校长。

民法主要调整民事主体的人身权和财产权关系。大学校长要承担大学民事法律责任的权利很多,我们以大学的财产权来论。《民法通则》《民法总则》和《民法典》都明确了国家所有的财产属于国家所有即全民所有。《民法典》第二百四十六条规定:"法律规定属于国家所有的财产,属于国家所有即全民所有。"《高等教育法》第三十二条第三款和第四款规定:"学校及其他教育机构中的国有资产属于国家所有";"学校及其他教育机构兴办的校办产业独立承担民事责任。"大学作为事业单位法人,其财产所有权属于国家,校长代表大学法人接受国家委托,占有、使用大学财产,对大学财产履行管理上的法律责任。然而,大学作为法人组织,只是接受国家委托,对这些财产进行支配、使用、处置和收益,并以法人行为承担法律责任。但这种法律责任并不是全部法律责任,因为作为法人实体,大学法人财产的主体地位尚未明确。换句话说,大学并没有从国家财产所有权中获得完全独立的财产权,并不能完全行使对大学法人财产的占有、使用、收益和大学章程规定的处分权。但大学却有保护大学财产的义务,即任何侵占学校财产的行为都应视为违法行为,学校有权制止这种侵权行为或采取法律手段保护自己的财产。这种权利与义务的不对等,容易造成对法人行使权利的实质损害。即大学办得好或坏,对法人财产处置的好与坏,与大学校长并没有形成法律上的一一对应关系,除非大学校长存在违法乱纪的行为,但这种行为更多属于个人行为,应该受到党纪国法的追究;或者校长代表大学法人行使法定权力中的行为控制偏离,其行为对大学造成的不良影响无法在法律上得到纠正或制裁。

在法律上,大学校长并不能因为不存在一一对应的法律关系而免法律责任。《刑法》第九十一条明确了公共财产的范围包括国有财产,而大学财产无疑属于国有财产。第九十三条指称国家工作人员是"指国家机关中从事公务的人员。国有公司、企业、事业单位、人民团体中从事公务的人员和国家机关、国有公司、企业、事业单位委派到非国有公司、企业、事业单位、社会团体从事公务的人员，以及其他依照法律从事公务的人员，以国家工作人员论"。校长是国家行政机关任命的工作人员，在履行财产责任方面，受到《刑法》有相关规定的规范。《刑法》第一百六十七规定："国有公司、企业、事业单位直接负责的主管人员，在签订、履行合同过程中，因严重不负责任被诈骗，致使国家利益遭受重大损失的，处三年以下有期徒刑或者拘役；致使国家利益遭受特别重大损失的，处三年以上七年以下有期徒刑。"第一百六十八条规定："国有公司、企业的工作人员，由于严重不负责任或者滥用职权，造成国有公司、企业破产或者严重损失，致使国家利益遭受重大损失的，处三年以下有期徒刑或者拘役；致使国家利益遭受特别重大损失的，处三年以上七年以下有期徒刑。国有事业单位的工作人员有前款行为，致使国家利益遭受重大损失的，依照前款的规定处罚。国有公司、企业、事业单位的工作人员，徇私舞弊，犯前两款罪的，依照第一款的规定从重处罚。"第一百六十九条规定："国有公司、企业或者其上级主管部门直接负责的主管人员，徇私舞弊，将国有资产低价折股或者低价出售，致使国家利益遭受重大损失的，处三年以下有期徒刑或者拘役；致使国家利益遭受特别重大损失的，处三年以上七年以下有期徒刑。"这些规定主要针对国有公司、企业和事业单位人员，大学校长作为事业单位的行政负责人，理应适用这些规定。因此，大学校长作为事业单位的国家工作人员和学校财产的主要管理者，其对国有财产的支配、使用、处置和收益一旦处理不当，不仅容易引发民事纠纷，更有可能因自己的不当行为而触犯刑法，承担刑事责任。事实上，校长在经费使用方面，特别是在校园基本建设招标方面，其权力往往不受限制，容易产生腐败。

因合同产生的民事法律关系是大学法人面临的一项重要民事关系。因合同产生的民事法律关系是《民法典》规定中的重要内容。在我国法律规定中，法定代表人是法定的唯一能够代表单位行使对外职能的自然人。《高等教育法》第三十条规定，大学校长作为大学的法定代表人对外代表学校。在大学民事法律关系中，订立合同是大学校长开展活动的重要方式，这也意味着校长是大学订立合同的唯一代表。大学既有一般性的、没有实质性内容的框架性合同，也有以支付金钱为标的的交付商品或提供服务的买卖合同、建设工程合同、技术合同等合同。在签订这些合同时，校长是签订合同的当事人。然而，一般情况下，校长可能会因为自身工作多或对一些业务不熟悉而授权分管工作的副校长代表自己签署相关合同。这些合同有些没有经过校长过目，但如果出现合同风险，需要校长承担相应的民事责任，特别是以支付金钱为标的的交付商品或提供服务的买卖合同、建设工程合同、技术合同等合同，一旦因为履行合同不善造成较大损失时，校长作为法定代表人必定承担较大的民事责任，这显然不符合权利义务一致原则。

事实上，大学校长很少出现因其履行法定代表人职责出现失职、失责而被追责问责的案例。但并不能因此而免除校长的其他责任。根据2020年出台的《中华人民共和国公职人员政务处分法》第三十九条"有下列行为之一，造成不良后果或者影响的，予以警告、记过或者记大过；情节较重的，予以降级或者撤职；情节严重的，予以开除：（一）滥用职权，危害国家利益、社会公共利益或者侵害公民、法人、其他组织合法权益的；（二）不履行或者不正确履行职责，玩忽职守，贻误工作的；（三）工作中有形式主义、官僚主义行为的；（四）工作中有弄虚作假，误导、欺骗行为的；（五）泄露国家秘密、工作秘密，或者泄露因履行职责掌握的商业秘密、个人隐私的"的规定，大学校长在掌握学校财政大权的过程中，如处置国有财产，不履行或不正确履行职责或者存在泄露因履行职责掌握的商业秘密等行为应当受到国家法律法规的制裁。

二、大学校长民事法律责任追究

大学并不具备《民法典》规定的法人全部权利，但大学校长作为大学法定代表人却要承担大学办学中出现法律纠纷的全部责任。近年来，教育部通过出台有关高校科技产业规范性文件,要求"改革高校以事业单位法人的身份直接办企业的体制",大学作为出资人代表,"以投入到高校资产公司的财产承担有限责任";要求通过"依法组建国有独资性质的资产经营有限公司"或"独资企业","由其代表学校持有对企业投资所形成的股权",并"建立产权清晰、权责分明、校企分开、管理科学的现代企业制度,成为独立享有民事权利、承担民事责任,依法自主经营、独立核算、依法纳税、自负盈亏的法人实体"。

《教育法》第三十二条明确规定:"学校及其他教育机构中的国有资产属于国家所有。学校及其他教育机构兴办的校办产业独立承担民事责任。"一方面强调大学校办产业独立享有民事权利、承担民事责任,另一方面又强调大学拥有对校办企业投资形成的股权、大学仅以投入到校办企业的财产承担有限责任,大学资产属于国家所有。不管国家如何要求校办企业转型升级,都改变不了校办企业是大学事业单位法人企业的事实,改变不了校办企业责任无限扩大与大学责任有限缩小的事实。既然大学财产属于国家,那么大学管理的校办企业又如何独立承担法律责任。这显然是"立法者对学校民事权利和责任能力的一种有意限制",大学"相对于作为举办者的政府而言,根本不能,也不应该享有完全独立的民事权利,当然也就不能独立承担全部民事法律责任","不具备法人的基本条件,也不能成为真正意义上的法人。"[①]

虽然大学并不具备完全独立法人的资格,但大学校长作为大学法定代表人,应该对大学资产管理不善引起的民事侵权而承担民事责任。《教育法》明确校长作为大学法定代表人拥有管理大学财产的权利,但这项权利与企业法定代表人管理企业财产有着本质上的区别。校长管理、使用的大学资产都是国有资产,校长并不能充分享有资产占有、使用、收益的权益,无权对国有资产做租赁、转让、抵押处置,但却可根据国家授权享有占有、支配、使用、

---

① 胡劲松,葛新斌.关于我国学校"法人地位"的法理分析[J].教育理论与实践,2001(06):19—24.

收益和间接处分权力。如果校长在学校资产管理过程中，没有尽到审慎职责，造成国有资产流失或损失，应该承担相应的法律责任。

实际上，很多大学都存在这方面的问题。如有些大学将校内房屋出租，但最终没有收回租金，或以低于市场价出租给个人利益关系人；或者在房屋建造过程中，以高于市场很多的建筑成本承包给开发商，从而损耗了国有资产；或者不该维修的建筑给予维修，不该变动房屋建筑结构的进行了改变，等等，都有可能造成国有资产流失或损失。作为法定代表人的校长，对此似乎没有相关依据要求其承担相应的法律责任或承担相应的资产损失。我们也很少看到这方面的案例。事实上，对于是否因为大学校长个人决策行为造成大学国有资产损失，在计算时没有清晰的法律条文进行确认和规范，甚至对于是否造成了损失也无法衡量。校长作为法定代表人，最多可能会因为集体决策失误而造成了大学利益的损失或损害而被约谈，更严重者给予相关纪律处分。对大学校长的纪律处分，是我们在党内法规中需要讨论的问题。

从目前情况看，校长作为大学法定代表人，承担民事法律责任的方式主要是因为侵权或违约而引起的民事赔偿或补偿。如侵害学生财产问题。在大学管理过程中，大学对学生权益的侵犯在民事上主要是违反相关财务规定实施的乱收费行为，如未经物价部门同意，擅自提高收费标准、扩大收费范围等。乱收费等情况的发现主要源于政府部门的业务检查或提出的整改措施，另外还有学生举报和社会监督，这往往成为大学自我整改的违规问题，没有上升到违法问题。违规问题主要是涉及整改，而违法问题就涉及追究相关责任人员法律责任问题。在处理这些问题时，执法部门往往又将其简化为大学收费不规范的问题，所以很少有校长因此类问题被送上被告席。在此过程中，大学作为法人，仅仅是被政府相关部门勒令返还学生费用，而没有得到更多的处罚。

同时，大学面临着学生安全事故的风险，校长也因此面临着学生在校期间受到伤害应当承担侵权责任的风险。2019年，教育部、最高人民法院、最高人民检察院、公安部、司法部五部门联合下发了《关于完善安全事故处理机制 维护学校教育教学秩序的意见》,希望通过建设学校安全法治保障体系,以法治方式维护学校的合法权益。该意见全篇渗透着法治精神,也明确了学校安全事故侵权责任的诉讼解决办法,规定"依法裁判学校安全事故侵权责任。人民法院对起诉的学校安全事故侵权赔偿案件应当及时立案受理,积极开展诉讼调解,对调解不成的,要按照《侵权责任法》和相关法律法规,参照《学生伤害事故处理办法》等规章,明确划分责任,及时依法判决;对学校已经依法履行教育、管理职责,行为无过错的,应当依法裁判学校不承担责任。诉讼调解、裁判过程中,要切实保护双方权利,杜绝片面加重学校赔偿责任的情形。最高人民法院通过发布指导性案例等方式加强审判指导。人民法院在诉讼过程中应当加强法律宣传教育,并做好判后释疑工作"。大学校长作为大学法定代表人,根据《民事诉讼法》等相关法律,应该要代表学校承担侵权相应的民事法律责任。

第六章

我国大学校长的党内法规地位

加强党内法规制度建设,"形成完备的法律规范体系、高效的法治实施体系、严密的法治监督体系、有力的法治保障体系"是中国共产党加强党的建设的重要方式和内容,也是实施依法治国方略和依法执政的必然要求,更是推进大学全面从严治党的长远之策、根本之策。探讨大学校长的党内法规地位主要基于校长的中国共产党党员身份和大学党委副书记身份。在高等教育体制下,中国特色现代大学制度对校长的法律地位的规定始终贯彻着党内法规和国家法律两条主线,而党内法规制度是确定党委领导下的校长负责制的基本主线。

第一节 党内法规是大学依法治校的重要依据

党内法规,是指中国共产党的中央组织以及中央纪律检查委员会、中央各部门和省、自治区、直辖市党委制定的规范党组织的工作、活动和党员行为的党内规章制度的总称。1990年,中共中央印发了《中国共产党党内法规制定程序暂行条例》(1990年制定,2012年修订为《中国共产党党内法规制定条例》，2019年再次修订，本书如无特别说明，均为2019年修订后的《中国共产党党内法规制定条例》），第一次正式使用了"党内法规"这一名称，并在第二条明确规定："党内法规是党的中央组织、中央各部门、中央军委原总政治部和各省、自治区、直辖市党委制定的用以规范党组织的工作、活动和党员的行为的党内各类规章制度的总称。这是中国共产党首次以党内立法的形式来规范党内法规的正式条例。"2012年的《中国共产党党内法规制定条例》在第二条继续规定："党内法规是党的中央组织以及中央纪律检查委员会、中央各部门和省、自治区、直辖市党委制定的规范党组织的工作、活动和党员行为的党内规章制度的总称。"2019年的《中国共产党党内法规制定条例》第二条规定："党内法规是党的中央组织，中央纪律检查委员会以及党中央工作机关和省、自治区、直辖市党委制定的体现党的统一意志、规范党的领导和党的建设活动、依靠党的纪律保证实施的专门规章制度。"① 党内法规的渊源主要包括章程、准则、条例、规则、规定、办法和细则。在中国共产党的发展历史上，党内法规的作用和意义重大。中国共产党十八届四中全会通过的《中共中央关于全面推进依法治国若干重大问题的决定》指出："党内法规既是管党治党的重要依据，也是建设社会主义法治国家的有力保障。"由此可以看出，党内法规既是中国特色社会主义法治体系的重要组成部分，更是推进大学全面从严治党的根本保障。目前，我国已经构建了以党章为核心的党内法规制度体系，党内生活主要领域基本上实现了有规可依。

早在中国共产党六届六中全会上，毛泽东同志就指出："为使党内关系走上正轨……须制定一种较详细的党内法规，以统一各级领导机关的行动。"② 邓小平同志提出党内法规与国家法律并重的思想，他在1978年中央工作会议上指出："国要有国法，党要有党规党法。党章是最根本的党规党法。没有党

---

① 王振民，施新州等. 中国共产党党内法规研究［M］. 北京：人民出版社，2016：1-2.
② 毛泽东. 毛泽东选集（第二卷）［M］. 北京：人民出版社，1991：528.

规党法，国法就很难保障。"① 邓小平第一次将党内法规与国家法律摆在同等重要的地位。

随着我国依法治国、依宪执政的治国理政方针的贯彻执行，党内法规制度体系作为提升国家治理体系与治理能力现代化水平的重要制度，其价值日益突出，成为中国特色社会主义法治体系的重要组成部分。2014年的《中共中央关于全面推进依法治国重大问题的决定》提出，要把"完善党内法规制定体制机制，加大党内法规备案审查和解释力度，形成配套完善的党内法规制度体系"作为"建设中国特色社会主义法治体系"的重要内容，明确提出"全面推进依法治国，必须努力形成国家法律法规和党内法规制度相辅相成、互相促进、互相保障的格局。"

党章是大学党组织发挥领导核心作用的根本法规依据。党章是中国共产党为实现党的纲领、开展党内活动、规定党内事务所规定的根本法规，是党赖以建立和活动的法规体系的基础，是党的各级组织和全体党员必须遵守的基本准则和规定，具有党内根本大法的效力。大学是事业单位法人，是公益性的社会基层组织，既要实行校长负责，更要保障党的领导。这是党章的基本要求，也是大学管党治党的根本使命。党章第三十三条第五款规定："实行党委领导下的行政领导人负责制的事业单位中党的基层组织，对重大问题进行讨论和做出决定，同时保证行政领导人充分行使自己的职权。"这对实施党委领导下的校长负责制的大学具有重要的指导意义，既是大学依法治校的法理依据，也是大学依法治校的具体体现。有学者对党委领导下的校长负责制的运行情况进行统计分析，显示"61.1%的被调查者认为状态'很好'，38.2%的被调查者认为状态'中等'，只有0.7%的被调查者做出了'不好'的回答"②。这充分说明党委领导下的校长负责制得到了充分认同。

---

① 邓小平. 邓小平文选（第二卷）[M]. 北京：人民出版社，1994：147.
② 李冲，刘世丽，苏永建. 我国大学内部治理结构与关系研究——基于教育部直属75所高校的调查与分析[J]. 大连理工大学学报（社会科学版），2018（05）：105—111.

第六章 我国大学校长的党内法规地位

党内法规是推动我国大学法人化改革和明确大学法人地位的重要制度来源。在中国共产党的执政过程中，善于将党的意志通过法定程序上升为国家意志体现了党的政治优势，也是确保中国共产党长期执政的制度要素。近年来，中国共产党通过完善党内法规体系，不断提高中国共产党的执政能力与水平，推进全面从严治党向纵深发展。《中共中央关于教育体制改革的决定》的颁布是中国教育改革与发展的里程碑。该决定提出："在加强宏观管理的同时，坚决实行简政放权，扩大学校的办学自主权"，强调"扩大高等学校的办学自主权"，从而拉开了我国大学自主办学的序幕。与此同时，该决定还明确了学校实行校长负责制和试行校务委员会作为审议机构的举措，规定"学校逐步实行校长负责制，有条件的学校要设立由校长主持的、人数不多的、有威信的校务委员会，作为审议机构"。

1992年，中国共产党第十四次全国代表大会提出把教育摆在优先发展的战略地位，这是第一次在党内文件中明确教育重要地位的文件，从而引发了全社会对教育的高度关注。随后，党中央、国务院以文件形式直接推动大学法人化制度改革。《中国教育改革和发展纲要》提出："在政府和学校的关系上，要按照政事分开的原则，通过立法，明确高等学校的权利和义务，使高等学校真正成为面向社会自主办学的法人实体。"习近平同志在2017年党的十九大报告中更是强调"优先发展教育事业"，强调"建设教育强国是中华民族伟大复兴的基础工程，必须把教育事业放在优先位置，深化教育改革，加快教育现代化，办好人民满意的教育。"党中央利用党内文件明确大学法人化改革的举措，为大学迅速获得相对独立的法人地位贡献了政党力量，并迅速将确立大学法人地位推向国家法律和行政法规层面。

第二节　大学校长的党内法规权力

"坚持党的领导是我国宪法制度设计和国家权力配置的一个根本原则,也是维护我国国体和巩固政体的内在要求。"① 无论是国家法律还是党内法规,都不能跟宪法相抵触,违背宪法基本精神。因此,坚持党的领导是我国政治体制的核心内容,是不可动摇的国之根本。在大学内部治理结构中,坚持党委在大学的领导地位和发挥党委对大学的全面领导作用,是新中国成立后加强大学领导体制的重要经验,也是我国区别于国外大学管理体制的显著特征。有学者指出,建立党委领导下的校长负责制,是"改革开放 40 年来高校内部领导体制长期探索和发展的历史选择,是中国特色社会主义高校的重要特征之一"②。

一、党委领导下校长负责制的制度演变

党内法规是明确大学党委领导地位和发挥党委领导作用的重要制度依据。从最开始强调党委领导核心地位,到强调校长负责,再到党委领导和校长负责相结合,其核心都是明确大学内部治理中的党政关系和权力问题。不管是哪种内部治理模式,党委领导始终是大学领导体制的核心要素。没有党委领导,大学发展就缺乏方向指导,校长负责就缺乏强有力的约束力量。新中国成立初期,我国大学领导体制主要借鉴苏联模式,实行"校长负责制"。随着我国政治体制改革的逐步深入,高等教育体制从政策层面的校长负责制向党

---

① 周亮. 毛泽东与"五四宪法"的国家制度构建及时代认同[J]. 湘潭大学学报(哲学社会科学版),2016(01):10-14.
② 李海萍. 改革开放 40 年中国高校内部领导体制改革审视[J]. 湖南科技大学学报(社会科学版),2018(05):119-128.

内法规和国家法律相结合规定的党委领导下的校长负责制变迁。

校长负责制（1949—1955）。校长负责制是新中国借鉴苏联高等教育管理体制的历史性产物。我国受苏联以校长为代表、以行政为主导的大学治理结构影响，于1950年4月规定："凡已由中央人民政府任命的高等学校一律实行校长负责制。"同年8月颁布的《高等学校暂行规定》规定："高等学校及专门学校采取校（院）长负责制"，明确校（院）长的职责是"代表学校"，"领导全校（院）一切教学、研究及行政事宜"，"领导全校（院）教师、学生、职员、工警的政治学习"，"任免教师、职员、工警"，"批准校（院）务委员会决议"。校长作为学校行政负责人，批准校（院）务委员会决议。1952年，国家进一步确立了校（院）长负责制。1953年，中央人民政府明确指出："中央人民政府高等教育部必须与中央人民政府各有关业务部门密切配合，有步骤地对全国高等学校实行统一与集中的领导。"此时，对大学实行校长负责制的管理体制规定主要来自政府和教育行政部门制定的政策。

党委行政协同配合制（1955—1956）。以党内文件形式明确大学党政关系始于1955年5月中央宣传部《关于高等教育工作座谈会的报告》。该《报告》指出："学校中的党组织和学校行政相互间没有领导或指导关系，但应相互帮助，密切配合，为搞好教学、办好学校而协同进行工作。"《报告》明确学校党组织和行政没有隶属、领导与被领导、指导与被指导关系，也没有从根本上否认国家政策层面规定的大学管理体制中的校长领导制。此后，以党内文件形式规定大学领导体制似乎成了一段时期的通行做法和惯例。

校长负责与党委领导下校务委员会负责制（1956—1978）。1956年，中国共产党第八次全国代表大会通过了新党章，实现了党的领导体制的重要变化。党章第五十一条规定："党的组织应当领导和监督本单位的行政机构和群众组织积极地实现上级党组织和上级国家机关的决议，不断改进本单位的工作。"党章明确指出党组织应当领导本单位的行政机构，这意味着大学的行政机构应当接受党组织领导和监督，这从根本上改变了以校长为代表的行政体系在大学管理中的重要地位，从而确立了党委在大学的领导地位。1958年9月，中共中央、国务院发布《关于教育工作的指示》指出："一切教育行政机关和一切学校应该受党委领导"；"在一切高等学校中，应当实行学校党委领导下的校务委员会负责制；一长制容易脱离党委领导，所以是不妥当的"，强调党委在大学中的领导作用。在这些思想指导下，这一时期大学出现了以党代政、党政不分的情况，校务委员会有名无实，校长作用难以发挥。

1961年9月，中共中央在总结新中国成立12年来高等教育经验和教训的基础上，发出《关于讨论和试行教育部直属高等学校暂行工作条例（草案）的指示》，随后批转了《教育部直属高等学校暂行工作条例（草案）》，这意味着大学管理体制有了新调整。《教育部直属高等学校暂行工作条例（草案）》规定："高等学校的领导制度，是党委领导下的以校长为首的校务委员会负责制。高等学校的校长，是国家任命的学校行政负责人，对外代表学校，对内主持校务委员会和学校的经常工作"；"高等学校设立校务委员会，作为学校行政工作的集体领导组织"，"校务委员会在校长的主持下，讨论和决定学校工作中的重大问题"，"学校工作中的重大问题，应该由校长提交校务委员会讨论做出决定，由校长负责组织执行。"该规定明确了校长作为行政负责人应该担负的行政职责。同时，"高教六十条"还规定："高等学校的党委会，是中国共产党在高等学校的基层组织，是学校工作的领导核心，对学校的工作实行统一领导。高等学校中，它的领导权力应该集中在党委会一级，不应该分散。""学校党组织应该善于发挥学校行政组织和行政负责人的作用，不要包办代替。"这一时期，学校在党委统一领导下，党政分工明确，校长作用得到了充分发挥。1966年以后的"踢开党委闹革命"，使"革命委员会"成为大学的权力机构，实行"革命委员会制"下党的"一元化领导"，从根本上否定了党委领导，剥夺了校长的权力，使党对大学的领导遭到严重破坏。1971年4月，中共中央批转的《全国教育工作会议纪要》再次强调："学校实行党的一元化领导，在党委的统一领导下，充分发挥工宣队的政治作用：

革命委员会是权力机构。"

党委领导与校长分工负责制（1978—1989）。"文化大革命"结束后，国家教委于1978年重新修订了"高教六十条"，颁布的《全国重点高等学校暂行工作条例（试行草案）》规定："高等学校的党委会，是中国共产党在高等学校中的基层组织，是学校工作的领导核心，对学校工作实行统一领导。""高等学校的领导体制，是党委领导与校长分工负责制。""学校的教学科学研究、后勤工作的重大问题，一定要经党委会做出决定后，由校长负责组织执行。……学校党委会要支持以校长为首的全校行政指挥系统行使职权，并监督检查他们的工作"，明确"校长是国家任命的学校行政负责人"。该条例取消了具有决策权和执行权力的校务委员会，提出设立专门的学术委员会，"在校长或副校长的领导和支持下，对学校教育事业发展规划，科学研究工作和研究生培养工作中的重大问题提出建议。"从此，党内法规规定党委是学校工作领导核心的领导体制就明确下来。

1985年5月，中共中央颁布《关于教育体制改革的决定》，要求"学校逐步实行校长负责制，有条件的学校要设立由校长主持的、人数不多的、有威信的校务委员会，作为审议机构"；要求学校党组织"从过去那种包揽一切的状态中解脱出来，把自己的精力集中到加强党的建设和加强思想政治工作上来"。《关于教育体制改革的决定》对于理顺大学党政关系，加强行政权力有着重要的促进作用，是中国教育改革与发展的里程碑文件。1988年4月，国家教委下发《关于高等学校逐步实行校长负责制意见》，要求高校建立校务委员会、教职工代表大会。

党委领导下的校长负责制（1989年以后）。1989年8月，中共中央、国务院转发国家教委《关于当前高等学校工作中几个问题的意见》指出："在今后一个相当长的时期，高等学校仍实行党委领导下的校长负责制。"这是对大学实行党委领导下校长负责制的首次精练表述。1990年7月，中共中央颁布《关于加强高等学校党的建设的通知》，再次以中央文件形式规定"高等学校实行党委领导下的校长负责制"；"要充分尊重和发挥校长在学校的重要作用"，要求党委"应以主要精力研究学校的重大方针、政策问题，加强党的建设和思想政治工作，支持行政领导充分行使职权，力戒包揽行政事务"；要求实行校长负责制试点的学校"党委要发挥政治核心作用。坚持党管干部的原则，全面领导学校的思想政治工作，参与对教学、科研和行政管理工作重大问题的决策"。但参与到什么程度，通知并没有做出明确规定。

1993年2月，中共中央、国务院颁布的《中国教育改革和发展纲要》指出，大学"必须坚持党对教育工作的领导，坚持教育的社会主义方向"，要求采取综合配套、分步推进的方针，加快步伐，改革包得过多、统得过死的体制，逐步建立起与社会主义市场经济体制和政治体制、科技体制改革相适应的教育新体制。1993年出台的《关于新形势下加强和改进高等学校党的建设和思想政治工作的若干意见》指出："高等学校原则上实行党委领导下的校长负责制，经过上级党组织批准的少数高校可以继续进行校长负责制的试点，这些高校党委应充分发挥政治核心作用。"

1996年制定的《普通高等学校基层组织工作条例》第三条规定："高校实行党委领导下的校长负责制。高校党的委员会（以下简称高校党委）全面领导学校工作，支持校长按照《中华人民共和国教育法》的规定积极主动、独立负责地开展工作，保证教学、科研、行政管理等各项任务的完成。"1998年8月，《高等教育法》非常明确规定了"国家举办的高等学校实行中国共产党高等学校基层委员会领导下的校长负责制"。2010年修订的《中国共产党普通高等学校基层组织工作条例》再次确定校党委统一领导学校工作，支持校长依法行使权力。

《国家中长期教育改革和发展规划纲要（2010—2020年）》强调："公办高等学校要坚持和完善党委领导下的校长负责制。"教育部《关于全面提高高等教育质量的若干意见》第二十一条提出，"完善中国特色现代大学制度，落实和扩大大学办学自主权，配合有关部门制定并落实坚持和完善普通高校党委领导下的校长负责制实施办法,健全党政议事规则和决策程序,依法落实党委职责和校长职权等"。这是我国在政府文件中第一次明确提出大学要在治理过程中构建党委权力、行政权力、学术权力、民主权力等多元权力体系。

2014年7月,国家教育体制改革领导小组办公室出台了《关于进一步落实和扩大大学办学自主权 完善大学内部治理结构的指导意见》,要求各高校从"坚持和完善党委领导下的校长负责制""保障学术组织相对独立行使职权""完善校内民主管理和监督机制""健全社会参与监督机制""健全以章程为统领规范行使办学自主权的制度体系"等几方面完善内部治理结构。2014年10月,中共中央办公厅印发《坚持和完善普通高等学校党委领导下的校长负责制的实施意见》,强调"党委领导下的校长负责制是中国共产党对国家举办的普通高等学校领导的根本制度,是高等学校坚持办学方向的重要保证,必须毫不动摇、长期坚持并不断完善"。以"根本制度"来规定大学的领导体制,这对坚持和完善党委领导下的校长负责制,加强大学党的建设和完善中国特色现代大学制度提供了重要依据。2016年出台的《关于加强和改进新形势下高校思想政治工作的意见》规定,高校党委对本校工作实行全面领导,履行管党治党、办学治校的主体责任,切实发挥领导核心作用。

二、党委权力与校长权力的系统配置

有学者指出:"从权力结构的视角来看,在高校管理系统中,党委权力处于目标决策层,也就是权力结构的最高层,对高校发展的战略全局和根本性问题负有决策的权力和责任。"[①] 我国大学党委对大学的核心领导、全面领导既来自法律授权,也有来自执政党党内法规的授权。在国家和执政党发布的很多文件中,都强调党委要加强对高等教育工作的领导,确保党委对大学工作的话语权。

---

① 吴敬东.完善高校党委领导下的校长负责制的思考与建议[J].湖北社会科学,2016(06):168—171.

在大学内部治理过程中，存在的最大问题是党政权力难分，以党代政的现象比较明显和普遍，特别是"传统上对高校党委'管大事、管方向、管决策'的简单认识（并非不正确），极易走进党委只有'总揽全局、决策大事、把握方向'而不负责管理具体事务或具体领域的认识与实践误区，导致党委在高校的领导管理实践中出现在决策权力上'大权独揽'、在负责事务上'避实就虚'、在事务管理上'直接放手（给学校行政）'、在责任承担上'推卸干净（到学校行政）'等不良倾向（所谓的'领导的不负责'现象）"①。解决这一问题的关键在于在法律规定中对党委和校长权力做出明确界定。直接规范大学党委和校长权力的文件主要是国家法律层面的《高等教育法》、党内法规层面的《普通高等学校基层组织工作条例》和《关于坚持和完善普通高等学校党委领导下的校长负责制的实施意见》。这几个文件关于党组织的党建职能和组织领导并无明显区别，但在党政关系及职权划分上却存在明显不一致的地方。

《高等教育法》第三十九条以国家法律的形式规定："国家举办的高等学校实行中国共产党高等学校基层委员会领导下的校长负责制。中国共产党高等学校基层委员会按照中国共产党章程和有关规定，统一领导学校工作，支持校长独立负责地行使职权。"把党委领导下的校长负责制作为大学的内部领导体制通过法律确定下来，并对党委和校长的职责做出具体规定，体现了国家对大学管理体制的高度重视。《教育法》《高等教育法》等国家法律明确学校党委讨论决定包括基本管理制度在内的重大事项，党内法规明确学校党委审议确定基本管理制度，讨论决定包括国家法律规定的校长负责的教学、科研、行政管理中的重大事项。这些规定在表述上具有相似性，其区别也比较明显。根据党员和党组织必须在宪法和法律规定的范围内活动的原则，《高等教育法》效力高于党内法规《普通高等学校基层组织工作条例》《关于坚持

---

① 陈金圣.关于高校党委领导权责及其实现问题的思考——对《高校党委领导下的校长负责制实施意见》的解读和增补［J］.复旦教育论坛，2015（05）：11—18.

和完善普通高等学校党委领导下的校长负责制的实施意见》。然而，在具体执行过程中，这些文件均没有明确规定何为"重大事项"，对"重大事项"的决策程序也缺乏具体规定，这容易导致党政权责不清、分工不明、权力运行不畅等问题。正是由于我国法律依据不明确和制度安排不完善等问题，校长负责制并不能有效保障校长行使权力。

虽然从国家层面没有对此进行明确规定，但一些地方性规章制度却有所创新。湖南省通过印发《高等学校实行党委领导下的校长负责制实施办法》，明确了党委的领导职责、校长的职权、党委领导下的校长负责制的工作原则及要求、重大事项的决策与实施、会议制度和议事规则、监督检查等内容，特别是通过对重大事项决策程序和一般事项决策程序进行划分，促进了湖南高等教育事业持续健康发展。不管怎样，大学校长都要不断加强决策执行者的角色意识，在党委领导下，最大限度发挥"校长负责"的作用。

三、党委书记与校长的关系处理

党委领导下的校长负责制，在党委领导和校长负责两套系统中衍生出党委系统和行政系统两个管理体系，产生了党委和行政两个"一把手"概念，这是我国大学领导体制中独具特色的管理制度。一个独立组织有两个平行级别的一把手，彼此缺乏层级和隶属关系，难免会出现党委决策对校长不具有强制性、约束力的情况。特别是在势均力敌的两方势力中，有可能导致党委决策在校长办公会上得不到执行，校长办公会意见不经过党委会讨论决定，从而形成既互不干涉，又互不买账，或互相扯皮的现象，影响大学的运行效率，阻碍大学的发展。

在党委书记与校长的权力资源分配中，由于制度过于宽泛容易导致理解上的模糊和实践操作上的冲突。在大学行政事务中，校长作为行政首长负责大学行政事务的职责得到了法律确认；党委书记作为大学所有事务第一责任人，对大学发展负有第一位责任，这在党内法规中得到了确定。《高等教育法》规定党委"统一领导学校工作",虽明确的是党委的集体领导,但在党委书记具有较大话语权的党委领导体系中,实际上赋予了党委书记在大学一切工作中的"一把手"地位,而校长作为"高等学校的法定代表人",同样是"全面负责"学校工作的"一把手"。从法律上分析,校长作为大学的法定代表人,依照法律或者大学章程,代表大学行使对内对外的法定职权,是法律框架内的大学"一把手"。"高校的一切法律文件,只有经校长或受校长委托并有权代表校长的人员签署才能发生法律效力,在这个意义上,他是法律框架内的学校'一把手'。"[1] 在面临法律问题时,只有校长有资格以法定代表人身份代表学校参与法律活动,承担法律责任。这种政治体制上与法律上的矛盾在依法治校的进程中表现得更加突出与明显。

在党委书记与校长的关系处理中,容易出现党委书记"第一责任"与校长"法定责任"的冲突。如果党委书记不过问校长负责的行政事务,既难以保证党委书记对大学事务的全面了解与掌控,又不符合党内法规规定的党委实施"全面领导"的制度安排。在我国教育法律中,对此问题没有制定相应的解决条款,也没有开展责任追究的相应规定,更多的是依靠上级部门的居中调解或组织处理。一个单位存在两个一把手,"在实际执行上容易形成领导体制上的二元结构""机构重叠、效率不高和校长虚置现象""行政化倾向和官本位思想"[2],特别是当校长与书记的意见不一致时,这种不协调就会发展成为学校内耗的根源,妨碍学校的发展。事实上,这种现象在一些大学已经出现。湖南某大学的党委书记和校长在学校管理方面存在较大分歧,各干各的活,学校重大事项的决策要么是党委书记说了算,要么是校长说了算,这样的局面不仅严重影响到党委班子与行政班子之间的团结,也影响到学校工作的顺畅开展,更严重损害了党委领导下的校长负责制的实施严肃性。

---

[1] 龙宗智.依法治校与大学领导体制的改革完善 [J].北京大学学报(哲学社会科学版),2005(01):140—146.

[2] 张小娟.坚持和完善高校党委领导下的校长负责制 [J].中国高教研究,2005(06):89—90.

在坚持党的领导的大前提下,大学党委书记与校长的权力并不存在必然的冲突,其目标都是为了推进学校的健康发展。《关于坚持和完善普通高等学校党委领导下的校长负责制的实施意见》构建了党委与行政之间的协调机制,这个机制解决了党委书记、校长和领导班子成员意见出现分歧后如何协调处理的问题,但这在现实中很难落实到位,其根本原因在于党委书记与校长存在分歧或者发生矛盾时,没有一个权威机构对此进行客观评价,从而有效解决双方的矛盾。一些党委书记和校长在工作方面的不正常关系虽然引起了社会的强烈反响,但没有一个权威机构对两人谁是谁非出具一个定论,两人不正常的关系是否对学校发展造成了不良影响,也没有相关部门去追究。事实上,党委书记与校长关系处理不当不仅对学校声誉造成了不良影响,更会严重影响大学的发展,影响社会对大学的评价。这对师生员工造成的损害是实质上的,但这种实质性损害由于无法精准计算损害结果以致无法进行追责问责。

更重要的是,对于不特定人的损害,在我国行政与党内追责问责体系中,并没有规定谁能代表这些不特定的人对党委书记或校长追责问责。对一些公共事件所造成的不良影响或对他人造成的损害,国家法律规定可以通过公益诉讼的形式寻求法律援助和救济,以维护人民群众的根本利益。因此,我们可以借鉴公益诉讼的模式,在大学不特定人员的利益受到严重影响的,通过大学相关利益主体的申诉、检举、控告等,对党委书记或校长的不当行为展开追责问责。作为教育行政机构,应当接受这种申诉、检举或控告,启动追责问责机制,以警示大学党政主要领导正确行使国家法律和党内法规授予的工作职权。

《高等教育法》没有明确党委书记和校长两者关系如何处理,但党内法规明确重大事项在上党委会之前,党委书记和校长应进行充分沟通与协调,基本达成一致意见后再上会讨论。如果两人关系处理不当,对彼此分管的工作互不配合、支持,党委会如何召开,如何做决策,在党内法规与国家法律中都没有明确规定,这样的情况势必影响学校工作的正常开展,一些部门规章或地方性规章对此做了明确规定。2013年,教育部党组《关于进一步加强直属高等学校领导班子建设的若干意见》在党委书记与校长关系处理上,强调"领导班子成员特别是党委书记和校长之间要经常交流思想,沟通情况,交换意见""党委书记和校长要以宽阔胸襟发扬民主""领导班子成员特别是党委书记和校长要强化决策执行意识"等,以完善中国特色现代大学制度,加强大学校级领导班子建设,但这种原则性话语,对大学党政关系处理并没有很大的约束力。《湖南省高等学校实行党委领导下的校长负责制实施办法》第五章"工作原则与基本要求"第九条明确了实行党委领导下的校长负责制要坚持"集体领导,会议决定""校长负责,民主监督""群众参与,科学决策""依法治校,规范管理"等基本工作原则,在第十条明确"应建立领导班子成员定期沟通机制""班子成员之间,特别是党委书记与校长应经常互通情况,交流思想。"第六章"议事规则与决策制度"第十五条更是明确"党委(常委)会议的议题由党委书记与副书记和有关委员(常委)商定提出。若校长不是中国共产党党员,应征求校长的意见。意见不一致时,应暂缓将议题提交党委(常委)会议讨论"。该实施办法同时还明确,"党委(常委)会议在讨论决定重大问题和干部任免、奖惩等事项时,必须书记、校长同时参加会议"。虽然国家法律并没有规定党委书记与校长关系如何处理,但我们认为,在党章和国家宪法明确"党是领导一切的"的前提下,各省、自治区、直辖市等地方人大常委会可以根据《中华人民共和国立法法》(2000年制定,2015年修正)、《国家中长期教育改革和发展规划纲要(2010—2020年)》"各地根据当地实际,制定促进本地区教育发展的地方性法规和规章"的有关规定,依照法定权限和程序,先行制定地方性法规对此进行明确规范。在地方性法规取得明显成效的时候,再通过国务院制定行政法规或由中共中央制定党内法规进一步规范,以构建党委书记与校长关系处理正常化的长效机制。

176

四、党内法规对校长任免权限的制度规定

法国国立大学校长由政府任命，英美校长多由董事会聘任，德国大学校长多由评议会选举，我国大学校长的任免权在上级组织。《高等教育法》第四十条规定："高等学校的校长，由符合教育法规定的任职条件的公民担任。高等学校的校长、副校长按照国家有关规定任免。"这个有关规定主要就是《党政领导干部选拔任用工作条例》（2002年制定，2013年、2019年修订）和《事业单位领导人员管理规定》（2015年制定）。《高等教育法》强调校长由《教育法》规定的符合任职条件的公民担任，而《教育法》对校长任命资格仅规定为在中国境内定居的中国公民，其他笼统为按照国家有关规定办理。两个关于教育和高等教育的基本法律，都没有明确大学校长如何进行任免的问题。

"党管干部"是中国共产党的优良传统和重要原则，我国对大学校长的选拔任用坚持了党管干部的原则。党内法规与国家法律都有各自调整对象，越权即无效。由于大学校级领导都属于领导干部，按照党管干部的原则，领导干部的选拔动议、民主推荐、提名考察、讨论决定等程序都由党内法规进行调整和规定，这些党内法规包括《中国共产党章程》《党政领导干部选拔任用工作条例》《党政领导干部职务任期暂行规定》《公开选拔党政领导干部工作暂行规定》等，也包括与大学直接相关的，由教育部党组2013年出台的《关于进一步加强直属高等学校领导班子建设的若干意见》《关于在直属高等学校试行公开选拔副校（院）长的通知》等一系列文件和规定，这些规章制度为选拔校长提供了政策依据。2000年，中组部、人社部和教育部等联合下发的《关于深化高等学校人事制度改革的实施意见》，明确了选拔校级领导干部的原则性条件，特别强调党委书记和校长的选拔条件。在制度设计上，我们开始引入竞争机制，以不同形式选拔校级领导干部，但在实践操作上却存在一定的困难。

大学校长作为党管的高级干部，其选拔程序复杂。2017年以前，主要依据的是《党政领导干部选拔任用工作条例》（2017年制订，2019年修订，本书如无特别说明，均为2019年修订后的《党政领导干部选拔任用工作条例》）。该工作条例明确了干部的选拔任用条件、程序等，贯彻了"党管干部"原则，但从第四条"本条例适用于选拔任用中共中央、全国人大常委会、国务院、全国政协、中央纪律检查委员会工作部门或者机关内设机构领导成员，最高人民法院、最高人民检察院领导成员（不含正职）和内设机构领导成员；县级以上地方各级党委、人大常委会、政府、政协、纪委、人民法院、人民检察院及其工作部门或者机关内设机构领导成员；上列工作部门内设机构领导成员。选拔任用民族区域自治地方党政领导干部，法律法规和政策另有规定的，从其规定"的规定来看，其适用范围并不包括大学副处级以上领导干部，也不包括校级领导干部，更没有明确大学规定参照执行。修订后的《党政领导干部选拔任用工作条例》第四条再次明确规定："本条例适用于选拔任用中共中央、全国人大常委会、国务院、全国政协、中央纪律检查委员会工作部门领导成员或者机关内设机构担任领导职务的人员，国家监察委员会、最高人民法院、最高人民检察院领导成员（不含正职）和内设机构担任领导职务的人员；县级以上地方各级党委、人大常委会、政府、政协、纪委监委、法院、检察院及其工作部门领导成员或者机关内设机构担任领导职务的人员；上列工作部门内设机构担任领导职务的人员。选拔任用参照公务员法管理的群团机关和县级以上党委、政府直属事业单位的领导成员及其内设机构担任领导职务的人员，参照本条例执行。上列机关、单位选拔任用非中共党员领导干部，参照本条例执行。选拔任用民族区域自治地方党政领导干部，法律法规和政策另有规定的，从其规定。"我国对于大学校级领导干部的选拔任用基本上都参考了《党政领导干部选拔任用工作条例》，大学对于内设机构负责人的选拔任用也参照了该规定。教育部党组《关于进一步加强直属高等学校领导班子建设的若干意见》明确了大学校长应有较强的行政管理能力、宽广的学术视野和国际视野，强调要形成领导班子年龄、经历、专长、性格互补的合理结构，强调坚持多种选拔任用方式并举，构建有效管用、简便易行的选人用人机制，明确了党政领导班子任期制，强调推进跨校之间、跨校地之间的干部交流，明确了对领导班子和领导干部的考核办法。该若干意见是对大学领导班子选拔、任用等相关事项进行具体规定的制度，对于深化大学干部人事制度改革具有重要的指导意义。

《中国共产党普通高等学校基层组织工作条例》是大学开展党建工作的党内基本法规，对大学内部相关层次的领导机构和领导干部的选拔任用做了相关规定，但没有关于校级领导干部的选拔任用规定。2015年，中共中央办公厅印发了《事业单位领导人员管理暂行规定》，其第二条第一款规定了该文件的适用对象，即为"省级以上党委和政府直属以及部门所属事业单位领导班子成员，省级以上人大常委会、政协、纪委、人民法院、人民检察院、群众团体机关所属事业单位领导班子成员"。教育部直属大学应是该文件规定的适用范围，一些省级教育行政部门直管的高职高专也属于该范围，除此之外，似乎都不在这个范围之内，但该条第二款列了另外一种情形，即"党内法规和法律法规对事业单位领导人员管理另有规定的，从其规定"。对大学而言，中组部2017年颁布的《高等学校领导人员管理暂行办法》就是这种例外规定，第二条第一款明确"本办法适应于国家举办的普通高等学校领导班子成员"，但在第二款又规定"法律法规对高等学校领导人员管理另有规定的，从其规定"。让我们无法理解的是，国家法律和党内法规都没有非常明确规定大学领导干部的选拔任用，更没有规定到校级领导干部，而是以一种兜底条款的形式，指出"另有规定的，从其规定"来对事业单位领导人员进行管理，这个规定到底是什么规定，均没有明确。不管怎样，《高等学校领导人员管理暂行办法》规定了大学领导人员任职条件和资格、选拔任用程序、任期和任期目标责任、考核评价、职业发展和激励保障、监督约束、退出等，这成为大学领导班子选拔任用和管理的主要党内法规。

选拔任命大学主要领导是目前执政党加强对大学领导层建设的重要体现，是加强对大学的政治与行政领导的重要途径。我国校长选拔体制是由上级部门提名、考察、推荐、任命，贯彻的是党组织意图。从落实和扩大大学办学自主权的角度而言，大学治理的主体除了政府以外，还包括其他利益相关者，这些利益相关者试图通过大学校长选拔来影响自身在大学的利益。如何既能确保党委对大学工作的领导，体现党对干部工作的领导，又能发挥大学办学自主权，让大学对校级领导干部的任免有一定的话语权？受到广泛争议和舆论关注的重庆大学原校长林建华调任浙江大学校长，这一事件充分说明了大学及大学相关利益主体在校长人选任命上有强烈的参与愿望。这种参与表达了公众强烈的利益诉求，渗透的是社会民主意识，有利于大学选拔出适合大学特点的校长，有利于巩固校长行使权力的民意基础。

虽然国家法律和党内法规都没有规定校长政府官员的身份，但我们通过大学校长在大学与地方之间的交叉任职就可以看出，校长事实上等同于或被认同为具有政府官员性质的行政主体身份。大学的事业单位法人性质与政府的行政机构性质本身是两套管理系统，大学没有参照公务员管理，不属于公务员序列，而行政机构实行公务员管理，属于国家机构工作人员，但我国法律和党内法规规定在大学管理人员取得副处级以上领导职务后，在干部任免上就实现了融会贯通，依规定可以相互交流与任免。我国对大学校长选拔任用参照《党政领导干部选拔任用工作条例》，从而出现了地方党委、政府和大学之间干部相互交流任职情况。如 2013 年 11 月，清华大学原党委书记胡和平从任上出任浙江省委常委、组织部部长，再到陕西省委副书记、陕西省省长、陕西省委书记；陈吉宁 2015 年 1 月从清华大学校长任上出任环境保护部部长，2017 年 5 月任北京市委副书记，副市长、代市长；武汉大学校长李晓红 2016 年 11 月调任教育部副部长，中国工程院党组书记；2015 年就任中国人民银行副行长的陈雨露，是当时央行最年轻的副行长，此前曾任北京外国语大学、中国人民大学校长。这些大学校长进入国家部委担任高级领导职务，其娴熟的专业知识对于其从事政府管理工作具有重要保障作用。

实现大学与地方之间的交流任职有利有弊。大学校长担任地方职务，可以快速提高地方决策的专业化水平，却也会让大学损失专业型人才，更有可能让没有地方管理经验的校长在地方管理事务中一事无成，而地方官员进入大学，可以强化大学的科层制管理，提高大学的行政管理效率，融洽大学与地方的关系，但也让大学的官僚主义色彩更加浓厚、行政化倾向更加明显，特别是一些地方官员并不从事学术研究，对学术研究的重要性认识不足，容易损害大学的学术自由。

根据党内法规，贯彻党管干部原则，通过党的组织程序对大学校长任免进行规范，这并不违反国家有关法律原则，但我国党内法规对校长任期制的规定有待商榷，这种商榷本身与党内其他干部的任期制无关，仅是出于大学校长岗位的特殊性而言。任期制是对大学校长任职期限和任职届数严格界定的一种制度。美国大学校长任期一般为5—7年。法国大学校长任期一般为5年，不得连任。《关于深化高等学校人事制度改革的实施意见》提出"探索实行高等学校领导班子和领导人员任期制"，并将任期内的"考核结果作为对领导人员奖惩和任用的重要依据"。但《关于坚持和完善普通高等学校党委领导下的校长负责制的实施意见》只是提出了探索性意见，并没有实际规定任期年限。《事业单位领导人员管理规定》第二十二条规定了事业单位领导人员实行任期制，明确任期一般为三至五年，在同一个岗位连续任职一般不超过十年，工作特殊需要的，按照干部管理权限经批准后可以适当延长任职年限。从理论上看，大学校长并不属于工作特殊需要的范畴，所以，根据这个管理规定，正常情况下校级领导干部的任期不得超过十年。据统计，我国大学校长平均任期为4.1年，其中北京大学、清华大学、中国人民大学、浙江大学等8所大学校长任期平均为5.9年。美国校长任期并没有明确限制，哈佛大学、耶鲁大学、普林斯顿大学校长平均任期约14年，其中哈佛大学艾略特担任校长40年，耶鲁大学校长最长任期29年，普林斯顿大学校长最长任期

31年。

　　另外,大学校级领导干部的年度考核也突显了干部评价的局限性。目前,对大学校级领导班子和领导人员的考核主要分为年度考核和任期考核,其中尤以年度考核最为常见。我国对大学校级领导干部年度考核的规定主要来自党内文件《事业单位领导人员管理规定》等文件,但这些文件仅明确对领导班子和领导人员进行考核,没有明确是对党委班子还是行政班子的考核。在年度考核的实际操作中,既有对以党委书记为班长的党委班子的考核,也有对党委委员个人的考核,唯独缺失对以校长为负责人的行政班子的考核,也没有对校级行政班子成员的个人考核,对个别非中国共产党党员的副校长的考核也合并在对党委班子成员的考核中。在考核中,主要通过召集一定范围内人员参加考核述职会议,听取党委书记代表党委做党委年度工作口头述职报告,党委书记和校长个人做年度口头述职报告,其他班子成员做书面述职报告,开展对校级领导干部德、能、勤、绩、廉等情况的综合评价,包括非中国共产党党员的校级领导,也一并参加年度考核。这种考核没有将党委班子年度工作情况和行政班子年度工作情况分开进行,与《教育法》《高等教育法》等国家法律和党内法规明确的党委会职责和校长办公会职责、党委书记职责和校长职责存在着严重的分离。换句话说,如果参加年度考核人员对以党委书记为代表的党委把握学校发展大局等情况满意,而对以校长为代表的校级行政班子执行党委决策不满意,或对以校长为代表的校级行政班子执行党委决策满意,而对党委把握学校发展大局等情况不满意,就不得不选择一种方式进行评价,即只有满意或不满意的选择。这种情况在理论上是有可能存在的。因此,将两者分开考核虽然增加了工作难度,但有利于客观评价两套班子的工作情况,这一考核模式值得探索,特别是在党委书记与校长并不能和谐共事的前提下,分开考核更显必要。

　　考核结果的运用效果也不太理想。《事业单位领导人员管理规定》第二十七条规定:"考核评价结果应当以适当方式向领导班子和领导人员反馈,并作为领导班子建设和领导人员选拔任用、培养教育、管理监督、激励约束、问责追责等的重要依据。"但以什么样的反馈方式为适当，在什么场合公开，结果如何运用，在规定中都没有明确。一方面，考核结果不公开，势必影响考核的公平公正性。考核结果除了上级组织和学校党委书记等少数人掌握外，其他人并不知情，特别是对参加考核评价的人员，会让他们对如何公平、公正、客观评价班子或干部没有多大兴趣，导致评价的随意性；另一方面，考核评价结果也没有运用到干部具体的评价上，影响对领导干部评价的激励和约束效果，对师生反映比较强烈的干部存在的问题，包括校领导在内的其他人员都无法做到善意提醒或开展精准监督。

我国大学校长不是公务员，也不属于政府的高级雇员，其本身具有的专业性和从事管理的专业性才是校长应该具有的根本特性。作为一个校长，其专业性不仅仅包括学术方面的专业知识，更应该具有从事校长管理工作的管理专业知识，掌握教书育人的发展规律。以三至五年为一届任期来作为校长一个任期年限，而且规定在同一岗位连续任职一般不超过十年，这与教育发展规律有着差异性。教育是个长期事业，对教育规律的了解需要一个过程，而熟悉教育规律之后才能使教育管理更加到位。让校长在一个岗位上最多任职十年，既有可能浪费校长内在的专业性资源，也不利于学校的长远发展，但让校长长时间在一个岗位上工作，又有可能出现滥用权力、产生腐败的社会后果。我国现在实行轮岗或交流形式，让校长在不同的岗位上发挥作用，如让校长担任党委书记或调任其他大学担任校长或党委书记。由于每个学校的情况不同，新到一个岗位又需要熟悉新的情况，这样也不利于校长干事创业和学校发展。

第三节 大学校长的党内法规责任

"现代大学制度是以法律为基础的制度,从法律的角度来看,分权与问责是现代大学制度建构中的核心问题。"[①] 责任产生于自愿行为或某些法律规则的强制力。大学校长违反党内法规的责任是指大学校长因违反党内法规所规定的特定义务而承担的不利后果,这种后果就是党内责任追究。作为岗位身份的校长,其在行使校长职权时是学校法定代表人,对学校改革与发展负有主要领导责任,校长如果在这些过程中因失职渎职造成了学校的损失和不良影响,首先不是追究其个人违纪应该受到的处分问题,而应该启动的是党内追责、行政问责机制。

一、大学校长党内法规责任追究的现状与问题

厘清权力、责任、担当之间的关系,把权利和义务、责任和担当统一起来,把问责作为从严治党利器,强化问责,是党中央治国理政、管党治党的鲜明特色。习近平总书记反复强调,有权必有责、有责要担当、用权受监督、失责必追究。问责制起源于公共行政领域,党内问责来自执政党内的纪律规矩。党内责任追究是指党的各级组织及党员尤其是党员领导干部在行使党内权力和公共权力的过程中,由于故意或者过失,不履行或者不正确履行党赋予的法定职责而影响执政秩序和执政效率,损害党员和公众的合法权益,给党和国家造成不良后果和负面影响的行为,依照程序应该受到党内法规设定的责任追究的制度。党内问责主要是要着力解决一些党组织和党的领导干部

[①] 周光礼. 公共政策与高等教育——高等教育政治学引论 [M]. 武汉:华中科技大学出版社,2010:174.

存在的党的领导弱化、党的建设缺失、全面从严治党不力、党的观念淡漠、组织涣散、纪律松弛、不担当、不负责等突出问题。

与"党委'集体担责'的特殊性,一方面折射出对高校党委追责问责的技术与制度难度,另一方面也凸显了追责问责于党委集体的必要性"①,不同的是,对大学校长的追责问责突显了对个人责任追求的价值。对大学校长的党内问责主要是针对校长权力失控而实行的一种责任追究制度。大学校长作为大学的最高行政领导,接受组织任命,行使公共权力,是推进大学全面从严治党的重要力量,对大学行政班子的党风廉政建设情况负有主要领导责任。随着形势任务发展变化,我国大学的监督主体比较分散、监督责任不够明确、监督制度操作性和实效性不强等问题不断显现,需要通过明确责任、完善制度,推动管党治党由宽松软走向严实硬。校长作为大学"关键少数"中的"关键少数",如果不对其权力行使进行有效监督,随着校长在岗位的时间越长和对学校的控制权和决策权越大,各方面对校长的监督与制衡就会越来越弱,校长极易变得强调个人权力而不重视个人责任。这样的状况将影响学校的发展。有学者认为:"公共权力的实质是公共责任"。因此,校长在行使公共权力时,必然要承担相应的责任。要实现对大学校长权力的监督制约,必须依赖一整套制度体系。当前,从监督的现实情况看来,对大学校长行使权力进行监督的水平和效果并不理想,主要在于对大学校长开展问责的制度依据缺失且针对性不强,"甚至在《教育法》这样的严肃性法律文本中都只有对校长的赋权规定,而很难,甚至根本找不到关于校长应该承担什么样的责任的说明。"②

党的十八大以来,党内问责已经成为加强纪律建设、推动全面从严治党、净化政治生态的重要手段。大学是党治国理政的一个重要领域。"党委领导下

---

① 陈金圣.关于高校党委领导权责及其实现问题的思考——对《高校党委领导下的校长负责制实施意见》的解读和增补[J].复旦教育论坛,2015(05):11—18.
② 鲍传友.校长负责制下的校长权力大小及其规约[J].教育科学,2004(04):51—53.

的校长负责制是一个比较理想的领导体制,但是在实施过程中由于校长权力失衡容易使校长权力滥用,导致教育腐败,这种背离了校长负责制初衷的现象主要是由于对校长权力的监督不力造成的。"① 如何构建科学合理的大学问责机制,特别是建立对大学校长失职渎职问题的问责机制,应是国家法律和党内法规必须回应的问题。

《高等教育法》规定了校长的权力,但没有明确校长行使权力应承担的相应责任。根据权责对等原则,校长除要向党和政府承担与其权力范围相对应的法律责任外,也要承担大学法定代表人行使职责和校内其他人员接受委托或授权从事职责范围内的工作失职渎职的法律责任和党内法规责任。在法律没有完全区分大学党政关系的前提下,党委与校长在一定程度上是利益共同体,党委的政治权力与校长的行政权力并不存在目标上的差异性,其权力运用与行使都是为了促进大学健康可持续发展,因此,两者都要为党委或行政的决策承担相应责任。事实上,我国对校长的责任追究并没有落到实处和起到应有作用,这主要在于受教育主体没有意识到自己有权力及义务对校长的不当行为进行问责,校长也没有树立责任追究意识,很少有校长为自己的不当行为承担相应的法律后果。同时,我国关于大学党政岗位职责不清晰,特别是岗位设置并没有明确的法律依据,容易造成有权无责、有责无权、职能交叉重叠现象。目前,对校长权力使用缺乏权威的法律法规评价和规范,"决策者的权责结构失衡,权力太大而责任太小,决策者几乎不用为决策失误付出任何代价"②。

制度是约束权力的最好保障。责任追究首先在于明确责任范围、界定权力边界、完善追究程序、制定相关依据、加大问责力度,实现责任追究的制度化、规范化和法律化。责任追究的前提是建立健全岗位职责,明确领导干

---

① 刘芳,贾永堂. 论大学校长问责制的发展与完善[J]. 高校教育管理,2007(04):37—40.
② 刘峰. 建立重大决策终身责任追究制度及责任倒查机制[J]. 理论视野,2015(01):15—18.

部权责权限。校长作为党委班子成员和行政主要负责人,应该对其做出的与校长身份相当的决策承担相应责任。而目前对大学校长的监督主要局限于对校长权力本身的监督,着眼于防止出现权力滥用,而没有提升到对权力运用结果也即责任实现的监督上。责任的实现是以一定的权力为前提的,只有通过运用监督手段,敢于较真碰硬、层层传导压力,让失责必问、问责必严成为常态,才能督促大学校长合理运用权力、廉洁行使权力。

二、大学校长党内法规责任追究依据

对党政领导干部实行问责是加强反腐倡廉法规制度建设、完善领导干部行为规范的重要举措,对于加强党政领导干部的管理和监督,增强党政领导干部的责任意识具有重要意义。

我国现行党内法规和规范性文件中,与责任追究相关的文件达100多部,其中专门规定责任追究的有10多部。我国目前能够启动对校长追责问责的依据主要是《中国共产党章程》《中国共产党党内监督条例》《中国共产党问责条例》(2016年制定,2019年修订,本书如无特别说明,均为2019年修订的《中国共产党党内问责条例》)《中国共产党巡视工作条例》《关于新形势下党内政治生活的若干准则》《党政领导干部选拔任用工作条例》《关于实行党政领导干部问责的暂行规定》等党内法规和《中华人民共和国监察法》《中华人民共和国公务员法》《中华人民共和国公职人员政务处分法》等国家法律法规。这些涉及党内责任追究的制度明确了党政领导干部责任追究情形、责任追究方式、责任追究条件、责任追究程序等,但存在责任追究规定分散、表述不一、概念不清、可操作性不强等诸多问题。2017年教育部党组下发的《贯彻落实〈中国共产党问责条例〉实施办法(试行)》是对教育直属大学党组织和党政主要领导开展问责的基本遵循。

对于大学校长的党内责任追究依据主要来源于党章。中国共产党第一部党章第四章从第十七条到二十五条提出了九条纪律,特别是第二十五条明确规定:"凡党员有犯左列各项之一者,该地方执行委员会必须开除之:(一)言论行动有违背本党宣言章程及大会各执行委员会之议决案;(二)无故连续两次不到会;(三)欠缴党费三个月;(四)无故连续四个星期不为本党服务;(五)经中央执行委员会命令其停止出席留党察看期满而不改悟;(六)泄漏本党秘密;地方执行委员会开除党员后,必须报告其理由于中央及区执行委员会。"最新修订的党章第三条明确规定了党员必须履行的八项义务,第三十九条到第四十四条明确规定了党的纪律种类、处分种类、处分程序等。党员不履行党员义务或不正确履行党员义务,将受到党内责任追究。大学校长作为党员领导干部,更应该成为履行党员义务的典范。党章明确,党员除了享有法律和政策规定范围内的个人利益和工作职权外,不得谋求任何私利和特权。作为党员,大学校长如果不履行或不认真履行党员义务,特别是不正确履行职责,就有可能面临党内责任追究。

对大学党政领导干部实施党内责任追究的具体党内法规和部门规章制度依据是《中国共产党纪律处分条例》《关于实行党政领导干部问责的暂行规定》《中国共产党问责条例》《中共教育部党组贯彻落实〈中国共产党问责条例〉实施办法(试行)》等。《中国共产党纪律处分条例》是根据党章制定的,旨在严肃党的纪律、纯洁党的组织、保障党员民主权利、维护党的团结统一、保证党的路线方针政策决议和国家法律法规的贯彻执行的党内法规。《中国共产党纪律处分条例》根据时势变化,进行了多次修订完善。1997年,中共中央首次制定印发了《中国共产党纪律处分条例(试行)》,该条例分十三章,一百七十二条,内容包括指导思想、任务和实施范围,实施党纪处分的原则,违反纪律与纪律处分,纪律处分运用规则,对违法犯罪的党员党纪处分等。2003年,中共中央印发了《中国共产党纪律处分条例》,这是在《中国共产党纪律处分条例(试行)》的基础上修订颁布的。《中国共产党纪律处分条例》继承和发扬了《中国共产党纪律处分条例(试行)》的精神,明确对党员干部的违纪行为应当根据情节给予党纪处分,规定在处理违反党纪的党组织和党员时应当实行惩戒与教育相结合，做到宽严相济，以体现"惩前毖后，治病救人"和"重教育、重挽救"的原则，规定对于因故意犯罪被依法判处《刑法》规定的主刑（含宣告缓刑）的党员，应当给予开除党籍处分。《中国共产党纪律处分条例》的颁布实施，是贯彻党要管党、全面从严治党方针，进一步加强党的纪律建设的重大举措，对于全面推进党的建设新的伟大工程，具有十分重大的意义。2015年，中共中央修订《中国共产党纪律处分条例》。新修订条例坚持依规治党与以德治党相结合，围绕党纪戒尺要求，明确违反政治纪律、组织纪律、廉洁纪律、群众纪律、工作纪律和生活纪律等六类违纪行为，开列负面清单，将党的十八大以来严明政治纪律和政治规矩、组织纪律、落实中央八项规定精神、反对"四风"等从严治党的实践成果制度化、常态化，划出了党组织和党员不可触碰的底线。2018年，中共中央再次修订《中国共产党纪律处分条例》。

《关于实行党政领导干部问责的暂行规定》第七条明确了对党政领导干部实行问责的方式，主要有"责令公开道歉、停职检查、引咎辞职、责令辞职、免职"。第二十四条明确了适用对象的例外，即"对乡（镇、街道）党政领导成员实行问责，适用本规定。对县级以上党委、政府直属事业单位以及国有企业、国有金融企业领导人员实行问责，参照本规定执行"。这是对大学党政领导干部开展追责问责的重要依据。

2013年，《中央党内法规制定工作五年规划纲要（2013—2017年）》明确提出："适时修订《关于实行党政领导干部问责的暂行规定》，进一步明确问责情形、规范问责方式。抓紧制定严格做好被问责干部工作安排的有关规定，严格被问责干部复出条件、程序和职务安排等，保证问责制度与党纪政纪处分、法律责任追究制度有效衔接。"

2016年，中共中央出台了《中国共产党问责条例》。《中国共产党问责条例》是为坚持党的领导，加强党的建设，全面从严治党，保证党的路线方针政策和党中央重大决策部署贯彻落实，规范和强化党的问责工作，根据《中国共产党章程》制定的党内法规,是对党章规定的细化延伸,是对党内其他问责规定的归纳提炼,是问责工作的基础性法规。《中国共产党问责条例》第四条明确规定了党委(党组)应当履行全面从严治党的主体责任,领导本部门的问责工作,也明确了追究的主要是失职失责党组织和党的领导干部的主体责任、监督责任、领导责任,而非直接责任。

《中共教育部党组贯彻落实〈中国共产党问责条例〉实施办法(试行)》适用于教育部机关司局、直属单位、直属高校党的问责工作,没有明确地方政府所辖大学参照执行,但地方纪检监察机关或教育行政主管部门可以参照该办法对地方大学党政领导干部实施问责。

党内责任追究与行政问责虽然在内涵与外延上有着较大区别,但两者都是围绕责任这个本质展开,区别主要在于责任的主体与对象的不同。党内责任追究是对党的各级组织及党员尤其是党员领导干部行使党内权力和公共权力的违纪行为承担否定性结果;行政问责主要强调对行政机关工作人员特别是行政首长的问责。从目前情况来看,违反党内法规导致的大学校长的责任追究制度的可操作性不强,主要是对什么样的行为会导致责任追究规定不明确,对责任追究的主体、程序等缺乏清晰规定。因此,在很多情况下,大学校长党内法规责任追究更多的是一种"宣示",难以发挥其威慑作用。将党内责任追究与行政问责有机结合起来,有利于进一步完善我国问责机制,实现问责范围与问责对象的全覆盖。

三、大学校长党内法规责任追究情形与原则

党内法规是管理党的组织与党员个人行为的党内规章,但很多时候也会对非党组织和非党员产生影响和约束力,这突显了党内法规的"溢出效力"和"边际影响"。在大学内部治理中,促进学校健康、稳定和可持续发展是校长的政治责任、社会责任,是校长必须承担的领导责任和行动后果。在没有监督与权力制衡、追责与问责的情况下,校长权力极容易越过边界,导致权

力滥用。以责任追究制度加强对校长权力的监督，是对党委领导下的校长负责制的有益补充。

《关于实行党政领导干部问责的暂行规定》第五条明确了对党政领导干部实行问责的七种情形："（一）决策严重失误，造成重大损失或者恶劣影响的；（二）因工作失职，致使本地区、本部门、本系统或者本单位发生特别重大事故、事件、案件，或者在较短时间内连续发生重大事故、事件、案件，造成重大损失或者恶劣影响的；（三）政府职能部门管理、监督不力，在其职责范围内发生特别重大事故、事件、案件，或者在较短时间内连续发生重大事故、事件、案件，造成重大损失或者恶劣影响的；（四）在行政活动中滥用职权，强令、授意实施违法行政行为，或者不作为，引发群体性事件或者其他重大事件的；（五）对群体性、突发性事件处置失当，导致事态恶化，造成恶劣影响的；（六）违反干部选拔任用工作有关规定，导致用人失察、失误，造成恶劣影响的；（七）其他给国家利益、人民生命财产、公共财产造成重大损失或者恶劣影响等失职行为的。"第六条明确"本地区、本部门、本系统或者本单位在贯彻落实党风廉政建设责任制方面出现问题的，按照《关于实行党风廉政建设责任制的规定》，追究党政领导干部的责任"。

2016年的《中国共产党问责条例》第六条规定："党组织和党的领导干部违反党章和其他党内法规，不履行或者不正确履行职责，有下列情形之一的，应当予以问责：（一）党的领导弱化，党的理论和路线方针政策、党中央的决策部署没有得到有效贯彻落实，在推进经济建设、政治建设、文化建设、社会建设、生态文明建设中，或者在处置本地区本部门本单位发生的重大问题中领导不力，出现重大失误，给党的事业和人民利益造成严重损失，产生恶劣影响的；（二）党的建设缺失，党内政治生活不正常，组织生活不健全，党组织软弱涣散，党性教育特别是理想信念宗旨教育薄弱，中央八项规定精神不落实，作风建设流于形式，干部选拔任用工作中问题突出，党内和群众反映强烈，损害党的形象，削弱党执政的政治基础的；（三）全面从严治党不力，主体责任、监督责任落实不到位，管党治党失之于宽松软，好人主义盛行、搞一团和气，不负责、不担当，党内监督乏力，该发现的问题没有发现，发现问题不报告不处置、不整改不问责，造成严重后果的；（四）维护党的政治纪律、组织纪律、廉洁纪律、群众纪律、工作纪律、生活纪律不力，导致违规违纪行为多发，特别是维护政治纪律和政治规矩失职，管辖范围内有令不行、有禁不止，团团伙伙、拉帮结派问题严重，造成恶劣影响的；（五）推进党风廉政建设和反腐败工作不坚决、不扎实，管辖范围内腐败蔓延势头没有得到有效遏制，损害群众利益的不正之风和腐败问题突出的；（六）其他应当问责的失职失责情形。"修订后的《中国共产党问责条例》第七条规定："党组织、党的领导干部违反党章和其他党内法规，不履行或者不正确履行职责，有下列情形之一，应当予以问责：（一）党的领导弱化，'四个意识'不强，'两个维护'不力，党的基本理论、基本路线、基本方略没有得到有效贯彻执行，在贯彻新发展理念，推进经济建设、政治建设、文化建设、社会建设、生态文明建设中，出现重大偏差和失误，给党的事业和人民利益造成严重损失，产生恶劣影响的；（二）党的政治建设抓得不实，在重大原则问题上未能同党中央保持一致，贯彻落实党的路线方针政策和执行党中央重大决策部署不力，不遵守重大事项请示报告制度，有令不行、有禁不止，阳奉阴违、欺上瞒下，团团伙伙、拉帮结派问题突出，党内政治生活不严肃不健康，党的政治建设工作责任制落实不到位，造成严重后果或者恶劣影响的；（三）党的思想建设缺失，党性教育特别是理想信念宗旨教育流于形式，意识形态工作责任制落实不到位，造成严重后果或者恶劣影响的；（四）党的组织建设薄弱，党建工作责任制不落实，严重违反民主集中制原则，不执行领导班子议事决策规则，民主生活会、'三会一课'等党的组织生活制度不执行，领导干部报告个人有关事项制度执行不力，党组织软弱涣散，违规选拔任用干部等问题突出，造成恶劣影响的；（五）党的作风建设松懈，落实中央八项规定及其实施细则精神不力，'四风'问题得不到有效整治，形式主义、官僚主义问题突出,执行党中央决策部署表态多调门高、行动少落实差,脱离实际、脱离群众,拖沓敷衍、推诿扯皮,造成严重后果的;(六)党的纪律建设抓得不严,维护党的政治纪律、组织纪律、廉洁纪律、群众纪律、工作纪律、生活纪律不力,导致违规违纪行为多发,造成恶劣影响的;(七)推进党风廉政建设和反腐败斗争不坚决、不扎实,削减存量、遏制增量不力,特别是对不收敛、不收手,问题线索反映集中、群众反映强烈,政治问题和经济问题交织的腐败案件放任不管,造成恶劣影响的;(八)全面从严治党主体责任、监督责任落实不到位,对公权力的监督制约不力,好人主义盛行,不负责不担当,党内监督乏力,该发现的问题没有发现,发现问题不报告不处置,领导巡视巡察工作不力,落实巡视巡察整改要求走过场、不到位,该问责不问责,造成严重后果的;(九)履行管理、监督职责不力,职责范围内发生重特大生产安全事故、群体性事件、公共安全事件,或者发生其他严重事故、事件,造成重大损失或者恶劣影响的;(十)在教育医疗、生态环境保护、食品药品安全、扶贫脱贫、社会保障等涉及人民群众最关心最直接最现实的利益问题上不作为、乱作为、慢作为、假作为,损害和侵占群众利益问题得不到整治,以言代法、以权压法、徇私枉法问题突出,群众身边腐败和作风问题严重,造成恶劣影响的;(十一)其他应当问责的失职失责情形。"两个问责规定分别从六个方面和十一个方面对党政领导干部的失职失责行为,造成严重后果或者恶劣影响的启动追责问责。

《中共教育部党组贯彻落实〈中国共产党问责条例〉实施办法(试行)》第七条明确对"违反党章和其他党内法规,不履行或者不正确履行职责的"予以问责。该实施办法从第八条到第十三条,共列举了失职失责等六方面的二十七项需要问责的负面清单,第十四条是关于失职失责问责的兜底条款,规定"除第八条至第十三条规定的情形外,党组织和党的领导干部有其他失职失责情形需要问责的,应当予以问责"。

《中国共产党问责条例》第三条规定了党的问责工作应当坚持以下原则:

"（一）依规依纪、实事求是；（二）失责必问、问责必严；（三）权责一致、错责相当；（四）严管和厚爱结合、激励和约束并重；（五）惩前毖后、治病救人；（六）集体决定、分清责任。"问责条例从六方面明确了问责的原则，这是对大学校长党内责任追究的基本原则和基本遵循。

坚持大学校长责任追究的法定原则。法定原则就是要事先在党内法规中明确党员违纪违规行为等追究责任的性质、范围、程度、方式，即使是特殊情况，也必须在相关规定中予以明确。责任追究既要保证程序公平公正，更要体现校长权责一致的法定原则。对校长的追责问责，要坚持严格要求、实事求是，权责一致、惩教结合，依靠群众、依法有序的原则，追究在党的教育事业中失职失责的校长主体责任、监督责任和领导责任。虽然很多时候，因为相关制度不完善，我们无法准确判断校长的权利与义务，失职与失责的程度与后果，但可以通过进一步完善相关问责规定，将行政问责与党内责任追究有机结合，实现责任追究全覆盖，既覆盖任何事，也覆盖到任何人。

坚持大学校长责任追究的因果原则。启动对校长的责任追究主要是校长实施了违纪行为；此行为造成了实际的损害结果；违纪行为与损害结果之间存在因果关系；在主观上并无过错。对校长进行问责，主要是基于以校长为代表的行政系统在行政决策中出现重大失误造成重大影响与不良后果。根据《关于实行党政领导干部问责的暂行规定》和其他有关规定，对校长实行责任追究的情形主要有校长不依法依规履职，违反规定程序，独断专行，盲目决策，造成不良影响的；不认真听取师生员工的合理意见和建议，主观臆断，乱作为，造成决策严重失误的；疏于管理，监督不力，渎职失职，造成学校国有资产流失、损失的；其他滥用职权、工作失职的行为。大学其他人员在校长授权下出现应当问责的事件，校长也应当承担相应的领导责任。

坚持大学校长责任追究的权责一致原则。权责一致原则要求我们既聚焦校长的权力问题，也聚焦校长的责任问题。权力和责任是对等的。对大学校长因个人原因导致的工作失误、失职行为，要根据行为的性质、造成损害的严重程度、个人主观意愿与党内法规相关规定等衡量对其行为处罚的轻重，大学校长对本人违反党内法规的行为负直接责任或对经过其法人授权而从事公务的人的不当行为负领导责任。

坚持大学校长责任追究的惩教结合原则。习近平同志指出："惩前毖后、治病救人是我们党的一贯方针，也是我们党加强自身建设的历史经验。日常工作中发现了问题就要真管真严。惩治，治是根本，惩是为了治。"对大学校长的党内责任追究，要本着惩前毖后、治病救人的宗旨，做到宽严相济。

四、大学校长党内法规问责的后果

责任追究体现的是惩罚或制裁，这种惩罚或制裁体现的是岗位责任承担。与一般的法律责任不同的是，党内法规责任追究虽然并不具有法律的强制性、惩罚性，但在党内却可以对党员产生约束力，并对党员个人的身份地位、工资福利等造成不利的后果。

2016年的《中国共产党问责条例》第七条规定："对党组织的问责方式包括：（一）检查。对履行职责不力、情节较轻的，应当责令其作出书面检查并切实整改。（二）通报。对履行职责不力、情节较重的，应当责令整改，并在一定范围内通报。（三）改组。对失职失责，严重违反党的纪律、本身又不能纠正的，应当予以改组。对党的领导干部的问责方式包括：（一）通报。对履行职责不力的，应当严肃批评，依规整改，并在一定范围内通报。（二）诫勉。对失职失责、情节较轻的，应当以谈话或者书面方式进行诫勉。（三）组织调整或者组织处理。对失职失责、情节较重，不适宜担任现职的，应当根据情况采取停职检查、调整职务、责令辞职、降职、免职等措施。（四）纪律处分。对失职失责应当给予纪律处分的，依照《中国共产党纪律处分条例》追究纪律责任。上述问责方式，可以单独使用，也可以合并使用。"修订后的《中国共产党问责条例》第八条规定："对党组织的问责，根据危害程度以及具体情况，可以采取以下方式：（一）检查。责令作出书面检查并切实整改。

(二)通报。责令整改,并在一定范围内通报。(三)改组。对失职失责,严重违犯党的纪律、本身又不能纠正的,应当予以改组。对党的领导干部的问责,根据危害程度以及具体情况,可以采取以下方式:(一)通报。进行严肃批评,责令作出书面检查、切实整改,并在一定范围内通报。(二)诫勉。以谈话或者书面方式进行诫勉。(三)组织调整或者组织处理。对失职失责、危害较重,不适宜担任现职的,应当根据情况采取停职检查、调整职务、责令辞职、免职、降职等措施。(四)纪律处分。对失职失责、危害严重,应当给予纪律处分的,依照《中国共产党纪律处分条例》追究纪律责任。上述问责方式,可以单独使用,也可以依据规定合并使用。问责方式有影响期的,按照有关规定执行。"两个文件分别明确了对党组织和党的领导干部开展问责的方式。这是对大学校长开展党内问责的基本依据。

校长作为大学行政主要负责人,除对自己直接决策的事项负直接责任外,根据《中国共产党纪律处分条例》第二十七条对违纪行为有关责任人员的区分规定,也应承担主要领导责任和重要领导责任。在大学校级领导的分工中,校长一般是主持学校行政全面工作,分管审计等极少数部门或业务。在《中国共产党纪律处分条例》中,校长应该承担的主要领导责任或重要领导责任的工作任务、职责范围很小,校长因对自己主管或应管的工作不履行或者不正确履行职责而造成的损失或者后果负领导责任的案例很少,但并非没有先例。天津大学原校长2000年擅自将1亿元用作校办企业上市,最后因公司当事人潜逃,给学校造成3000万元以上的损失,以致在2006年被中央纪委给予留党察看两年的处分,但其并未因此承担相应的法律责任。2015年1月,教育部对湖南大学办理17名研究生转学手续过程时,违反《普通高等学校学生管理规定》,未依法依规履行职责,存在失职渎职问题对其进行追责问责,湖南大学党政负责人等多名校级领导受到纪律处分和组织处理。这是近年来校长因工作不力、失职渎职受到追责问责的典型案例,突显了纪律的严肃性,维护了教育的公平正义,而随后的一系列追责问责案例体现了大学党委书记与校长党政同责的双责任追究制。

2018年12月26日，北京交通大学一实验室发生爆炸燃烧事故，造成3人死亡，经事故调查组认定，该起事故是一起责任事故。根据有关问责规定，相关部门启动问责程序，对学校党委书记、校长等多人进行问责，分别给予了党纪政务处分。这是一起典型的安全责任行政问责事件，是严格落实"党政同责、一岗双责、齐抓共管、失职追责"精神的重要体现，对于党政一把手正确履行党委主体责任和校长正确履行行政领导责任具有警醒作用。2019年4月，教育部根据网民反映，对华南理工大学更改2018年硕士研究生复试分数的有关问题进行了严肃查处，认为该事件情节严重，影响恶劣，暴露出华南理工大学落实全面从严治党主体责任不到位，对考试招生工作重视程度不够，组织领导不力，制度执行不严，监督管理缺位等问题，从而决定对学校党委书记进行批评教育，给予时任校长行政警告处分。

上述典型案例中，并不是大学党政主要领导个人存在违规违纪行为，而是对学校管理中出现的问题存在失职失责行为，因此根据《中共教育部党组贯彻落实〈中国共产党问责条例〉实施办法（试行）》第十三条"推进教育事业发展失职失责，造成严重后果，有下列行为之一的，应当予以问责：（一）在入学考试、招生转学、学生管理、教育教学、学位授予、学校管理等方面制定政策不合法、不合规，严重影响教育公平公正的，管辖范围内发生失密泄密、弄虚作假、徇私舞弊等重大违规违纪行为，影响恶劣的；（二）教育行风建设和校风学风、师德师风建设不力，职责管理范围内问题多发频发，师德师风问题突出、学术不端行为严重，影响恶劣的；（三）在教材编写、引进、审查、使用和对外合作办学等方面监管不力，教材在政治立场、价值导向、科学性方面存在突出问题的；（四）重大教育民生项目以及科研经费、财务管理、资产管理、后勤管理、学生资助、基建工程、校办企业、附属医院、附属学校、项目审批、评估评审、招标投标、设备采购等重点领域和关键环节出现重大问题，造成严重损失或者恶劣影响的"的规定，启动了对他们的

197

追责问责。

　　大学党委书记作为学校管党治党的第一责任人，对学校党风廉政建设中出现的重大问题负有领导责任。作为大学校长，由于负责学校的全面行政工作，对学校出现的重大案情、造成的不良社会影响负有更加不可推卸的责任，应该受到党内责任追究或行政问责处分处理。因此，应该进一步完善校长责任追究中的纠错机制，既要健全问责方式和程序，也要建立因不可抗力或不可预见因素造成工作失误而追责的机制。对校长的追责问责，不能超越法律规定的底线，不能超出宪法和法律对公民基本权利的保护，要根据习近平同志关于建立和完善容错纠错机制精神，坚决区分改革创新过程中的失误错误与主观上的违纪违法行为，对于决策程序合规，决策事项符合改革方向和现行政策精神，没有通过手中权力以权谋私，且能够主动采取措施消除影响、挽回损失的大学校长给予免责处理。对校长的失职渎职行为进行问责体现了党内法规的严肃性，有利于规范校长的行政行为，保证政令畅通，提高执行效能。

　　问责必须适度。对于在改革开放过程中的失误错误要建立容错纠错机制，以体现有权必有责、有责要担当、失责必追究的原则，体现《党政领导干部选拔任用工作条例》中"对符合有关规定给予容错的干部，应当客观公正对待"的党内法规精神。要通过加强对权力运行的制约和监督，"把权力关进制度的笼子里"，在制度上形成校长不敢腐、不能腐、不易腐的反腐机制和构建"有权必有责、用权受监督、侵权要赔偿"的权力约束机制。

第七章

我国现代大学制度体系下校长法律地位的保障

如何走出教育权力博弈的"囚徒困境",实现权力使用的"帕累托最优",并在法治框架下寻找教育改革的最大公约数,这是深入推进全面依法治教和依法治校必须考量的重要问题。法治是治国理政的基本方式,是提高国家治理体系和治理能力现代化的根本要求,法治也是解决教育突出问题与矛盾的基础。国家法律与党内法规共同构成了中国特色的社会主义法治体系,共同规范着大学治理行为,保障着大学校长的法律地位。提高教育法治化水平的根本目标在于规范大学权力的运行,特别是规范大学校长权力的运行。从目前情况看,校长权力在行使过程中面临的最大问题是其法律地位没有得到明确,极容易出现要么权力无限制而产生个人独大和腐败,要么受到极大限制而不能发挥校长负责的作用的问题。对校长行使权力的保障与制约,某种意义上是完善大学内部治理结构的最重要课题。

第一节 以分权制衡保障大学校长治理责任

大学是典型的利益相关者组织,必须重视保障大学利益相关者共同参与大学治理的权利。明确大学治理中各主体的职责、责任、权利是实现大学内部良性治理的必然要求。教育部明确推进教育管办评分离的基本原则之一是"坚持权责统一。依法明晰政府、学校、社会权责边界，构建系统完备、科学规范、运行有效的制度体系，形成决策、执行、监督相互协调、相互制约的教育治理结构。"《中国教育改革和发展纲要》明确要求：加快教育法治建设，建立和完善执法监督系统，逐步走上依法治教的轨道。制定教育法律、法规，要注意综合配套，逐步完善。要抓紧草拟基本的教育法律、法规和当前急需的教育法律、法规，争取到20世纪末，初步建立起教育法律、法规体系的框架。地方要从各自的实际出发，加快制定地方性的教育法规。实现我国大学治理法治化，首要的是要构建好相互制约、相互制衡的内部治理体系，优化内部治理结构，实现各利益相关主体之间的权力平衡，防止权力滥用。

一、以内部分权强化大学校长治理权力的自我保护

《中共中央关于全面深化改革若干重大问题的决定》要求完善学校内部治理结构。大学是个小社会，要实现大学治理的有效性，必须进一步完善大学内部治理结构，形成自我约束、自我规范的内部管理体制和监督制约机制，不断提高大学内部治理能力，包括党委和校长重大事项的决策能力、执行能力和应对重大风险挑战的能力等。

孟德斯鸠说：一切有权力的人都容易滥用权力，这是一条万古不易的经验。有权力的人们使用权力一直到遇有界限的地方休止。要防止滥用权力，就必须以权力约束权力。在大学重大事项决策过程中，"权力的过分集中和滥用，少数人垄断了绝大部分资源和利益的分配权，个别人之间甚至私相授受"① 是导致大学发生腐败问题的最大因素。从当前发生的大学校长腐败案来看，主要是权力集中与权力不受控制所引起的权力腐败。权力集中必然导

---

① 龚怡祖. 大学治理结构：建立大学变化中的力量平衡——从理论思考到政策行动 [J]. 高等教育研究，2010（012）：49—55.

致资源集中，资源集中必然导致分配随意。有些校长一旦有机会独揽大学治理权力，就会将学校发展的机遇和自身拥有的资源当成个人谋取利益的机会和手段，因此，要实现对权力的有效制约，必须实现权力的多元化，构建起权力的相互平衡机制。要实现这个目标，"关键是要建立结构合理、配合科学、程序严谨、制约有效的权力运行机制，从决策和执行环节上加强对权力的监督，核心是构建分权与制衡的权力结构，前提是合理分权"①。大学是法人组织，其法人治理是利益相关者就大学内部治理的"组织机构设置及其相互之间权力配置、制衡与激励等所进行的制度安排"以及对大学"与外部利益相关者等关系进行处理的机制安排"②，其目的是通过各利益主体之间的权力配置和权力运行，共同实现大学的有效治理。在大学内部治理结构中，不管其利益主体之间的权力如何分配，首先要解决好决策权控制问题，即谁具有决策权以及按什么样的程序进行决策的问题。

合理分权的实质是明确双方的职责，界定好职责的边界。分权是实现权力平衡的有效途径，即通过分权的方式缩小权力范围，实现权力的相互制约，从而加强对权力行使的有效控制。大学治理实质是"让现代大学制度所规范的各种权力和利益相互制衡，保持动态的平衡。'制衡'逻辑是现代大学制度的'现代'性的根本体现"③。这种"制衡"逻辑"是为了保障大学运行而设计的组织架构……形成各自独立、权责明确、协调运转、相互制衡的高效体制和机制"④。《关于坚持和完善普通高等学校党委领导下的校长负责制的实施意见》明确坚持党委的领导核心地位，保证校长依法行使职权，建立健全党委统一领导、党政分工合作、协调运行的工作机制，这充分体现了分权的理念。在以校长为代表的行政系统行使行政职能的过程中，校长的作用明

---

① 刘献君. 论大学内部权力的制约机制 [J]. 高等教育研究，2012（03）：1—10.
② 吕继臣. 中国公立高等学校法人制度研究 [M]. 北京：北京师范大学出版社，2011：175.
③ 彭江. 初论现代大学制度的本质及逻辑 [J]. 复旦教育论坛，2006（01）：39—44.
④ 张端鸿. 中国公立大学法人治理结构研究——以 A 大学为例 [M]. 复旦大学出版社，2014：8.

显而特殊，通过加强党委权力、明确学术权力、发挥民主权力等，实现以权力制约和保障校长行政权力的正当性。

一是实现党委与校长之间的合理分工，明确党政权力的边界。我国《宪法》规定了党的领导地位，明确了地方各级人民代表大会是地方权力机关，人民政府是国家权力机关的执行机关，是国家行政机关，地方各级人民政府对本级人民代表大会负责并报告工作。大学与国家机构具有相似性，实行的是党委领导下的行政首长负责制，党委在大学处于领导地位，发挥核心作用，校长是行政首长，以校长办公会为代表的行政机构是大学行政权力的执行者，对党委和教职工代表大会负责，其重要决策既要提交教职工代表大会讨论，也要经过党委会议的决定。所以，要充分发挥党委领导下的校长负责制的功能，首先要明确党委领导与校长负责在大学工作中的职责问题。党委通过校长的行政管理实现对大学的政治领导，大学党委除了要保证自身发挥领导核心作用之外，更要善于使党委的意图变成学校意志，善于使党委推荐的干部成为学校的干部，善于通过校长办公会实施对大学的一切领导。校长负责是在广泛听取校长办公会议与会人员意见的基础上，由校长对校长办公会议讨论研究的行政事项做最后决定。《普通高等学校基层组织工作条例》规定，学校党委"审议确定学校基本管理制度，讨论决定学校改革发展稳定以及教学、科研、行政管理中的重大事项"。对于什么是重大事项，我国法律与党内法规一直都没有明确界定，比如说重大资金使用，不同的大学有不同的标准，因此，作为教育行政主管部门，应出台相关的制度，明确不同类型大学"三重一大"的具体标准，或者提请省、市级有立法权的人大根据本地实际情况制定相应标准。

二是充分发挥校长法定代表人作用，保障校长独立行使权力。党委支持校长独立行使职权，首先要充分保障校长法律身份和法律地位。作为教育家的校长与作为行政官员的校长，在大学内部治理结构中的地位与大学治理过程中发挥的作用完全不同。美国大学实行董事会领导下的校长负责制，校长是学校的最高行政负责人，对学校发展负有全面责任。我国校长行使权力，是为了进一步扩大和落实大学办学自主权，使大学更好地担负起为党育人、为国育才的重要历史使命。校长作为推动大学发展的重要主体，必须认真解决好培养什么样的人，为谁培养人，怎样培养人的问题。要落实好校长的这些职责，必须坚决贯彻党委领导下的校长负责制，保障校长在党委领导下，与行政领导班子成员一起，依据《高等教育法》《关于坚持和完善普通高等学校党委领导下的校长负责制的实施意见》等国家法律和党内法规，充分发挥法定代表人作用，独立行使法律法规赋予的各项职权，全面负责学校教学、科研、行政管理工作，构建和谐统一的党委和行政班子。

三是实现管理重心下移，构建大学与二级单位之间的权力体系。分权是权力的转移，是利益的重新分配，是责任与义务的转移。高等教育领域的分权除了政府与大学之间的分权外，更主要的是大学内部管理的自我分权，内部自我分权，采取的是管理重心下移，使用的是决策者自我革命中的权力让渡，构建以学院为中心的治理模式。从目前我国校院二级管理改革的实践来看，校长主要负责发展导向、宏观决策、组织协调、制度保障、政策扶持和运行监督；学院院长主要负责二级单位的财务管理、人事管理、教学管理、学科建设、科研管理、物资设备管理和学生管理。上海师范大学通过大学章程规定了二级学院党政联席会议议事决策规则，明确了二级学院职权，构建了二级学院重大问题决策的支撑体系，推行二级学院综合预算，推动学校由"项目管理"向"服务监督"转变，将权力下放到二级学院，实现了办学绩效与资源配置方式的有效衔接，激发了二级学院的办学活力。将大学管理中心下移到二级学院，可以避免大学行政权力的继续膨胀与扩张，缓解以校长为代表的行政系统与二级单位之间的紧张关系，实现权力的合理配置和有效运行，确保校长能够对大学进行善治，加强二级单位权力对校长权力的有效制约。

四是全面落实党内监督制度，突出对校长行政"一把手"的监督。2021

年3月，中共中央颁布了《关于加强对"一把手"和领导班子监督的意见》，强调对"一把手"和领导班子监督的重要性和紧迫性，并从五方面二十五个要点明确了监督的内容、方式和重点，这为监督大学校长权力行使提供了重要依据。除此之外，大学要充分发挥纪委、监察部门、审计部门等校内监督机构对校长权力行使的监督，形成监督合力。根据党内法规的规定，学校纪委、监察部门是推动学校全面从严治党的政治机构和专门机构，是行使全面从严治党的监督主体，与党委行使主体责任一起，共同推动学校形成风清气正的政治生态。纪委、监察部门通过发挥职能优势，监督校长权力行使，并通过向上级纪委和监察部门反映校长权力行使过程中的异常情况，实现对校长权力运行的监督和制约。

二、以外部治理强化大学校长治理权力的相互制衡

在大学校长权力运行过程中和完善大学内部治理结构时，所面对的外部治理环境是必然要考虑的问题。在大学相关治理主体中，除了大学内部治理主体外，还包括政府、公众、投资者等为代表的大学外部治理主体，在这些主体中，政府与大学的关系始终是现代大学制度的核心，直接影响大学治理效果。

在分析大学与政府之间的关系时，我们大多借用契约理论、委托——代理理论、角色理论、国家能力理论等强调两者之间错综复杂的关系，这些理论都强调了大学与政府之间的关联性和影响力，但并没有完全概括两者之间的权利义务关系。美国大学治理结构最突出的特点是大学享有显著的不受政府控制的自由，这主要源于美国法治的核心思想是以公民权利限制政府权力，这种思想在《权利法案》中表现得特别明显，美国通过《权利法案》逐步建立起以权力制衡权力，以权利限制权力的制衡体系，这在大学治理结构中得以充分体现。美国形成了以董事会为主体，以校长为代表的行政权力和以教师为主体的学术评议会的权力体系，这三方治理主体既相互联系，又相互制约，形成了美国大学共同治理的组织基础和权力结构。

  我国大学自治基本上处于政府控权与大学争权的矛盾运动中，这主要基于政府与大学特殊的关系。我国大学与政府之间的关系属于典型的行政法律关系，政府对大学具有形成权、命令权、处罚权和管理权等权力。我国教育类法律明确了政府是大学的管理者和主办者，其通过国家教育权，加强对大学的管理干预和限制，以确保大学实现党和政府设定的教育目标。1963年出台的《关于加强高等学校统一领导、分级管理的决定（试行草案）》规定对高等学校实行中央统一领导，中央和省、自治区、市直辖市两级管理的制度，从而构建了自上而下、高度集权的大学管理体制，这导致我国的大学对政府普遍存在依赖心理。大学从政府那里获得经费，按政府指令完成教育任务，无论是招生还是毕业生分配，都是由政府向大学直接下达指令性招生和分配计划，政府通过政策与法律，全面实现了对大学治理的参与权、话语权和决策权。在这种管理关系中，国家是大学举办者和所有权人，依法享有所有者权利，作为国家代理人的政府对大学的干预与限制是绝对的和完全的，这与大学要求自治产生了矛盾。大学在极力想落实和扩大办学自主权的过程中，如果得不到政府支持将变得无所适从或难以作为。《中国教育改革和发展纲要》明确"深化高等教育体制改革""主要是解决政府与高等学校、中央与地方、国家教委与中央各业务部门之间的关系，逐步建立政府宏观管理、学校面向社会自主办学的体制"，要求"在政府与学校的关系上，要按照政事分开的原则，通过立法，明确高等学校的权利和义务，使高等学校真正成为面向社会自主办学的法人实体。要在招生、专业调整、机构设置、干部任免、经费使用、职称评定、工资分配和国际合作交流等方面，分别不同情况，进一步扩大高等学校的办学自主权"。即使到了现在，大学"办学权方面仍然是以政府计划模式为主，在管理权方面也主要依靠行政手段和行政命令，因而在政府和高校之间形成了一种控制与被控制、命令与服从的关系，最终导致了'政策治校'的政府管理高校模式的形成"①。特别是在大学的发展中,"资金、设备、场地作为大学办学的必备资源及政府提供供给的主要形式,在大学的发展中发挥了重要作用;政策、制度和法规等资源为大学的生存与发展提供了必要的环境保障"②。政府是大学资源的主要控制者,大学的发展离不开政府提供的行政权力和公共资源的支持,这决定了大学发展必然依赖政府,大学校长必须按照政府的指令行使办学行政权。

大学自治并不仅仅是要取消大学内部的行政化,而是要减少政府对大学自主办学的干预力度。在教育治理模式的构建过程中,政府发挥着决定性作用。因此,大学要"去行政化",首先是要去除政府附加在大学身上的行政化做法,保障校长依法独立行使权力。当前,政府习惯性干预与校长缺乏自治权之间的力量失衡是阻碍大学去行政化的制度性因素。政府对大学拥有绝对权力,在与大学的关系处理中占主导地位,既是规则的制定者,又是执行规则的监督者、评价者,既当运动员,又当裁判员,还是仲裁员。只有当大学成为独立法人,独立行使法人权利,大学与政府在法律关系处理上真正形成独立平等关系,政府才可能放松对大学的管制,校长才有可能以法定代表人身份独立行使大学自治权力。只有确立大学的独立法人地位,才能在大学与政府的行政关系中,特别是大学与政府发生法律纠纷时,大学以教育行政部门为被告,向教育行政部门的上级主管部门申请行政复议或者向人民法院依法提起行政诉讼,从而保证大学办学自主权的实现。

在大学与政府的关系博弈中,大学始终处于弱势,这主要归因于"大学自主权的实现程度基本依赖于国家权力的让渡"③。落实和扩大办学自主权的实质是大学要求从政府手中实现权力的回归,以约束和规范政府行政权力的

---

① 吴杰,张自伟. 大学治理结构的国际比较与借鉴[J]. 山西财经大学学报(高等教育版),2007(02):19-22.
② 李红宇. 基于资源依赖理论探析中国大学自治——以"985工程"建设为例[J]. 江西社会科学,2011(02):238—241.
③ 刘虹. 大学治理结构的政治学分析[J]. 复旦教育论坛,2013(06):17—22.

行使，防止政府滥用行政权力。1985年，中共中央印发的《关于教育体制改革的决定》提出，政府对大学管理得过死，要求从教育体制上进行改革，以"扩大高等学校办学自主权"。该决定既直接指出了我国政府对大学管理的弊端，又提出了解决办法。1992年印发的《关于国家教委直属高校深化改革，扩大办学自主权的若干意见》在专业设置和调整、经费使用、用人制度和管理制度等方面赋予了大学自主权。《中国教育改革和发展纲要》明确了改革高等学校办学体制、管理体制、投资体制等，要求教育行政部门在学校管理的各方面，区分不同情况，进一步扩大高等学校的办学自主权。《关于进一步落实和扩大大学办学自主权 完善大学内部治理结构的意见》《关于深入推进教育管办评分离 促进政府职能转变的若干意见》《关于深化高等教育领域简政放权放管结合优化服务改革的若干意见》《关于深化教育体制机制改革的意见》等有关规定，要求加快建设依法办学、自主管理、民主监督、社会参与的现代大学制度，切实厘清政府、学校、社会之间的权责关系，扩大大学办学自主权，实现教育权力在政府、市场、社会、学校之间的合理转移，依法明晰政府、学校、社会权责边界，形成决策、执行、监督相互协调、相互制约的教育法治结构，构建政事分开、权责明确、统筹协调、规范有序的教育管理体制机制。

加强教育行政执法工作是教育系统落实全面依法治国基本方略、推进依法治教的重要方面，是促进政府职能转变的关键举措。《国家中长期教育改革和发展规划纲要（2010—2020年）》强调"各级政府要按照建设法治政府的要求，依法履行教育职责。探索教育行政执法体制机制改革，落实教育行政执法责任制，及时查处违反教育法律法规、侵害受教育者权益、扰乱教育秩序等行为，依法维护学校、学生、教师、校长和举办者的权益。完善教育信息公开制度，保障公众对教育的知情权、参与权和监督权"。这是对政府依法治教的全面规范。《法治政府建设实施纲要（2015—2020年）》要求，到2020年基本建成职能科学、权责法定、执法严明、公开公正、廉洁高效、守法诚信的法治政府。2019年印发的《教育部关于加强教育行政执法工作的意见》强调"保障执法对象依法提起行政复议、行政诉讼的权利,发挥行政和司法监督、纠错作用"。构建大学治理的有效途径,必须强化对教育行政主管部门行政权力、行政执法权力的监督与制约,防止权力滥用,切实将教育行政主管部门打造成"教育体系的构建者、教育条件的保障者、教育服务的提供者、教育公平的维护者、教育标准的制定者和教育质量的监管者"①。

虽然大学难以摆脱政府控制,但大学法人地位为大学成为具有利益诉求的独立决策主体奠定了法律基础。大学要想成为真正独立的法人,必须在法律上重构与政府的关系,即由原来"命令——服从"的行政法律关系转向"授权——经营"的民事法律关系。在党内法规和行政规章中,必须严格按照政事分开的原则,正确处理政府与学校之间的关系;通过国家或地方性立法,明确大学与政府之间的权利义务关系,切实赋予大学独立法人地位,保障大学依法独立行使法人权利;通过修订《教育法》《高等教育法》等教育类法律法规,在国家法律层面进一步确定大学法人地位,明确大学在民事和行政活动中依法独立享有权利,承担法律责任。

第二节 以民主监督保障大学校长治理效率

有效的监督是权力正确运行的根本保证。习近平同志在十八届中央纪委二次全会上指出:要加强对权力运行的制约和监督,把权力关进制度的笼子里,形成不敢腐的惩戒机制、不能腐的防范机制、不易腐的保障机制。加强对大学内部治理权力运行的制约与监督,其实质是通过制度保障大学发展的民主权利,维护大学利益关系人的权利,促使校长等内部管理人员谨慎用权。

---

① 褚宏启. 政府与学校的关系重构[J]. 教育科学研究, 2005 (01): 41—45.

制约大学内部治理结构中的政治权力、行政权力、学术权力、民主权力等权力运行，首先就要构建有权必有责、用权必担责、滥权必问责的制度体系。

一、以民主公意保障大学校长治理效益

权力与权利的合理配置体现了利益相关者的共同意志，是民主社会特有的一种权力监督和制约机制。民主化对美国大学的影响首先表现为大学教师权力意识的觉醒。伯恩鲍姆认为，大学内部治理结构中还应该包括教师权力的配置。我国与美国在大学民主化方面存在较大差异，美国以个人权力监督大学的民主化运作，我国则通过民主化的组织机构来维护个人在大学的民主权利。

我国大学民主监督的本质是"以权利制约权力"，其基本形式是教职工代表大会制度。以教职工代表大会制度形式行使教职工的民主监督权，既是大学内部权力运行系统中不可或缺的组成部分，更是阻止校长权力等大学行政权力滥用的基本保证。《全面推进依法治校实施纲要》《关于坚持和完善普通高等学校党委领导下的校长负责制的实施意见》都明确了发挥教职工代表大会在民主决策机制中的作用，探索教职工和学生代表参与学校决策机构的机制。《全面推进依法治校实施纲要》规定："四、健全科学决策、民主管理机制，完善学校治理结构。10. 完善民主管理和监督机制。要落实《学校教职工代表大会规定》，充分发挥教职工代表大会作为教职工参与学校民主管理和监督主渠道的作用。学校专业技术职务评聘办法、收入分配方案等与教职工切身利益相关的制度、事务，要经教职工代表大会审议通过；涉及学校发展的重大事项要提交教职工代表大会讨论。要扩大教职工对学校领导和管理部门的评议权、考核权。要积极拓展学生参与学校民主管理的渠道，进一步改革完善高等、中等学校的学生代表大会制度，推进学生自主管理。制定涉及学生利益的管理规定，要充分征求学生及其家长意见。要扩大有序参与，加强议事协商，充分发挥教职工代表大会、共青团、学生会等群众组织在民主

决策机制中的作用,积极探索师生代表参与学校决策机构的机制。"

《关于坚持和完善普通高等学校党委领导下的校长负责制的实施意见》规定:"四、完善协调运行机制。15. 发挥教职工代表大会及群众组织作用,健全师生员工参与民主管理和监督的工作机制。实行党务公开和校务公开,及时向师生员工、群众团体、民主党派、离退休老同志等通报学校重大决策及实施情况。推行高等学校党员代表大会代表任期制和提案制,健全学校党委常委会向全委会报告工作并接受监督等制度。"我国大学基本上都明确规定学校教职工代表大会是教职工依法参与学校民主管理和监督的基本形式。

大学治理结构是现代大学制度的核心,其实质就是要"构建能够应付'冲突和多元利益'需要的决策权结构"①。西蒙决策理论认为,管理就是决策,决策处于管理最为核心的地位。党委领导下的校长负责制的组织结构或体制运行的实质是党委领导、校长负责、教授治教、民主管理。这样的运行机制中,党委是领导一切的,是领导者,处于决策的最高位置;校长作为落实党委决策的主要执行者,是管理者,代表大学行使具有代表"民意决策"的"公共性"行政权力,其凭借集体性资源对内部成员实行科层管理,行使大学事务的指挥权。

腐败最大的隐患是各种形式的不公开,包括设置条件不公开、过程不公开、结果不公开等,再加上中国是个典型的"熟人社会",强调的是人治而不是法治,责、权、利的界限比较模糊,因此,公开是最好的防腐剂,可以有效防止公权力的异化,如美国通过"阳光法案"确保大学决策过程透明化、公开化,降低了腐败发生的概率。近年来,我国通过要求大学建立信息公开制度,以公众知晓的方式,向社会全面公开大学运行的工作流程、管理权限等事项,为师生员工和社会开展监督工作提供了必要条件。2010年、2014年教育部先后发布和出台《高等学校信息公开办法》《高等学校信息公开事项清单》等行政规章,保证了教职工、学生、社会公众对学校重大事项、重要制

---

① 龚怡祖. 大学治理结构:现代大学制度的基石[J]. 教育研究,2009(06):22—26.

度的知情权、参与权、表达权和监督权，促进了大学依法治校，确保了校长行政权力行使过程的公开、透明。从目前的情况看，一些大学为了充分发挥师生员工等大学利害关系人在民主监督方面的作用，开始让师生广泛参与学校的治理过程，形成了师生参与、专家论证、风险评估、合法性审查、集体讨论决定等制定大学重大决策的正当程序，有效地保障了大学治理过程中决策科学、程序正当、过程公开、责任明确。信息公开制度已成为保证大学内部治理结构中党委领导权力、校长行政权力、教授学术权力等各种权力正常运行的必要保障。

建立开放决策机制，让师生直接参与大学内部治理，保障师生行使有关学校重大事项话语权是实现权力平衡的重要途径。大学直接的利益相关者是在大学从事教学教辅工作的教职员工和接受教育的学生，师生既是大学内部治理权利的享有者，也是内部权力运行的监督者。教师既要参与大学的绩效等利益分配，也要保障自身学术自由、教育培训自由等基本性权利；学生的利益诉求既是大学内部治理要重点考虑的问题，学生也要通过参与大学内部治理活动，维护自身利益。

现在的大学基本上是一个小社会，学生和教师人数众多，让数千教师来集体决策大学事务，势必造成大学管理成本高昂，决策效率低下，一个没有效率的管理行为，又势必影响到学校的发展，因此，师生参与大学内部治理更需要一个开放性的决策机构，从而打破封闭式的科层制结构。通过一个大学机构形成统一决策机制，然后交由以校长为代表的大学行政机构去执行。作为利益相关者的代表，校长在代表大学做出决策时，必须在诸多利益之间寻求一种平衡，同时校长作为师生利益的代表，必须在坚持维护大多数师生利益的前提下，维护学校决策的科学性、合理性、正当性、及时性和有效性。

要健全师生参与机制、完善参与制度，保障师生员工的知情权。《教师法》《高等教育法》都明确教师通过教职工代表大会等形式，对学校各项工作提出意见和建议，参与民主管理，行使民主监督权，对以校长为代表的行政权力进行有效制约，维护自己的合法权益。2018年中共中央、国务院颁布了《关于全面深化新时代教师队伍建设改革的意见》，明确坚持和完善党委领导下的校长负责制，建立健全教职工代表大会制度，突出教师主体地位，落实教师知情权、参与权、表达权、监督权，充分发挥教师在大学办学治校中的作用，从而使该制度成为新时期推进大学依法治校和监督制约校长行政权力运行的重要制度。

二、以党委权力保障大学校长治理权力

在权力的寻租与对抗中，校长无论代表学校行政系统做出什么样的决策，都会损害一部分人的既得利益，因此，其每次做出决策时总会面临着巨大的压力。以党委领导和校长负责的分工协作制是校长有效应对压力的理想路径，但这种路径选择的关键是明确党委权力与校长权力的边界，加强相互之间的监督。

以党委监督校长权力运行，并实现两者协调运行是最有效的内部监督方式。《关于进一步加强高等学校法治工作的意见》从完善学校法人治理结构的角度，为大学党委与校长之间的会议制度、决策制度、治理体系等的构建与运行提供了指南，形成了有力的监督制约格局。该意见规定："完善学校法人治理结构。坚持和完善以党委领导下的校长负责制为核心的学校领导体制和治理体系，推进决策、管理的科学化、民主化、法治化。依据国家有关规定，健全校党委全委会、党委常委会、校长办公会议（校务会议）等议事范围和议事规程。建立学校权责清单，进一步健全办学自主权运行机制和监督机制，防止滥用。重大决策全面落实师生参与、专家论证、风险评估、合法性审查和集体讨论决定的程序要求，确保决策制度科学、程序正当、过程公开、责任明确。探索建立法治工作机构负责人列席学校决策会议并发表法律意见的机制。法治工作机构的意见要记入拟发布文件的起草说明和决策会议的会议纪要。进一步加强学术委员会建设，完善学术治理体系，尊重学术自由、健

全学术规范,保障学术委员会依照国家法律及大学章程开展工作,充分发挥其在学科建设、学术评价、学术发展和学风建设等方面的重要作用。进一步发挥教职工代表大会制度、学生代表大会制度的作用,保障师生依法、依学校章程有序参与学校管理。探索建立师生代表参与学校决策的机制,激励师生关心学校改革发展。推动健全理事会(董事会)制度。依法健全信息公开机制,加大主动公开力度,自觉接受社会监督。"

党委是大学的领导核心,校长负责是大学治理效率的体现;党委是大学的领导机构,校长是党委会和校长办公会决策的执行者,其行使行政权力开展工作很大程度上是按照党委的意思表示,但如果我们对党政相互制衡的组织设计思路不清晰,就有可能造成大学管理混乱、工作思路不清晰,学校发展会受到重大影响。同时,学校党委书记与党委班子成员要基于对学校事业负责的态度,监督校长权力运行,班子成员每天近距离接触校长,对校长的行为与权力行使有着直观感受,能更精准地监督校长,因此,要让党委监督校长权力的作用更为直接和有效,必须对行政权力和党委权力进行区分,在制度设计上,充分考虑两者的权力功能,避免权力的重叠或权力的中空。"党委领导与校长负责紧密结合的领导体制,既实现了高校决策执行的相对分离与权力制约,有其内在的科学性,也体现了现代大学治理的基本特征,并具有逻辑上的合理性,二者高度统一,相得益彰。"① 因此,根据我国大学目前的领导体制,有必要在国家法律上或党内法规上明确两种权力的边界,如党委负责学校发展方向的把握,监督校长是否落实了党的教育方针与政策,是否依法办学等重大事项;校长作为大学法定代表人,主要负责落实学校党委决策,负责教学、科研和学校管理的具体业务,确保学校行政系统的正常运行。

在党委和行政关系处理上,"党委要充分调动校长和其他行政领导的积极性和主动性,大力支持校长独立负责地行使职权;校长要对学校党委负责,

---

① 周叶中. 着力建设中国特色世界一流大学[N]. 学习时报,2017-04-24(01).

对党委的领导负责，对党的决议负责，独立负责地行使行政管理职权，使党委的决议在行政管理工作中得到全面贯彻"①。因此，党委既要大力支持校长独立负责地依法行使职权，校长也要对党委负责，充分发挥党委助手作用，全面贯彻执行党委决议，确保行政管理工作落实党委意图。同时，党委要通过落实主体责任，领导纪委履行监督责任，按照《全面推进依法治校实施纲要》要求，全面推进党委和行政依法治校，确保以校长为代表的行政权力在规定范围内行使。

民主集中制是保证大学科学决策的最好制度。中国共产党十八届六中全会通过的《关于新形势下党内政治生活的若干准则》指出：民主集中制是党的根本组织原则，是党内政治生活正常开展的重要制度保障。坚持集体领导制度，实行集体领导和个人分工负责相结合，是民主集中制的重要组成部分，必须始终坚持，任何组织和个人在任何情况下都不允许以任何理由违反这项制度。《关于新形势下党内政治生活的若干准则》要求："各级党委（党组）必须坚持集体领导制度。凡属重大问题，要按照集体领导、民主集中、个别酝酿、会议决定的原则，由集体讨论、按少数服从多数作出决定，不允许用其他形式取代党委及其常委会（或党组）的领导。落实党委常委会（或党组）议事规则和决策程序，健全常委会向全委会定期报告工作并接受监督制度，坚决反对和防止独断专行或各自为政，坚决反对和防止议而不决、决而不行、行而不实，坚决反对和防止以党委集体决策名义集体违规。"

民主集中制追求的是民主下的集中和集中下的民主的有机结合。党委领导下的校长负责制是按照党的民主集中制原则，实行集体领导、分工负责的制度，它既是中国大学的特色所在，也是中国大学的优势所在。党委既是大学全局工作的领导核心，更是大学的政治领导核心。坚持党委领导下的校长负责制这一大学根本领导体制，重要的是破除以党代政、党政不分的现实困

---

① 梁权森. 基于法治的现代大学治理结构分析 [J]. 当代教育论坛（教学研究），2010（10）：18—20.

境。中国共产党通过执行民主集中制,有效解决了党委与行政、党委书记与校长权力行使的问题。民主集中制是大学内部治理的根本原则。大学通过"集体领导、民主集中、个别酝酿、会议决定"的原则研究决定学校"三重一大"事项,形成分工合作格局,凝聚了工作合力。在制度设计方面,大学党委决定"三重一大"事项时,坚持贯彻一把手末位表态制,但对于分歧较大的问题,要求暂缓讨论决定,待条件或时机成熟后再重新上会讨论,而不由一把手说了算,特别是党委书记与校长在重大问题上存在分歧的情况下,更应该慎重决策,防止以权压人,以权决事。党委书记和校长作为大学内部治理的两大主导力量,在《高等教育法》规定大学"依法自主办学,实行民主管理"尚未规范的情况下,"自主办学"成就了大学党委、校长至高无上的内部管理权和无限的自由裁量权。在大学章程的法律效力没有得到国家法律实际认可的情况下,只有通过立法层面,明确大学法人属性与校长法律地位,才能在法律上规范、约束党委权力和校长行为。

党委支持校长依法行使职责,不干预校长行使具体职责,双方各司其职,各负其责,分工协作,密切配合。按照《高等教育法》《关于坚持和完善普通高等学校党委领导下的校长负责制的实施意见》等国家法律与党内法规规定,党委支持校长全面负责教学、科研和行政管理工作,尊重、支持校长按照高等教育法的规定独立负责地行使职权,校长要服从学校党委领导,全面贯彻党的教育方针,执行党委决定,积极主动、独立负责地做好教学科研行政管理工作。要通过建立党委书记和校长经常性沟通机制,确保党委书记和校长在事关学校生存与发展的重大事项上保持一致意见。

坚持党的领导,积极贯彻落实党的教育方针是中国特色现代大学制度的本质特征;坚持党委领导下的校长负责制,进一步完善教育法规体系是中国特色现代大学制度的最大优势。完善我国大学内部治理体系,构建现代大学制度,明确大学校长法律地位,必须将国家法律与党内法规有机结合起来,形成两者互补的制度体系。在教育法治体制中,国家法律与党内法规都是推动大学依法治理的有效武器，共同巩固了大学党委领导，共同完善了大学内部治理结构，共同推动了党委领导下校长负责制的落实。

三、以校长权威保障大学回归学术本位

大学自治的根基是学术自由。追求学术自由不仅是学者的根本使命，更是大学校长保护教师根本利益义不容辞的法律责任。美国学者罗伯特·波斯特在《民主、专业知识与学术自由——现代国家的第一修正案理论》认为，言论自由和学术自由应分别服务于民主正当（democratic legitimation）和民主胜任（democratic competence）这两种完全不同的价值。在学术自由这个领域中，校长应该有服务于学术正当与学术胜任两种价值的追求。美国通过评议会加强对大学校长权力的制约，同时也通过评议会向校长提供咨询和支持校长的决定来增强校长的权力。

在大学行政还处于官僚化阶段的背景下，教授们在学术领域普遍缺乏治学话语权，以学术委员会为代表的学术机构在大学政治权力与行政权力中充当的是咨询机构角色，在学术事务上不能发挥决定性作用，这导致学术权力处于弱势，甚至被边缘化。很多大学章程规定了学术委员会在学术领域具有最高决策权，但在学术委员会具体行使职权的规定中，基本上都是审议、评审、评定等权力，这些权力还要在校长办公会或党委会上经过讨论决定。因此，要让学术真正成为大学自治的基础，无论是学科规划、课程设置、学位授予、课题成果鉴定、科研合作等，都要发挥学术权力的作用，并经过专业人员的集体决策，而不能依靠简单的行政命令，更不能凭借个人权力或权威。

大学校长是大学的最高行政官员，也是大学的学术领导者。在学术权力中，大学校长大部分情况下作为学术委员会主任行使校长行政权力和学术权力。在很多大学，校长担任学术委员会主任，首先是因为校长这个行政职务，并非因为校长是学术方面的权威与代表，因此，基于行政职务担任学术委员会的校长，没有权力单独对学术问题做出决策。然而，我国大学校长选拔任

第七章 我国现代大学制度体系下校长法律地位的保障

用条件的基本要求之一是校长本身就应该是专家学者,其固有的学术权威性必然要求其参与到大学的学术决策中,两者角色在学术机构中经常导致角色冲突,校长以其专业性再加上校长行政身份,从而在学术机构中占有不可挑战的权威。因此,在尊重国家法律、法规和相关政策前提下,进一步加强学术组织建设,确保学术组织的独立性,校长仅作为学术机构的负责人、组织者、协调者,参与学术决策,而只有涉及校长本身的专业领域时,才能发挥其作为专家的特长。以校长退出学术委员会、在任期间不开展科研工作、不带博硕士生来解决校长干涉学术问题,显然不是最好的途径与选择,这荒废的可能不仅仅是校长个人的专业特长,而是我国社会发展所需要的专业人才,特别是我国一些校长甚至是某个领域的绝对权威。所以有学者认为,为解决以校长为代表的行政权力干预学术的问题,要求校长退出学术委员会,"这种强制性的制度安排方式可能在一定程度上防范了行政权力的'越位',但并不是唯一的路径选择"[1]。

2011年,湖南大学新任校长赵跃宇当众宣布,其任期内"不申报新科研课题,不新带研究生"被认为是开风气之先,是明智之举和一种严肃的学术态度。但赵跃宇的"两不承诺"并没有得到大家的广泛认同,至少在大学管理层面上没有得到积极响应,究其原因主要是校长虽然被社会以政府官员的身份去尊重,但毕竟是临时的,是随时有可能改变的,因此,校长应该保持自己原来的学者身份。大学校长本身在某个学术领域有一定的成就,是一个领域的学术权威,通过放弃学术研究,继续维护校长在学术领域的地位,显然是不现实的。一个没有学术地位的校长在与其他校长的对比中很难体现出其应有的地位。虽然校长在学术委员会中作为行政管理者的角色参与事务,但其学术地位确保了校长在学术委员会中的发言权。管理教学、科研工作是国家法律规定的校长主要职责,但如果校长在这方面没有体现出与其身份相

---

[1] 李红伟,石卫林. 大学章程关于学术权力制约机制的规定——基于美、英、德三国大学章程的文本比较[J]. 高等教育研究,2013(07):39-42.

匹配的能力与水平，不管其是否在学术委员会中担任领导职务，都不会得到他人的认可与尊重。

我们认为，由校长作为学术委员会主任，主导学术委员会工作，既能够保障校长对大学学术事务的知情权，也有利于协调学术委员会与行政权力的关系，确保学术委员会在校长领导下发挥重要作用。在学术委员会治理模式中，校长应该更多地发挥组织协调作用，并通过其专业水平，与其他学术委员会成员一样，行使学术权力，参与学术决策。保证大学学术权力能够在大学治理中占有重要地位，首先就要保证校长关心重视学术研究在大学中的作用，能够站在公平、公正立场，坚持"维护学术自由的原则，制止来自任何方面的对学术研究的粗暴干涉和对不同学术观点的压制"①。一个自身有着深厚学术基础的校长，必然能体会到学术研究对自身与学校发展的重要性，所以必然会重视学术权力。因此，充分发挥大学校长的学术专长，有利于校长在行政权力与学术权力中主动寻找权力的平衡点，防止学术权力与行政权力非此即彼的臆断。

在大学学术纠纷中，校长作为学术委员会主任，很难避免其个人利用行政权力的权威性干预学术纠纷判断，但学术委员会可以通过建立各种专门性机构，对学术评价委员会等内设机构，用教授评价教授的方式，确保学术委员会在评判上的公正性。当然，保持司法审查的适度干预，是对校长权力的有效规制，如对学术委员会授予学位问题开展司法审查，既是维持学术自由的有效手段，更是保护教师权力的必要途径。

但这种司法审查应该是有限度的。法院在《何小强诉华中科技大学履行法定职责纠纷案》的裁判摘要中指出："学位授予类行政诉讼案件司法审查的深度和广度应当以合法性审查为基本原则……对学士学位授予的司法审查不能干涉和影响高等院校的学术自治原则。"从这个判例中可以看出，司法对大学学术自由的保护与重视。维护学术自由是学校党政机构应保护的大学教师

---

① 冯向东. 大学学术权力的实践逻辑[J]. 高等教育研究, 2010 (04): 28—34.

的基本权利,学术委员会作为大学教授治学、民主管理的主要机构与平台,要通过校长的权力运作,界定好行政权力与学术权力的边界,维持学术独立性和权威性,构建大学内部治理的良性运行体制机制。

第三节 以规则之治保障大学校长治理权力

"改革开放以来,国家通过法律确权、简政放权、章程赋权、依法维权等多种举措,落实和扩大我国公办高等学校办学自主权,对促进我国高等教育发展起到了重要作用。"[1] 从国家法治治理走向大学规则治理是大学内部治理的必然之路。大学内部治理并非完全意义上的国家法治,更多的是规则治理,依靠的是大学的内部规范。完善大学内部治理结构,实现大学治理的制衡,重要的是"厘清大学内部各种权力的有效边界及其归属,避免职能交叉,权责不清;实现权利对权力、权力对权力的有效制约,形成良好的权力制衡与监督的运行机制"[2]。

一、以职员制度克服大学校长治理科层阻碍

实现依法治校的总体目标,既要将以校长为代表的权力主体的行为始终限制在法律规定的范围内,也要通过法律保障校长等大学权力系统依法行使权力。可以说,如果不授权校长足够的法定权力,那么校长负责制就成了一句空话;如果不对校长的权力加以约束,就有可能造成对他人或公共利益的直接损害,校长法律地位也不可能得到保护。保障大学校长法律地位的着力

---

[1] 孙霄兵. 我国高等学校办学自主权的发展及其运行 [J]. 中国高教研究, 2014 (09):9-15.
[2] 尹晓敏. 利益相关者参与逻辑下的大学治理研究 [M]. 杭州:浙江大学出版社, 2010:81.

点在于构建中国特色的现代大学制度。

"立善法于一国，则一国治。立善法于一校，则一校治。"法治是治国理政的基本方式，是提高国家治理体系与治理能力现代化的根本要求。在推进我国实现教育大国向教育强国转变过程中，高等教育肩负着高层次人才培养、科学研究、社会服务和文化传承与创新的重要使命。然而，在我国大学法治进程中，面临着教育行政组织与校内组织两大系统运行的体制性障碍。

在内部结构方面，主要是大学组织的去行政化问题。推进我国双一流大学建设，建设教育强国，就必须改变大学对政府的绝对依赖关系，改变大学内部组织机构运行的行政化倾向，改变大学金字塔式的行政控制关系，改变行政部门掌握分配大学资源的绝对权力，完善大学内部行政组织，推动大学行政程序法治化，推进大学权力行使的法定化，以权力制衡方式实现大学内部法人治理与政府对大学管理的"善治"。

"大学自治悖论现象的实质在于政府和大学之间的组织关系因为权力制约和资源依赖而变得高度'行政化'。"① 大学这种追求独立发展的期待与过度依赖政府的事实的矛盾，造成了政府的"完全控制"和大学无约束的"绝对自治"，这两种模式对大学治理都是有害的。在大学治理结构中，批判大学存在行政化倾向主要因为校长的官员身份以及等级森严的科层管理制度。大学自治是大学作为事业单位独立法人，在法律规定的范围内享有自主办学、自主管理大学内部事务的权力。大学"去行政化"并不仅仅是大学本身的问题，而是处理政府与大学关系中的法律与政治问题。

大学去行政化，并不仅仅是取消大学行政级别、减少政府权力对大学办学的行政干预，更需要防止大学内部管理的行政化倾向，即校长在赋权给行政人员的同时，要防止行政人员利用手中的权力，不正当地干预教学、科研等专业性业务，形成行政权力的越位。《国家中长期教育改革和发展规划纲

---

① 任增元. 权力制约、资源依赖与公共选择：大学自治悖论的实践逻辑 [J]. 清华大学教育研究，2012（06）：111—118.

（2010—2020年）》明确大学要"克服行政化倾向，取消实际存在的行政级别和行政化管理模式"。大学去行政化，实质是还大学公益组织的社会本质和学术自由的个性追求。

我国试图通过在大学实行管理人员教育职员制度去大学行政化。1995年的《教育法》第三十五条规定："学校及其他教育机构中的管理人员，实行教育职员制度。"1998年的《高等教育法》第四十九条规定："高等学校的管理人员，实行教育职员制度。"修订后的《教育法》《高等教育法》均保留了学校和大学管理人员实行教育职员制度的规定。《关于深化高等学校人事制度改革的实施意见》指出，"高等学校的管理人员实行教育职员制度"，要求"教育职员制度先在部分高等学校进行试点，在取得经验、完善办法后逐步推开。"2007年出台的《关于高等学校岗位设置管理的指导意见》提出："要积极探索符合高等学校特点的高校职员制度。"可以说，大学实行职员制是去行政化、转变政府职能的有益尝试，符合教育发展基本规律和政府部门探索教育行政实现"放管服"的基本要求，只是从目前实行的过程来看，效果并不理想，基本上没有哪个大学明确教育职员制度已完全落实到位。

二、以大学章程实现大学校长治理权力衡平

衡平概念起源于英美法系，是公平与正义的体现，是实质正义的原则与方法。大学章程制定的基本依据是宪法和法律法规，我国《教育法》《高等教育法》规定大学成立的必备条件之一是要有大学章程。大学章程是大学自治的内部规范性文件，是大学依法自主办学、实施管理和履行公共职能的基本准则，是建设中国特色现代大学制度的基本要求，是完善大学内部治理结构、健全内部管理体制、实现大学依法治校的根本保障。

1995年的《教育法》第二十六条明确规定："设立学校及其他教育机构，必须具备以下基本条件：（一）有组织机构和章程。"同年出台的《关于实施〈中华人民共和国教育法〉若干问题的意见》进一步提出："各级各类学校及

其他教育机构，原则上应实行'一校一章程'。《教育法》施行前依法设立的学校及其他教育机构，凡未制定章程的，应当逐步制定和完善学校的章程，报主管教育行政部门核准。"修订后的《教育法》第二十七条规定，设立学校及其他教育机构必须有组织机构和章程，第二十九条规定学校按照章程自主管理，但法律并没有关于章程的其他具体规定和要求。《高等教育法》第二十五条规定，设立高等学校，应当具备教育法规定的基本条件，这个基本条件包括章程，第二十八条明确了高等学校章程应当规定的十项事项，即"（一）学校名称、校址；（二）办学宗旨；（三）办学规模；（四）学科门类的设置；（五）教育形式；（六）内部管理体制；（七）经费来源、财产和财务制度；（八）举办者与学校之间的权利、义务；（九）章程修改程序；（十）其他必须由章程规定的事项。"章程是"学校的'宪法'，既要解决外部治理问题，也要解决内部治理问题，从而成为制定学校治理规则的法定依据"[1]。章程经过教育行政主管部门审核批准后，就具有了法律效力，是学校内部治理规则的"上位法"，具有根本性、纲领性和权威性，其制定与修改都有严格的程序要求，一切有违大学章程精神和规定的办学和管理行为都是无效的。

朱家德指出现代大学章程具有四方面的共同特质：第一，大学章程规定大学的使命是追求公共利益和学术真理；第二，大学章程规定大学权力主体是大学利益相关者；第三，大学治理是大学章程的核心内容；第四，大学章程的主要功能是规制大学权力的运行。大学章程是大学依法治校、规范大学行政权力和学术权力正常行使的依据和准则，但大学章程的法律效力并没有得到司法界的广泛认可。因此，要消除大学自治的内外部阻力，必须先提升大学章程的法律位阶。

正如前文所阐述的那样，大学章程的制定主要是由学校小部分人行使的权力，其制定过程并不公开，也很少征求其他利益相关主体的意见。虽然章程明确了修改程序，但这种修改依然围绕学校管理的实体规则展开，对于相

---

[1] 杨琼.治理与制衡：学校法人论[M].北京：教育科学出版社，2011：91.

关利益主体行使权力的规则并没有什么条款规定,由此形成了大学章程所规定的管理者单方性权利。因此,企图通过大学内部自治性质的大学章程来保障大学利益根本是不现实的。大学内部治理与内部治理结构存在着很多不规范或不确定性的因素,从而使大学在内外关系处理上难以做到游刃有余,甚至在教育行政部门行政权力的强力干预与制约下,难以保证其独立法人地位,无法有效保障自身利益不受损害。要解决这些问题,必须在认真梳理现行教育法律法规的基础上,分析这些教育法律法规有关大学自治所存在的问题,通过制定统一规范的《大学法》《大学法人法》等国家法律或者将《关于坚持和完善普通高等学校党委领导下的校长负责制的实施意见》等党内法规关于校长权力或组织运行程序等规定进一步细化分解,以规定大学的性质与法律地位、学校的职权和职责、学校的内部运行机制、学校与教师的法律关系、学校与学生的法律关系、学校的法律责任及争议解决的途径等,明确政府和学校的职权和责任分担,扩大社会对教育事业的参与和监督,确定学校运行和内部组织机构,明确学校法律责任和争议的解决方式。① 只有以国家法律法规的权威性和党内法规的强制性,克服大学与其他利益主体之间的矛盾与冲突,才能保障大学内部治理结构的平衡性、平稳性和有效性。

  大学依据章程进行自我规范,却又因为每一个大学都有自身的特点,其所制定的章程并不能成为中国大学内部运行的统一标准,因此,章程不可能成为政府裁判或司法判决的依据。"赋予大学章程应有的法律效力,是从法律层面将大学自治诉求合法化的重要途径。"② 教育部1999年出台的《关于加强教育法治建设的意见》明确要求:"各级各类学校特别是高等学校要提高依法管理学校的意识,依据法律、法规的规定,尽快制定、完善学校章程,经主管教育行政部门审核后,按章程依法自主办学。"教育部2003年出台的《关于加强依法治校工作的若干意见》强调:"学校要依据法律法规制定和完

---

① 马怀德. 学校法律制度研究 [M]. 北京:北京大学出版社,2007:1-4.
② 郭为禄,冯望. 论政府职能转变对大学自治的回应——以管理与自主间的衡平为切入的研究 [J]. 行政法学研究,2010(02):13—20.

善学校章程，经主管教育行政部门审核后，作为学校办学活动的重要依据。"这些规章制度都强调要尽快制定章程，明确章程必须经教育行政主管部门审核，学校要按章程落实自主办学。

《国家中长期教育改革和发展规划纲要（2010—2020年）》规定："各类高校应依法制定章程，依照章程规定管理学校"，强调"学校要建立完善符合法律规定、体现自身特色的学校章程和制度，依法办学，从严治校，认真履行教育教学和管理职责"。《中国教育现代化2035》在"推进教育治理体系和治理能力现代化"中再次提出"提高学校自主管理能力，完善学校治理结构，继续加强高等学校章程建设"。《高等学校章程制定暂行办法》第三条提出："章程是高等学校依法自主办学、实施管理和履行公共职能的基本准则。高等学校应当以章程为依据，制定内部管理制度及规范性文件、实施办学和管理活动、开展社会合作。"第五条提出："高等学校的举办者、主管教育行政部门应当按照政校分开、管办分离的原则，以章程明确界定与学校的关系，明确学校的办学方向与发展原则，落实举办者权利义务，保障学校的办学自主权。"这明确了大学章程是依法制定的大学内部管理规范，是国家法律法规在大学管理中的延续，对于大学举办者、大学及大学直接利益关系者都有约束力。

2013年9月颁布的《中央部委所属高等学校章程建设行动计划（2013——2015年）》要求，到2015年底，教育部及中央部门所属的114所大学，分批全部完成章程制定和核准工作。教育部2015年下发的《关于加快推进高等学校章程制定、核准与实施工作的通知》指出："章程的生命力在于执行。"大学章程作为大学内部宪章，在通过政府主管部门行政核准后具有法治效力，应该体现大学特色，适合大学运行要求。有学者认为，实现大学内部治理与外部治理的平衡性，"有赖于大学章程对自治的规定。而章程是否具有法律效力，则是大学自治能否得到法律保护的根本。"[①]

大学章程是推动和规范大学依法自主办学和在法律框架下行使自治权利

---

① 郭为禄，冯望. 论政府职能转变对大学自治的回应——以管理与自主间的衡平为切入的研究[J]. 行政法学研究，2010（02）：13—20.

的基本依据,是处理大学与教育行政机构、大学与企业及其他社会关系的基本准则。然而,在实际操作过程中,我国绝大多数大学没有制定大学章程,即便制定了大学章程,也被束之高阁,学校处于"无章办学"的状态①,没有将章程文本变成具体治理行为,使本应成为具有抵御外部干预的大学章程除了作为大学内部运行的规则以外,没有丝毫的对外法律效力,这彰显出我国大学管理的无序与非理性。

在大学章程中,除了明确以党委书记为代表的党委和以校长为代表的行政的职责职权,以保障党委领导权力、校长行政权力、教师学术权力和师生民主监督权力的正常行使外,还要在大学内部治理结构中,积极"探索建立理事会、董事会、管委会等多种形式的治理结构,健全决策、执行和监督机制",通过扩大理事会的职责,赋予理事会大学相应的决策咨询和监督职能,切实扩大大学的民主决策基础,增强社会监督能力。我们要通过进一步完善《高等学校章程制定暂行办法》,甚至将实施大学章程上升为国家立法,从而在大学内部管理体制中落实校长在大学内部治理体系中的主体责任,促使各高校章程制定进入实质性操作阶段,让大学各利益主体尊重章程、维护章程,形成以国家法律、党内法规和大学章程为一体的完善、规范、统一的制度体系,构建保障各大学法人权力规范行使和运行的制度基础。

三、以规则之治确保大学校长治理程序正当

法治的核心要义是程序之治。现代法治的基本内容之一就是体现程序公开、程序参与、程序理性、程序自治等理念和原则。西方大学章程在规范大学权力运行方面体现了"最低程序的程序公正",强调公平正义原则在大学治理过程中的适用,试图在正义与效率之间寻找合适的平衡点。

"程序既是为保障权力正常运行所修筑的通道,又是防止权力失控所设置

---

① 刘献君.论大学内部权力的制约机制[J].高等教育研究,2012(03):1—10.

的藩篱。"① 程序公正是法治区别于人治的重要特征,程序不当是导致大学司法审查失败的重要原因。在"狄克逊诉亚拉巴马州高等教育委员会案""戈斯诉洛伯兹案""佩蒂诉伦敦大学案"中,教育机构均因为程序失当而败诉;北京大学、武汉大学等大学因对学生实施行政行为所引起的诉讼中,大多也因程序不当而败诉。

大学法治化的意义就在于大学管理的正当程序化,因为程序是制约权力运行的重要机制,能够对权力运作形成直接制约。现代大学依法行政的首要任务是依法制定内部规则,以内部规则将"正当程序"贯穿于法人治理的全过程。大学党委作为大学内部治理结构中的顶层,在大学章程中明确党委的政治权力,容易造成大学内部治理规章与党章等党内法规的严重冲突。党委领导大学的一切是大学运行的核心要义,党委决策的特殊性决定了大学重大事项的决策程序无法完全实现现代法治要求的公开、透明,因此,实现党委领导与大学决策程序公开化接轨是完善大学法治化进程的重要课题。教育行政部门或地方立法机关可以根据教育的实际情况或地方立法情况,先行制定《高等教育重大行政决策程序规定》,以规范高等教育重大行政决策行为。

校长负责制,并不意味着大学教学、科研、行政管理等各类事项都由校长一人决定。目前,校长权力在具体行使过程中面临着很多实际困难,如校长履职方式、校长办公会组成人员、党政议事内容、校长与副校长之间的职权分工、校长办公会议事方式、决策程序等方面都存在不明确的地方,一些本该由校长办公会讨论的事项,变成了由党政联席会议讨论决定,甚至要经过党委会决定,校长对一些职责范围内的事,有时要先听取党委书记的意见才能做最后决定。这些问题的存在与法律规定校长依法独立行使职权的规定有一定的矛盾与冲突。实现善治是校长管理大学的基本要求。一所大学动辄几万师生,校长如果不具备管理好一所大学的能力与水平,既有可能损害广

---

① 刘献君. 论大学内部权力的制约机制[J]. 高等教育研究, 2012 (03): 1—10.

大师生的合法利益，更有可能损害社会主义的办学根基，办不出人民满意的大学，其责甚大。大学内部治理由大学党委和行政通过自身活动确保大学各主体、各部门之间的权力合理配置与机制顺畅运行。目前我国大学内部治理结构虽然层级关系明确，但在治理功能与权力配置之间存在一定程度的冲突和失衡，现代化大学的法治化转型滞后。

从党委和校长权力边界看，党委领导和校长负责之间并无明确界限，职责和权力划分不清晰，学术权力、行政权力及民主监督权力之间权责不明，校级管理和院级管理权责划分不合理，权力协调与约束机制、科学决策与责任追究机制、利益表达与违法惩戒机制等都不健全，这是我们今后完善大学内部治理结构要努力改进的方向。

四、以党内追责问责落实大学校长内部治理责任

完善权力运行制约和监督机制，就必须形成有权必有责、用权必担责、滥权必追责的制度安排。目前，我们根据党内法规和国家相关法律可以启动对大学校长的追责问责，但真正要把追责问责实行起来还是困难重重。从对整个大学内部治理的人员组成看，从事高等教育或者从事教育工作的人员众多，人员成分、编制形式多样，难以通过一部或几部国家法律法规或党内法规对所有事业单位工作人员的处分处理进行统一规范；从对领导干部权力行使的规范来看，仅仅通过《关于实行党政领导干部问责的暂行规定》《事业单位工作人员处分暂行规定》等党内法规和规章制度来规范，效果并不理想。

对大学校长启动追责问责，首先要完善大学校长党内责任追究体系，为实施党内问责提供清晰的判断标准，使问责有据可依。要根据权责一致的原则，即校长在管理大学过程中，出现什么样的责任失职，就承担什么样的后果，充分发挥问责制的作用。美国以董事会的形式加强对大学校长权力行使的控制权，董事会的职责非常清晰且强大，任免大学校长就是董事会的重要任务之一，但董事会并不直接介入大学管理事务，他们将许多权力委托给校

长，仅保留最终的法律控制权，校长的行为受到董事会的监督与制约。更为重要的是，教师、学生家长、社会舆论等同样对校长具有弹劾或罢免的权力，这与我国由上级组织任命校长，校长对上级组织负责的规定完全不一样。因此，我国要对校长的任免权限进行一定的改革，至少在法律中要明确校长既对上级组织负责，也要对大学师生和相关利益主体负责，大学相关利益主体有基于校长履职不力情况对大学校长提出弹劾或罢免的权利，这不仅有利于各方积极参与大学管理，也有利于规范校长权力的行使。要充分发挥各方力量在校长问责中的作用，如民主监督、新闻媒体等，最终达到问责的目的。新闻媒体的监督往往能够影响校长的行为，第六章所列举的几个对大学党政主要领导追责问责案例，基本上都源于新闻媒体的推动，而并非由相关问责主体在发现问题后主动开展追责问责。

在对大学校长党内追责问责的制度构建上，我们要明确几个基本的问题。一是明确问责主体，即明确由谁来问。坚持授权者负责监督，发现问题及时处置。强化上级组织对下级组织特别是主要领导干部行使权力的监督，防止权力失控和滥用。《中国共产党问责条例》规定党委（党组）、纪委和党的工作机关分别是各自职权范围内的问责主体。《中共教育部党组贯彻落实〈中国共产党问责条例〉实施办法（试行）》规定了教育部党组、直属单位党委（党组）、直属高校党委三类问责主体，对相关党组织和党的领导干部的主体责任、监督责任和领导责任进行追责问责，并对启动问责程序的主体做出规定。大学党委作为问责主体，应该在问责的启动、调查、处理、执行过程中发挥作用，加强对本校问责工作的领导，发挥好整体优势，追究失职失责党组织和党员干部的主体责任、监督责任和领导责任。大学纪检监察机关是党内监督专责机关，监督执纪问责是其本职工作，应该将协助同级党委推进全面从严治党、开展问责作为其一项政治责任。大学其他职能部门必须依据职能履行监督职责，实施其管辖范围内的问责工作。二是明确问责内容，即明确问什么。问责的本质是政治监督，因此，问责不仅要讲政治，更要讲程序、讲证据。要明确职能定位、自由裁量权的内容和范围，划分权力边界，明确责任范围，防止权力和责任的交叉重叠和覆盖不全，避免出现真空地带。三是明确问责方式，即明确怎么问。习近平总书记指出：要"充分运用'四种形态'提供的政策策略，通过有效处置化解存量、强化监督遏制增量，实现政治效果、纪法效果、社会效果有机统一"。"四种形态"包括经常开展批评和自我批评、约谈函询，让"红红脸、出出汗"成为常态；党纪轻处分、组织调整的成为违纪处理的大数；党纪重处分、重大职务调整的成为少数；严重违纪、涉嫌违法立案审查的成为极少数。"四种形态"是推进全面从严治党的关键抓手，2017年被写入新修订的党的十九大党章，2018年被列入新修订的《中国共产党纪律处分条例》，2020年被明确为全面从严治党的政策策略，体现了党内问责的分类施治、分层施策的方法与原则。

要做到问责的精准性，除了要坚持"严"的主基调外，还要善于做到"三个区分开来"，即"要把干部在推进改革中因缺乏经验、先行先试出现的失误和错误，同明知故犯的违纪违法行为区分开来；把上级尚无明确限制的探索性试验中的失误和错误，同上级明令禁止后依然我行我素的违纪违法行为区分开来；把为推动发展的无意过失，同为谋取私利的违纪违法行为区分开来"，防止"一有错就问责，一问责就动纪"的不当问责引发的恶性循环的发生。问责的目的是加强纪律建设，推进全面从严治党，根本是做到"两个维护"。对大学校长的问责，必须体现在坚持立德树人，培养担当民族复兴大任的时代新人的目标上。

目前，《监察法》虽然扩大了监督范围，但大学作为事业单位，在国家监察体制改革没有完全到位的情况下，很难通过内部设立的监察部门行使对大学所有国家工作人员的监察权，特别是对大学校长权力运行的有效监督。因此要实现对从事教育的国家工作人员进行恰当的处理处分，我们可以参照制定《国有企业领导人员廉洁从业若干规定》等管理办法，制定符合大学或教育单位特色的、能够规范其行为的国家法律或党内法规。同时，我们要注重党内法规与国家法律之间的衔接关系,确保违法犯罪的大学校长和党员领导干部及时受到党内纪律处分和法律制裁。

第四节 以权利救济保障大学校长治理正义

"扩大和保障公民权利,最为关键的是要建立和强化权利救济制度,形成灵敏、有效的权利救济机制。"① 权利和权力是现代法治社会的两个轴心,通过权利制约权力是实现社会法治的一种有效方式。校长行使权力要以保障师生合法权利为基本指向,对于损害大学和师生利益的行为要赋予校长行使救济权利,而对于校长行使权力损害师生合法权利的要追究校长责任。对校长责任追究除了发挥惩处功能外,更多的是一种权利救济。

一、以司法审查防止大学校长治理权力滥用

法治思维、法治手段、法治原则是保障大学管理权适当行使的必然途径,司法审查是防止大学内部治理权力滥用的有效手段。美国教育行政控权论的核心是司法审查理论,其通过一系列司法判决确定了大学自治原则。更为重要的是,美国宪法第四修正案通过之后,法院开始就大学章程本身的公正性和合法性进行审查。

在我国,维护教育正义、公平是大学治理的基本理念,这种基本理念必须在国家法律主导下以规范大学治理中的各种权力运行为基础。加强国家权力对行政权力的法治化引导,"应对当下高等教育管理中的权力冲突与失衡的困境,构建公正、统一、普遍、规范的高校法治原则,不仅是高等教育治理

---

① 李伯超. 宪政危机研究 [M]. 北京:法律出版社,2006:179.

现代化的关键问题，也是构建中国特色现代大学制度的重要基础。"① 法治是防范以校长为代表的大学行政系统滥用行政权力的最好方式，制度是解决人治的最好办法。

完善大学内部治理结构，首先要把校长办学与管理大学的行为纳入法治轨道，实现依章程办学。大学章程对于师生惩戒的程序规定并不完善，这容易导致大学相关人员对制度的自我解释，形成自由裁量。自由裁量权滥用是对法治的最大伤害。公共行政学中有一个简洁却深刻的等式："腐败＝专权＋自由裁量权－问责－廉政性－透明度"，即使一般工作人员也有滥用这种权力的可能性与基础。校长作为"关键的少数人"，是自由裁量权的主要掌控者，他不仅在某种程度上决定着大学教师的薪酬绩效，也决定着学生的教育权与受教育权的宪法性权利的行使。因此，保障大学法治的公平、正义，必须强化对校长权力的法律监督与司法审查，构建滥用权力的追责问责机制。

但这种司法必须坚持有限审查原则，把握介入的限度，以防止"外部权力借此机会，以司法名义干涉大学的独立，对学术自由和大学自治产生不利的影响"②。换句话说，法院并不能对大学自治中的所有活动进行司法审查，这既有对法院本身司法资源的考量，也有对大学依法自治的考量，如对于学生学位论文质量是否合格，就不能进行司法审查，但可以对授予学位的程序、主体是否合规合法做出司法判决。这样的司法干预既实现了法院对大学生受伤害权利的救济，也保持了大学自治的独立性，更有利于保证司法的权威性，节约司法资源。

对大学行政管理权的司法审查，既有利于规范以校长为代表的行政人员的行政权力，更是贯彻"有权利必有救济""有权力必有制约"的行政法理念的重要体现。有关教育方面的诉讼适用于《民事诉讼法》《行政诉讼法》等有关规定，而教育纠纷还可以通过仲裁等方式得到解决。除此之外，我们

---

① 黄彬. 论公立高校外部行政权力法治化［J］. 教育发展研究，2015（011）：49—54.
② 湛中乐. 高等教育与行政诉讼［M］. 北京：北京大学出版社，2003：461.

还应该按照《高等教育法》《普通高等学校基层组织工作条例》《高等学校章程制定暂行办法》《关于坚持和完善普通高等学校党委领导下的校长负责制的实施意见》等法律法规和党内法规要求，坚持和完善党委领导下的校长负责制，依法处理大学事务是办好中国特色现代大学的根本要求。

二、以申诉复议完善大学校长纠纷化解机制

将法治作为解决大学利益冲突和矛盾问题的基本方式是解决大学各种纠纷的必要手段。中国共产党十八届四中全会指出，要健全社会矛盾纠纷预防化解机制，完善调解、仲裁、行政裁决、行政复议、诉讼等有机衔接、相互协调的多元化纠纷解决机制。这对于整个社会如此，对于大学亦应如此。

《全面推进依法治校实施纲要》中对于运用多种方式解决大学内部矛盾与冲突提出了明确要求。纲要在"健全学校权利救济和纠纷解决机制，有效化解矛盾纠纷"中提出："依法健全校内纠纷解决机制。要把法治作为解决校内矛盾和冲突的基本方式，建立并综合运用信访、调解、申诉、仲裁等各种争议解决机制，依法妥善、便捷地处理学校内部各种利益纠纷。要特别注重和发挥基层调解组织、教职工代表大会、学生团体和法制工作机构在处理纠纷中的作用，建立公平公正的处理程序，将因人事处分、学术评价、教职工待遇、学籍管理等行为引发的纠纷，纳入不同的解决渠道，提高解决纠纷的效率和效果。要尊崇法律、尊重司法。对难于在校内完全解决的纠纷，应当按照法定程序，提交有关行政机关、仲裁机构、社会调解组织或者司法机关依法解决。对师生与学校发生的法律争议，学校应当积极应诉，认真落实法律文书要求学校履行的义务。"

《国家中长期教育改革和发展规划纲要（2010—2020年）》第二十章"大力推进依法治校"明确规定要"尊重教师权利，加强教师管理。保障学生的受教育权，对学生实施的奖励与处分要符合公平、公正原则。健全符合法治原则的教育救济制度。"《关于进一步加强高等学校法治工作的意见》更是

明确提出了"健全师生权益保护救济机制"的重要内容,强调要"对教师、学生的处理、处分应坚持教育与惩戒相结合,遵循比例原则,严格履行程序,处理、处分决定做出前应当进行合法性审查。建立健全校内权益救济制度,完善教师、学生申诉的规则与程序。

一是探索建立听证制度。对涉及师生重大利益的处理、处分或申诉,必要时采取听证方式,确保做出处分或申诉决定程序的公平公正。二是探索建立校内救济与行政救济、司法救济有效衔接机制,保障教师、学生救济渠道的畅通。三是探索设立师生法律服务或援助机构,为师生依法维护权益提供咨询和服务。大学内部治理过程中,涉及各方面的利益,有相当多的利益主体参与大学内部治理,其想法、理念、目标等都不一样,不可避免会产生利益的冲突与矛盾,需要构建一定的纠纷解决机制来化解。

从目前我国大学内部有关申诉复议制度来看,《教育法》《教师法》建立了教育申诉制度,但这种制度面向的主体是与大学有着共同利益的教育行政部门,因此,在申诉人看来,是很难保证程序正义的制度,其使用效果并不理想。同时,在大学章程和其他大学治理规范性文件中,都规定了申诉复议制度,但这些申诉复议制度却没有得到有效执行,也难以保护师生员工的切身利益。

"对大学自治权内在结构中行政管理权的司法审查可以更加有力地保障学术自由,它应当是大学法治化和现代化的一个重要标志。"[1] 以司法审判的形式制约大学和大学校长的权力滥用,有着极大的约束力。但这种司法审判所带来的社会影响也不容忽视。除了司法审判本身烦琐的程序,会让相关主体难以行使这种救济措施外,其对司法资源的浪费和对党的教育事业所造成的声誉损害同样不可忽视。因此,参照社会治理中有关纠纷解决机制的方式,进一步明确教育纠纷解决机制,扩大学生申诉复议权,制定具有可操作性的教师申诉复议制度。

---

[1] 湛中乐,韩春晖. 论大陆公立大学自治权的内在结构——结合北京大学的历史变迁分析[J]. 中国教育法制评论,2006(04): 58—81.

以申诉与复议制度为基础,建构校内救济程序,以实现对因违法违章之大学管理行为而受到伤害的权利主体的合法权益的救济,是大学章程制定者不能回避的重要内容。① 大学章程作为大学内部治理的规范性纲领,以其统领大学内部治理规范性文件,是大学内部治理不可或缺的内容。《高等学校章程制定暂行办法》第十五条要求"明确学校受理教师、学生申诉的机构与程序"。在大学章程中构建申诉复议制度,有利于大学根据自身学术特点、师生特点构建适合大学特点的申诉复议制度和多元纠纷解决机制,保证大学依法治校的落实。

---

① 李华.大学章程的性质与效力审视[J].四川师范大学学报(社会科学版),2012(04):110—116.

结论与展望

中国的大学是社会主义类型大学，必须贯彻党和政府的教育方针政策，为落实党和国家的教育目标而努力。但能否实现高等教育改革的目标除了必须坚持党的领导外，很大程度上取决于校长是否有权可使，权力能否正确行使和履行。校长能否正当、依法履行职权，又很大程度上取决于大学治理成效与校长的法律地位。大学是历史发展的产物，校长是大学发展的产物，依法治校是校长在大学治理体系中应该担负起的重要职责。大学治理结构是中国特色现代大学制度的核心，校长法律地位决定了大学内部治理结构的完善与否。

校长履行职责就是校长行使权力的过程。校长作为国家法律规定的大学法定代表人和政府授权行使大学行政管理职责的代表，与政府构成了"委托——代理关系"，在政府"激励——约束机制"中践行着"校长负责制"的职能。从管理学角度分析，政府向校长授权后，根据"权责相符原则"，校长要向政府承担与其权力相对应的责任。在实际管理中，党委书记和校长作为学校党组织与行政两个系统的一把手，处于同一官僚体系中的同等位置，在党政同责的制度设计中承担着学校发展的对等责任，这种责任需要在国家法律与党内法规中进一步明确。

日本通过制定《大学法人法》推动了大学的法人化改革。我国关于大学法人地位的规定是明确但不清晰。在国家法律和党内法规都明确赋予了大学法人地位，但在国家法律和党内法规中却又时时透露出对法人地位的约束与限制，从而使大学法人地位没有真正落到实处，校长法律地位与权利行使时常处于模糊之中。因此，我们可以借鉴日本出台《大学法人法》的做法，出台符合我国事业单位法人特色的《事业单位法人法》，以明确大学事业单位法人的性质与法人权利的行使内容。

大学校长作为行政一把手，在大学自主办学过程中，对大学的办学行政行为越来越有话语权，也承担着越来越具体的法律与党纪责任，特别是在"高校越来越'行政化''等级化'，高校的利益相关者既缺乏资源配置的话语权，又无法获得配置资源公开、公平、公正的环境"①下，校长具有的行政权力为其"寻租"逐利大开了方便之门。校长掌握着大学资源，有机会利用法律和政策的空隙和漏洞强化自身权力。在扩大大学办学自主权日益成为一种趋势的前提下，如果没有严格的制度约束和考核机制，缺乏对校长权力运行的有效监管，校长作为行政决策负责人，其权力将处于"区域性"垄断地位，大学对校长行使权力就会处于集体性监督失灵状态，就容易出现校长权力寻租和权力滥用的现象。因此，只有完善国家法律和党内法规的监督与问责机制，才能实现校长权力依法、合理、合规行使。

我们既要实现大学治理与保障校长法律地位，也要防止大学治理及校长权力行使中容易出现的问题。在大学集体决策中，以校长为代表的行政系统显示出行政力量的强大，这种强大使校长权力滥用成为可能。我们前面提到的南昌大学原校长周文彬案就是典型的校长权力缺乏监督与制约而出现权力滥用的案例。但我们不能就此妄下判断，证明校长权力已经失去监管，已经完全处于权力失控状态。事实上，校长权力在党委领导、校长负责、教授治校、民主管理的体制机制运行中得到了有效的约束与制约。要实现校长依法治校，保障党委领导和校长法律地位，应该落实好两个依法保障：一是依法保障党委在大学的领导核心地位，这是与我国的政治体制相适应的大学领导

---

① 张晓明. 高等教育寻租及其规制——兼论我国大学治理改革 [J]. 中国成人教育，2015 (03)：9—12.

体制；二是依法保障校长独立行使职权，这是对依法治国、依法治校的积极回应。换句话说，要完善党委领导下的校长负责制，必须进一步完善国家有关法律和党内法规，形成国家法律与党内法规对党委领导下的校长负责制的双重约束，切实保证和发挥党委在大学的领导作用，加强对校长权力行使的有效监督，防止以校长为代表的行政权力一家独大。

大学以教学科研等专业化活动为基础，其内部组织结构如同政府机关一样，具有级别的严密性和运行的严谨性，呈现出"底部沉重"的组织特点和对"有组织的无政府状态"的天然偏好。我国实行的是党领导一切的政治体制，这对于大学的影响不仅体现在党委领导下的校长负责制的实施上，更体现在大学治理体系中政治权力、行政权力、学术权力和民主监督权力的相互交织中。大学治理既要保证党委领导地位的政治性，又要实现行政权力依法运行的合理性，还要构建和谐和行政权力和学术权力运行体制，这必然要借助大学内部规章制度的规范性作用。

在中国"重人治，轻法治；重义务，轻权利；重实体，轻程序"的法治意识、法制观念、法律文化没有得到彻底扭转的前提下，如果再不完善大学内部治理规章制度，依法治校就无从谈起。大学内部规章制度的制定要符合现代法治要求，"按照法治原则的要求来审查大学的内部规章制度"，"按照正当程序的要求来审查行使行政管理权的行为"，"按照大学自治权内在结构的差异性来把握司法审查的密度"①。我们要通过完善大学内部治理规章制度，构建有关大学领导体制的地方性法规，制定科学合理的大学章程，出台与大学章程相配套的具体实施细则，切实提高大学法人化治理水平与治理能力。

提升校长在大学内部治理结构中的法律地位，重要的是将校长权力规制在法律、党内法规规定的范围内，确保校长依法享有权利履行义务，依法使用权力履行职责。邓小平同志说："制度好可以使坏人无法任意横行，制度不

---

① 湛中乐，韩春晖. 论大陆公立大学自治权的内在结构——结合北京大学的历史变迁分析[J]. 中国教育法制评论，2006（04）：58—81.

好可以使好人无法充分做好事，甚至会走向反面。"① 这充分反映出制度的好坏有使人变好与变坏的两面性与可能性。每一个制度制定的前提都是为了实现国家的有效治理，却不可能一劳永逸，必然需要随着时间的推移与社会形势的变化，不断进行修订或发生改变。大学治理制度在政府对大学的宏观调控中得到了法律的确认与规范，大学办学自主权在理论界与实务界也得到了普遍认同并逐渐在松绑，大学校长法律地位也已经得到国家法律与党内法规的日益重视，这是我国依法治国、依宪执政的必然要求。我们需要将大学管理中具有普遍性、规律性、独特性和根本性的一些规定上升到法律层面，真正实现依规治校、依法治校。

"努力让人民群众在每一个司法案件中感受到公平正义"，既是我国法律的神圣使命，更是执政党坚持以人民利益为中心的政党情怀。这种使命与情怀的生命力来自制度的执行。习近平同志指出："有了法律而不能有效实施，那再多法律也是一纸空文，依法治国就会成为一句空话。"在中国特色现代大学治理过程中，我们深入探讨大学内部治理结构下校长法律地位，除了应该坚持以国家法律法规和党内法规为根本遵循，还要按照《国家中长期教育改革和发展规划纲要（2010—2020年）》和《依法治教实施纲要（2016—2020年）》关于"修订《教育法》《职业教育法》《高等教育法》《学位条例》《教师法》《民办教育促进法》等""坚持教育立法和改革决策相衔接，做到重大改革于法有据，以法律规范引领和推动教育改革、促进和保障教育发展"的要求和原则，以法治思维和法治方式推进教育法治改革，通过进一步修订完善《教育法》《高等教育法》等教育法律，制定出台新的教育法律和党内教育法规，增强教育立法的针对性、系统性和可操作性，提升教育治理体系和治理能力现代化水平，推动形成政府、大学等利益共同体共同依法治校、依法治学的良好格局，真正构建中国特色现代大学制度的法律构架，保证大学内部治理的正当科学、合法有效运行。

---

① 邓小平. 邓小平文选（第二卷）[M]. 北京：人民出版社，1994：333.

参考文献

著作：

[1] Michael D. Cohen, James G. March. Leadership and Ambiguity: the American College President, New York: McGraw Hill Book Company, 1974.

[2] Duane H. Dagley Edited, Courage in Mission: Presidential Leadership in the Church – Related College, Washington D. C. : Council Advancement and Support of Education, 1988.

[3] PaulWestmeyer, Principles of Governance and Administration in Higher Education, Springfifield: Charles C Thomas Publisher, 1990.

[4] Flawn, Peter T. , A Primer for University Presidents: Managing the Modern University, Austin: University of Texas Press, 1990.

[5] Willam A. Kaplin, Barbara A. Lee, The Law of Higher Education, San Francisco: Jossey–Bass, 1995.

[6] [法] 孟德斯鸠：《论法的精神》（上册），张雁深译，商务印书馆1961年版。

[7] [英] 阿什比：《科技发达时代的大学教育》，滕大春，滕大生译，人民教育出版社1983年版。

[8] [美] 伯纳德·施瓦茨：《行政法》，徐炳译，群众出版社1986

年版。

[9] [英]迈克尔·夏托克:《高等教育的结构和管理》,王义端译,华东师范大学出版社1987年版。

[10] [英]伯特兰·罗素:《权力论——新社会分析》,吴友三译,商务印书馆1991年版。

[11] [美]克拉克·科尔:《大学的功用》,陈学飞译,江西教育出版社1993年版。

[12] [美]伯顿·R.克拉克:《高等教育系统——学术组织的跨国研究》,王承绪,徐辉等译,杭州大学出版社1994年版。

[13] [美]道格拉斯·C.诺斯:《经济史中的结构与变迁》,陈郁,罗华平等译,上海人民出版社1994年版。

[14] [英]威廉·韦德:《行政法》,徐炳等译,中国大百科全书出版社1997年版。

[15] [德]平特纳:《德国普通行政法》,朱林译,中国政法大学出版社1999年版。

[16] [美]伯顿·R.克拉克:《高等教育新论——多学科的研究》,王承绪,徐辉等译,浙江教育出版社2001年版。

[17] [美]约翰·S.布鲁贝克:《高等教育哲学》,王承绪,徐辉等译,浙江教育出版社2002年版。

[18] [英]阿克顿:《自由与权力——阿克顿勋爵论说文集》,侯健,范亚峰译,商务印书馆2001年版。

[19] [加拿大]约翰·范德格拉夫等:《学术权力——七国高等教育管理体制比较》,王承绪,徐辉等译,浙江教育出版社2001年版。

[20] [法]古斯塔夫·佩泽尔:《法国行政法》,廖坤明,周洁译,国家行政学院出版社2002年版。

[21] [美]唐纳德·肯尼迪:《学术责任》,阎凤桥译,新华出版社2002

年版。

[22]［美］罗伯特·伯恩鲍姆：《大学运行模式——大学组织与领导的控制系统》，别敦荣译，中国海洋大学出版社 2003 年版。

[23]［美］斯蒂芬·P. 罗宾斯：《组织行为学》，孙健敏，李原等译，中国人民大学出版社 2005 年版。

[24]［美］詹姆斯·J. 杜德斯达：《21 世纪的大学》，刘彤主译，北京大学出版社 2005 年版。

[25]［英］迈克尔·夏托克：《成功大学的管理之道》，范怡红主译，北京大学出版社 2006 年版。

[26]［美］迈克尔·D. 科恩，詹姆斯·G. 马奇：《大学校长及其领导艺术：美国大学校长研究》，郝瑜主译，中国海洋大学出版社 2006 年版。

[27]［美］詹姆斯·杜德斯达，弗瑞斯·沃马克：《美国公立大学的未来》，刘济良译，北京大学出版社 2006 年版。

[28]［美］查尔斯·霍默·哈斯金斯：《大学的兴起》，梅义征译，上海三联书店 2007 年版。

[29]［德］汉斯·J. 沃尔夫，奥托·巴霍夫，罗尔夫·施托贝尔：《行政法》（第三卷），高家伟译，商务印书馆 2007 年版。

[30]［美］内尔达·H. 坎布朗-麦凯布等：《教育法学——教师与学生的权利》（第五版），江雪梅，茅锐等译，中国人民大学出版社 2010 年版。

[31]［美］约翰·克莱顿·托马斯：《公共决策中的公民参与》，孙柏瑛等译，中国人民大学出版社 2014 年版。

[32]［美］罗纳德·G. 埃伦伯格：《美国的大学治理》，张婷姝，沈文钦，杨晓芳译，北京大学出版社 2010 年版。

[33] 周志宏：《学术自由与大学法》，法律出版社 1989 年版。

[34] 江平：《法人制度论》，中国政法大学出版社 1994 年版。

[35] 姜明安：《行政法学》，山西人民出版社 1985 年版。

[36] 俞可平：《治理与善治》，社会科学文献出版社2000年版。

[37] 眭依凡：《大学校长的教育理念与治校》，人民教育出版社2001年版。

[38] 黄崴，《教育法学》，广东高等教育出版社2002年版。

[39] 张德祥：《高等学校的学术权力与行政权力》，南京师范大学出版社2002年版。

[40] 劳凯声：《变革社会中的教育权与受教育权——教育法学基本问题研究》，教育科学出版社2003年版。

[41] 黄福涛：《外国高等教育史》，上海教育出版社2003年版。

[42] 周光礼：《学术自由与社会干预——大学学术自由的制度分析》，华中科技大学出版社2003年版。

[43] 湛中乐：《高等教育与行政诉讼》，北京大学出版社2003年版。

[44] 张维迎：《大学的逻辑》，北京大学出版社2004年版。

[45] 马万华：《从伯克利到北大清华——中美公立研究型大学建设与运行》，教育科学出版社2004年版。

[46] 胡肖华：《权利与权力的博弈》，中国法制出版社2005年版。

[47] 周光礼：《教育与法律：中国教育法律关系的变革》，社会科学文献出版社2005年版。

[48] 陈平原：《大学何为》，北京大学出版社2006年版。

[49] 郭为藩：《转变中的大学——传统、议题与前景》，北京大学出版社2006年版。

[50] 季诚均：《大学属性与结构的组织学分析》，人民教育出版社2006年版。

[51] 胡肖华，倪洪涛等：《从失衡到平衡：教育及其纠纷的宪法解决》，中国法制出版社2007年版。

[52] 马怀德：《学校法律制度研究》，北京大学出版社2007年版。

[53] 黄启兵:《中国高校设置变迁的制度分析》,福建教育出版社2007年版。

[54] 高家伟:《教育行政法》,北京大学出版社2007年版。

[55] 金自宁:《公法/私法二元区分的反思》,北京大学出版社2007年版。

[56] 姚金菊:《转型期的大学法治——兼论我国大学法的制定》,中国法制出版社,2007年版。

[57] 龙献忠:《治理理论视野下的政府与大学关系研究》,湖南大学出版社2007年版。

[58] 李巧针:《美国研究型大学校长的权力研究》,北京出版社2007年版。

[59] 王敬波:《高等教育领域里的行政法问题研究》,中国法制出版社2007年版。

[60] 张正峰:《权力的表达:中国近代大学教授权力制度研究》,福建教育出版社2007年版。

[61] 刘献君:《院校研究》,高等教育出版社2008年版。

[62] 李福华:《大学治理的理论基础与组织架构》,教育科学出版社2008年版。

[63] 张天雪:《校长权力论:政府、公民社会和学校层面的研究》,教育科学出版社2008年版。

[64] 王英杰,刘宝存:《世界一流大学的形成与发展》,山西教育出版社2008年版。

[65] 谷贤林:《美国研究型大学管理——国家、市场和学术权力的平衡与制约》,教育科学出版社2008年版。

[66] 和震:《美国大学自治制度的形成与发展》,北京师范大学出版社2008年版。

[67] 湛中乐：《公立高等学校法律问题研究》，法律出版社 2009 年版。

[68] 祁占勇：《现代大学制度的法律重构》，中国社会科学出版社 2009 年版。

[69] 申素平：《教育法学：原理、规范与应用》，教育科学出版社 2009 年版。

[70] 王英杰，刘宝存：《中国教育改革 30 年：高等教育卷》，北京师范大学出版社 2009 年版。

[71] 田爱丽：《现代大学法人制度研究——日本国立大学法人化改革的实践和启示》，上海教育出版社 2009 年版。

[72] 倪洪涛：《大学生学习权及其救济研究——以大学和学生的关系为中心》，法律出版社 2010 年版。

[73] 程斯辉：《中国近代大学校长研究》，人民教育出版社 2010 年版。

[74] 吴立保：《大学校长与中国近代大学本土化研究》，中国社会科学出版社 2010 年版。

[75] 尹晓敏：《利益相关者参与逻辑下的大学治理研究》，浙江大学出版社 2010 年版。

[76] 马陆亭，范文曜：《大学章程要素的国际比较》，教育科学出版社 2010 年版。

[77] 段海峰：《行政法视角下的高校管理》，人民出版社 2010 年版。

[78] 覃壮才：《中国公立高等学校法人治理结构研究》，北京师范大学出版社 2010 年版。

[79] 申素平：《高等学校的公法人地位研究》，北京师范大学出版社 2010 年版。

[80] 湛中乐：《通过章程的大学治理》，中国法制出版社 2011 年版。

[81] 湛中乐：《大学法治与权益保护》，中国法制出版社 2011 年版。

[82] 安宗林，李学永：《大学治理的法制框架构建研究》，北京大学出

版社，2011年版。

[83] 吕继臣：《中国公立高等学校法人制度研究》，北京师范大学出版社2011年版。

[84] 欧阳光华：《董事、校长与教授——美国大学治理结构研究》，高等教育出版社2011年版。

[85] 严文清：《中国大学治理结构研究》，人民出版社2011年版。

[86] 杨琼：《治理与制衡——学校法人论》，教育科学出版社2011年版。

[87] 尹力：《教育法学》，人民教育出版社2015年版。

[88] 孙霄兵：《中国特色现代大学制度建设研究》，教育科学出版社2012年版。

[89] 陈立鹏等：《大学章程研究——理论与实践的探索》，北京师范大学出版社2012年版。

[90] 李福华：《大学治理与大学管理》，人民出版社2012年版。

[91] 王洪才：《中国大学模式——探索中国特色的现代大学制度建构》，教育科学出版社2013年版。

[92] 郭平：《现代大学制度与高校内部治理》，东北师范大学出版社2013年版。

[93] 朱家德：《权力的规制——大学章程的历史流变与当代形态》，中国社会科学出版社2013年版。

[94] 蒋达勇：《现代国家建构中的大学治理——基于中国经验的实证分析》，中国社会科学出版社2014年版。

[95] 张端洪：《中国公立大学法人治理结构研究——以A大学为例》，复旦大学出版社2014年版。

[96] 刘永林：《我国公办高等学校法人治理结构研究》，中国政法大学出版社2015年版。

[97] 马雷军，刘晓巍：《依法治校实务》，中国轻工业出版社2015年版。

[98] 郭平著：《现代大学治理及其功能研究》，西南交通大学出版社2015年版。

[99] 陈文干：《美国大学与政府的权力关系变迁史研究》，浙江大学出版社2015年版。

[100] 湛中乐：《大学章程法律问题研究》，北京大学出版社2016年版。

[101] 苏君阳：《校长如何优化内部管理》，北京师范大学出版社2016年版。

[102] 孟倩：《大学内部治理的分权与制衡——博弈论的视角》，中央编译出版社2016年版。

[103] 顾建民：《大学治理模式及其形成机理》，浙江大学出版社2017年版。

[104] 欧爱民：《党内法规与国家法律关系论》，社会科学文献出版社2018年版。

[105] 习近平：《习近平谈治国理政》（第3卷），外文出版社2020年版。

[106] 程雁雷：《论司法审查对大学自治的有限介入》，《行政法学研究》2000年第2期。

[107] 胡肖华：《论学校纪律处分的司法审查》，《法商研究（中南政法学院学报）》2001年第6期。

[108] 陈鹏：《论高校自主权的司法审查》，《陕西师范大学学报（哲学社会科学版）》2004年第1期。

[109] 马骏驹：《法人制度的基本理论和立法问题之探讨》，《法学评论》2004年第4.5.6期。

[110] 龙宗智：《依法治校与大学领导体制的改革完善》，《北京大学学报（哲学社会科学版）》2005年第1期。

[111] 徐德刚：《高校依法治校中存在的问题及其对策》，《湖南社会科

学》2005 年第 3 期。

[112] 彭虹斌：《大学自治与我国高校内部体制改革》，《清华大学教育研究》2005 年第 4 期。

[113] 陈鹏，刘献君：《我国公立高等学校法人治理结构的缺陷与完善》，《教育研究》2006 年第 12 期。

[114] 劳凯声：《教育体制改革中的高等学校法律地位变迁》，《北京师范大学学报（社会科学版）》2007 年第 2 期。

[115] 冉亚辉，易连云：《取消高校行政级别是一个短视的观点》，《江苏高教》2007 年第 5 期。

[116] 戴激涛：《平等受教育权：作为国家目标条款中的宪法效力——从糖尿病学生被高校劝退事件说起》，《湖南社会科学》2008 年第 5 期。

[117] 夏民，张蓉：《大学自治中司法审查的有限性》，《江苏高教》2008 年第 5 期。

[118] 李延保：《中国特色现代大学制度与党委领导下的校长负责制》，《中国高等教育》2008 年第 18 期。

[119] 毕宪顺，赵凤娟：《高等学校的民主监督与权力制约——以教职工代表大会制度为基本形式》，《教育研究》2009 年第 1 期。

[120] 张义清：《教育法庭在中国——我国首例教育法庭的钩沉、反思与启示》，《吉首大学学报（社会科学版）》2009 年第 1 期。

[121] 张建初：《现代大学制度下的大学治理结构》，《教育评论》2009 年第 5 期。

[122] 龚怡祖：《大学治理结构：现代大学制度的基石》，《教育研究》2009 年第 6 期。

[123] 秦惠民：《我国大学内部治理中的权力制衡与协调——对我国大学权力现象的解析》，《中国高教研究》2009 年第 8 期。

[124] 申素平：《英国高等学校法律地位研究》，《中国高教研究》2010

年第 2 期。

[125] 郭为禄，冯望：《论政府职能转变对大学自治的回应——以管理与自主间的衡平为切入的研究》，《行政法学研究》2010 年第 2 期。

[126] 冯向东：《大学学术权力的实践逻辑》，《高等教育研究》2010 年第 4 期。

[127] 王学春，张鑫：《高校依法治校理论研究》，《国家教育行政学院学报》2010 年第 5 期。

[128] 谢辉：《美国公立大学行政管理组织架构分析》，《中国高教研究》2010 年第 7 期。

[129] 龚怡祖：《大学治理结构：建立大学变化中的力量平衡——从理论思考到政策行动》，《高等教育研究》2010 年第 12 期。

[130] 周光礼：《学术与政治——高等教育治理的政治学分析》，《中国地质大学学报（社会科学版）》2011 年第 3 期。

[131] 祁占勇：《现代大学制度基本特征的法律透视》，《国家教育行政学院学报》2011 年第 4 期。

[132] 欧阳淞：《高等学校实行党委领导下的校长负责制的实践与思考》，《红旗文稿》2011 年第 5 期。

[133] 钟秉林，赵应生，洪煜：《中国特色现代大学制度建设——目标、特征、内容及推进策略》，《北京师范大学学报（社会科学版）》2011 年第 4 期。

[134] 顾建民，刘爱生：《超越大学治理结构——关于大学实现有效治理的思考》，《高等教育研究》2011 年第 9 期。

[135] 刘献君：《论大学内部权力的制约机制》，《高等教育研究》2012 年第 3 期。

[136] 郭平，黄正夫：《大学内部治理结构的功能及其实现路径》，《教育研究》2012 年第 7 期。

[137] 朱全宝：《大学章程的冷思考——兼谈大学法的制定》，《复旦教育论》2013年第1期。

[138] 杨科正，张鹤：《地方高校学术权力机构的设置及运行》，《教育评论》2013年第2期。

[139] 刘虹：《大学治理结构的政治学分析》，《复旦教育论坛》2013年第6期。

[140] 刘献君，张晓冬，刘皓：《高校权力运行制约机制：模式、评价与建议》，《中国高教研究》2013年第6期。

[141] 李红伟，石卫林：《大学章程关于学术权力制约机制的规定——基于美、英、德三国大学章程的文本比较》，《高等教育研究》2013年第7期。

[142] 刘小强，沈文明：《两种人：大学群体文化的分裂与跨越——大学行政人和学术人文化差异的实证研究》，《中国高教研究》2013年第11期。

[143] 许杰：《规范行政权力：我国现代大学制度建设的基本逻辑》，《国家教育行政学院学报》2013年第12期。

[144] 方芳：《大学章程制定中的困惑与突破路径——基于六所高校章程文本的分析》，《复旦教育论坛》2014年第1期。

[145] 谢清，周光礼：《我国大学校长选任机制的建构初探——从突破行政化藩篱角度切入》，《中国高等教育》2014年第1期。

[146] 胡建华：《略论大学去行政化》，《中国高教研究》2014年第2期。

[147] 谢凌凌：《大学学术权力运行的组织支持、现实困境与匡扶路径》，《江苏高教》2014年第3期。

[148] 周湖勇：《大学有效治理的法理分析》，《中国高教研究》2014年第3期。

[149] 王占军，陈娜：《谁在遴选大学校长？——以美国州立大学为例》，《复旦教育论坛》2014年第3期。

[150] 宣勇：《论中国大学的主体性重建》，《国家教育行政学院学报》

2014年第8期。

[151] 别敦荣：《论现代大学制度之现代性》，《教育研究》2014年第8期。

[152] 周光礼：《中国高等教育治理现代化：现状、问题与对策》，《中国高教研究》2014年第9期。

[153] 孙霄兵：《我国高等学校办学自主权的发展及其运行》，《中国高教研究》2014年第9期。

[154] 毛建青：《当前我国大学校长多元角色及其冲突的实证分析——基于"211工程"大学的调查》，《学术论坛》2014年第9期。

[155] 许杰：《建设中国特色现代大学制度：成效、问题与对策——基于试点院校的探索实践》，《教育研究》2014年第10期。

[156] 褚宏启：《教育治理：以共治求善治》，《教育研究》2014年第10期。

[157] 田承春，谢云志：《以制定大学章程为契机全面推进依法治校》，《四川师范大学学报（社会科学版）》2015年第1期。

[158] 宋维明：《在章程建设中夯实依法治校基础》，《中国高等教育》2015年第1期。

[159] 黄彬：《论公立高校外部行政权力法治化》，《教育发展研究》2015年第11期。

[160] 张德祥：《1949年以来中国大学治理的历史变迁——基于政策变革的思考》，《中国高教研究》2016年第2期。

[161] 贺天成，张凤娟：《日本国立大学法人化改革对校长权力的影响研究》，《高教探索》2017年第2期。

[162] 钟伟军，杨则扬：《大学党委书记和校长在履职实践中的职能重叠现象分析——以115所"211工程"大学网站资料为研究对象》，《复旦教育论坛》2018年第2期。

[163] 蒋凯，朱彦臻：《高校办学自主权的逻辑——阿什比的大学自治理论及其当代意义》，《中国高等教育评论》2018 年第 2 期。

[164] 李立国：《现代大学治理形态及其变革趋势》，《高等教育研究》2018 年第 7 期。

[165] 胡娟：《熟人社会、科层制与大学治理》，《高等教育研究》2019 年第 2 期。

[166] 姚金菊：《转型期的大学法治——兼论我国大学法的制定》，中国政法大学 2005 年博士论文。

[167] 龚钰淋：《行政法视野下的公立高校教师法律地位研究——以法律身份及法律关系为核心》，中国政法大学 2011 年博士论文。

[168] 田联进：《中国现代高等教育制度反思与重构——基于权力关系的视角》，南京大学 2011 年博士论文。

[169] 郭平：《我国公办大学内部治理结构研究》，西南大学 2012 年博士论文。

[170] 林炊利：《核心利益相关者参与公办高校内部决策的研究》，华东师范大学 2013 年博士论文。

[171] 索凯峰：《我国大学校长选拔任用制度创新研究——基于委托代理的视角》，华中科技大学 2016 年博士论文。

[172] 张驰：《中国大学教授治学的权力运行状态和影响因素研究》，大连理工大学 2017 年博士论文。

[173] 孙曙光：《治理理论视阈下我国公立大学内部制度研究》，吉林大学 2017 年博士论文。

[174] 周娟：《我国高等教育治理法治化研究》，南昌大学 2017 年博士论文。

后　记

　　本书是我的处女作。它是在我的博士论文基础上，经过较大篇幅的修改完善而成的。一直以来，我认为我是个热爱读书的人，这主要源于我喜欢闻着书的油墨香，感受读完一本书之后的那种满足、快乐与兴奋。我时常想象，有一天捧着自己写的书，在阳光明媚的时候，端着一杯清茶，静静地闻着墨香，慢慢地看着那些文字，什么也不想的惬意场景。这个愿望应该快实现了。

　　感谢我的博士生导师李伯超教授。导师在他的专著《宪政危机研究》的后记中写道："学习是一种态度，学术是一种探索，思想是一种火花。"导师为人有着大智慧，治学有着大情怀。我2013年进入导师门下时，导师已经是大学校长了。他对于校长的权利与权力有着切身体会，对于新形势下如何更好地发挥校长的作用有着很多真知灼见。他出于对高等教育事业的情怀，鼓励我研究大学党委领导下的校长负责制，特别是关注党委领导下的校长法律地位。感谢导师，在我写作遇到困难时，为我"雪中送炭"；在我思想陷入混沌时，帮我"拨乱反正"。师母是中国典型的贤良女性。她将家里打理得井井有条，一尘不染，并且如春风细雨般地关心着导师的每一位学生。

　　感谢湘潭大学法学院宪法学与行政法学博士学位点的胡肖华、欧爱民、倪洪涛、张义清、陈红梅等老师，他们对我的写作提供了许多指导与帮助。感谢廖永安、胡平仁、章育良、肖冬梅、吴勇、刘友华、程波、张全民等老师，在我攻读博士学位的日子里，他们的鼓励与关心让我如沐春风。感谢与我一起奋斗的博士同学们。

感谢我的妻子胡琼华女士。她鼓励我成为一个在学习上让导师放心的人，一个在事业上让领导信任的人，一个在生活上让朋友同事舒心的人，一个在学业上坚持不放弃思考的人。年轻时习惯了朝夕相伴的两人，却在中年时开始了两地生活的日子。没有我经常陪伴在身边，她虽然孤单却更加坚强。特别是在我博士论文写作最困难的时候，她忍受着严重孕吐，在春节万家团圆的美好时刻，默默地陪我在湘潭过着"两人"世界，让我潜心于写作，解决了我很多后顾之忧。现在，我们的孩子已三岁有余。他是一个健康懂事的小家伙，总能以他特有的方式带给我们无穷的快乐与欢笑。期待他能一直健康和快乐着。感谢我的家人和亲人们，你们背后默默的支持永远是我前进的最大动力。

1997年，我进入湘潭大学开启大学生活，没想到20年后会离开湘潭，到长沙开启全新事业。感谢湘潭大学，正是在这片广袤的原野上，我完成了从懵懂学子向成熟教师的转变；感谢我现在所在单位湖南科技职业学院领导和同事们的支持，他们的大度与宽容、鼓励与帮助是我完成写作的坚强后盾。在本书的写作过程中，我参阅了大量的文献资料，感谢这些为中国大学治理开展积极研究的同仁们；感谢湖南省教育科学规划办的重点资助。

在本书即将出版的时候，我没有想象中的如释重负，反而更加忐忑不安。虽然自认为写作的态度是认真的、严谨的，但由于水平所限，肯定还有许多不成熟、不尽如人意的地方，期望得到大家的理解与包容。对于一些做得不够的地方，我将在今后的研究中继续努力。

周亮于长沙
2022年9月